MÉDITATIONS PERSONNELLES SUR LA PHILOSOPHIE ÉLÉMENTAIRE

BIBLIOTHÈQUE DES TEXTES PHILOSOPHIQUES

Fondateur : Henri GOUHIER Directeur : Jean-François COURTINE

J. G. FICHTE

MÉDITATIONS PERSONNELLES SUR LA PHILOSOPHIE ÉLÉMENTAIRE

Présenté, traduit et annoté

par

Isabelle THOMAS-FOGIEL

(Traduction en collaboration avec Anne GAHIER)

PARIS

LIBRAIRIE PHILOSOPHIQUE J. VRIN

6, Place de la Sorbonne, V^{e}

—

1999

À Bernard Bourgeois

Imprimé en France

ISSN 0249-7972

ISBN 2-7116-1387-9

PRÉSENTATION

Les *Méditations personnelles sur la philosophie élémentaire* furent composées par Fichte durant l'hiver 1793[1] et sont donc contemporaines de la rédaction de la *Recension de l'Enésidème*, première expression publique de sa philosophie théorique[2]. Le manuscrit des *Méditations* fut retrouvé à la Bibliothèque de Berlin et authentifié par W. Kabitz, qui, le premier, en fit mention dans sa dissertation d'habilitation de 1902[3]. Bien que Kabitz exprime sa conviction d'avoir, en révélant ce manuscrit, fait une découverte décisive pour les études fichtéennes, force est de reconnaître que les *Méditations* sont restées peu commentées. Ainsi, en Allemagne, si R. Lauth leur consacre un important et décisif article[4], seuls J. Stolzenberg, et dans une moindre mesure R. Koch, en font, dans des ouvrages relati-

1. Sur la datation précise (fin octobre 1793-janvier 1794), voir R. LAUTH, Notice introductive, *Eigne Meditationen über Elementarphilosophie*, Gesamtausgabe der Bayerischen Akademie der Wissenschaften, éd. F. Frommann, Stuttgart (*GA*, II, 3, p. 3 *sq.*).

2. La *Recension* paraît en février 1794, dans *Le Journal universel d'Iéna*. Traduit par P. P. Druet dans *Rapport clair comme le jour adressé au grand public sur le caractère propre de la philosophie nouvelle et autres textes*, Paris, Vrin, 1985, p. 154-172, 1999, p.129-148.

3. *Studien zur Entwicklungsgeschichte der Fichteschen Wissenschaftslehre aus der Kantischen Philosophie*, Berlin, 1902. – Deux cahiers furent retrouvés : les *Méditations* que nous traduisons ici, et un deuxième, plus succinct, intitulé : *Philosophie pratique*. Ce deuxième cahier fait évidemment suite au premier et fut composé en février 1794. Nous ne le traduisons pas pour des raisons contingentes de place mais aussi pour des raisons de fond. En effet, le caractère d'annotations rapsodiques y est encore plus marqué que dans les *Méditations*. De surcroît, en dépit du titre, ce n'est pas de philosophie pratique dont il est question mais du principe de la faculté téléologique. Fichte tente, à partir d'une élucidation de la faculté de juger, de trouver un passage vers le domaine pratique mais, de son aveu même, n'y parvient pas ; c'est pourquoi il abandonne ce deuxième cahier au milieu d'un développement.

4. « Genèse du fondement de toute la doctrine de la science à partir des *Méditations personnelles sur la philosophie élémentaire* de Fichte », *Archives de Philosophie*, 1971, n° 34, p. 65.

vement récents[1], un commentaire spécifique. En Angleterre, hormis F. Neuhouser[2] qui l'évoque, le texte n'a guère retenu l'attention. En Italie, ni L. Pareyson ni A. Massulo ne s'y attachent; en France, si X. Tilliette, dans un ouvrage là encore récent[3], en souligne l'importance, M. Gueroult et X. Léon en rappellent simplement l'existence; A. Philonenko ne le mentionne pas. Cette relative rareté du commentaire a des raisons compréhensibles : raisons matérielles, tout d'abord, car même signalé par Kabitz, ce document est demeuré difficilement accessible avant sa publication par Lauth en 1971, dans l'édition de l'Académie[4]; raisons dues au style des *Méditations* ensuite, puisque dans ce texte, qu'il n'écrit que pour lui-même et ne destine ni à la publication ni à l'enseignement, Fichte adopte une écriture laconique, multiplie les ellipses, les ratures, les abréviations, ce qui, comme le remarquent les préfaciers de l'édition de l'Académie, aboutit assez souvent à des phrases syntaxiquement indécidables; parce qu'il abrège les termes, certaines terminaisons, et donc déclinaisons, disparaissent; parce que, comme toute personne qui prend des notes, Fichte veut aller au plus vite, il omet parfois les marqueurs les plus décisifs, tels la conjugaison des verbes, les signes d'accentuation ou de ponctuation[5]. À ces raisons de style, s'ajoutent, enfin, des raisons de fond, tant ce travail pourrait être considéré comme une pâle et très imparfaite ébauche de thèses de la future *Doctrine de la science* : Fichte, à l'instar de Reinhold, y caractérise encore sa philosophie comme philosophie élémentaire et non

1. Respectivement : *Fichtes Begriff der intellektuellen Anschauung, Die Entwicklung in den Wissenschaftslehren von 1793/94 bis 1801/1802*, Stuttgart, 1986; et *Fichtes Theorie des Selbstbewusstseins*, Wurzbourg, Königshausen und Neumann, 1989.

2. *Fichte's Theory of Subjectivity*, Cambridge, Cambridge University Press, 1990.

3. *L'Intuition intellectuelle de Kant à Hegel*, Paris, Vrin, 1995.

4. *GA*, II, 3, p. 21-177. Le lecteur qui voudrait se reporter au manuscrit ne pourrait qu'en constater l'extraordinaire difficulté de lecture. Le texte est surchargé d'annotations (deux mots souvent s'y chevauchent), les marges regorgent de remarques disposées en tous sens, des renvois divers font référence à des phrases situées à l'intérieur du texte, etc. On ne peut que souligner le remarquable travail des éditeurs qui, bien qu'ils se refusent, pour des raisons qu'ils expliquent, à corriger le texte ou à compléter certains mots, n'en ont pas moins reconstitué un texte lisible, en insérant dans le corps du texte certaines annotations de Fichte et en disposant en notes les remarques qui figuraient dans la marge.

5. Il arrive parfois que Fichte, après un sujet au pluriel (par exemple le temps et l'espace), le considère par la suite comme un seul et même concept et conjugue les verbes au singulier. En ce qui concerne l'accentuation, il oublie quelques *Umlaut*, ce qui engendre des indécisions; quant à la ponctuation, elle est extrêmement défectueuse (ce qui, au demeurant, est assez souvent le cas pour tous ses textes. Rappelons, à ce titre, que les éditeurs des *Introductions à la Doctrine de la science* de 1797, texte pourtant publié et corrigé par Fichte, ont dû changer plus de 200 fois la ponctuation); à cela s'ajoute ici le fait que les éditeurs aient très souvent été obligés d'introduire entre crochets certains syntagmes se trouvant dans les marges.

comme doctrine de la science[1], y exploite certaines pistes qu'il abandonnera totalement par la suite; aussi sa démarche paraît-elle hésitante et nombre de synthèses demeurent inachevées. Autant de raisons qui, assurément, peuvent incliner à ignorer cette œuvre et susciter cette légitime question : pourquoi présenter ici un texte dont l'absence d'achèvement et de clarté ne peut guère améliorer la réputation d'un auteur qui, par ailleurs, passe déjà pour détenir « la palme de l'étrangeté et de l'obscurité »[2] ? Quatre séries de considérations peuvent mettre en lumière l'intérêt, voire l'importance décisive de ce texte, tant pour les études fichtéennes que pour la compréhension de la naissance de l'idéalisme allemand.

L'INTÉRÊT DES « MÉDITATIONS »

La genèse de la GWL
L'ordre de la recherche et l'ordre de l'exposition

Si les *Méditations* sont assurément une ébauche, elles n'en sont pas moins une ébauche de la *Grundlage* de 1794[3]. Il semble raisonnable, en effet, de penser que Fichte n'a pas totalement bouleversé sa thématique philosophique et sa manière de raisonner entre janvier 1794 (moment où il abandonne définitivement la rédaction de son manuscrit) et mai 1794 (moment où il commence à enseigner la *Grundlage* à ses étudiants)[4]. La proximité des dates, comme le contenu même des *Méditations*, attestent qu'il est déjà en possession de l'essentiel de son point de vue philosophique. En effet, comme le titre l'indique, il ne s'agit pas de *commenter* le texte de Reinhold, mais bien de *méditer* sur la philosophie élémentaire et

1. Le terme de *Wissenschaftslehre* apparaît pour la première fois dans une lettre à Reinhard du 1er mars 1794 (*GA*, III, 2, p. 70), soit juste après l'achèvement des *Méditations*.

2. P.P. DRUET, *Fichte*, Paris, 1977, p. 11.

3. *Grundlage der gesamten Wissenschaftslehre* (*GWL*) [1794] ; *Principes de la doctrine de la science*, trad. A. Philonenko, *Œuvres choisies de philosophie première* (*OCPP*), Paris, Vrin, 1972. Parler d'ébauche ne signifie pas pour autant qu'il s'agirait *stricto sensu* d'une première version de la *Grundlage*, car les *Méditations* sont un texte à part entière. On ne peut même pas dire qu'elles sont précisément une version des « Leçons de Zurich » que Fichte professa devant ses amis entre février et avril 1794 (et dont le texte n'a jamais été retrouvé). Néanmoins, comme le dit Fichte lui-même, le système y est le même que celui de la *Grundlage*, « repensé et réfléchi une deuxième fois et, ici et là, exprimé plus précisément » (*GA*, III, 2, p. 205).

4. Très précisément le 23 mai 1794 ; la première « feuille » imprimée de la *GWL* parut le 21 juin.

par là d'en dépasser les insuffisances[1]. À cet égard, bien des traits distinctifs du fichtéanisme sont d'ores et déjà amplement développés ici : l'obligation de dépasser le « fait de la représentation » de Reinhold au profit d'un principe supérieur susceptible de donner à la philosophie un statut définitivement scientifique ; la nécessité de reconstruire l'ensemble du criticisme à partir de la philosophie pratique, donnée comme ultime fondement de la philosophie théorique ; la définition du Moi comme acte et non comme fait, la thématisation de l'intuition intellectuelle[2], l'élucidation des trois premiers principes (le Moi, le Non-Moi et la réunion des deux)[3]. Les *Méditations* ne sont donc pas un quelconque texte de jeunesse, qui serait aux *WL* ce que sont à la philosophie critique les textes de Kant de 1770, mais bel et bien la première expression de ce qui particularisera la philosophie de Fichte. C'est d'ailleurs ce que lui-même souligne lorsque, faisant allusion à cet ouvrage, il thématise, dans la *Recension de l'Enésidème*, la *Tathandlung*, et prétend s'être convaincu de la justesse de cette vue, même s'il regrette de ne pouvoir « ni expliquer, ni prouver ici »[4] cette proposition ; lorsque, plus explicitement encore, il annonce dans une lettre à Reinhold du 1er mars 1794, qu'il a « esquissé le système auquel il fait allusion [*i. e.* dans la *Recension*], au moins dans sa plus grande partie » ; lorsque, enfin, se référant, bien plus tard, à la première expression de sa philosophie, il cite dans sa lettre du 15 novembre 1800 les *Méditations* de préférence à la *Grundlage*, en précisant qu'il demeure fidèle au point de vue alors exprimé[5].

Mais à cette affirmation de l'importance de ce manuscrit, il serait encore loisible d'objecter ceci : quand bien même s'énoncerait ici l'essentiel de la thématique fichtéenne, n'est-il pas plus simple de la saisir à partir d'un texte postérieur, nécessairement plus maîtrisé ? Au reste, la phrase de la lettre à Reinhold précédemment citée ne s'achève-t-elle pas sur cette mise en garde de Fichte : « quoique l'esquisse soit loin d'avoir encore assez de clarté pour être communiquée » ? Pourquoi, dès lors, présenter un texte que

1. L'importance de Reinhold dans la genèse du système de Fichte est considérable et fut toujours reconnue comme telle par Fichte, qui, dès 1792 (moment où il lit Reinhold), le place, dans sa correspondance, au même niveau que Kant. Le fait qu'avant de nommer sa philosophie « Doctrine de la science », il emprunte à Reinhold son terme de « philosophie élémentaire » est évidemment extrêmement révélateur. Néanmoins, dans les *Méditations* comme dans la *Recension de l'Enésidème*, le but est bien de dépasser les apories de la « philosophie élémentaire » en construisant une nouvelle philosophie.

2. Rappelons néanmoins que l'intuition intellectuelle est une notion qui fut introduite, avant Fichte, par Reinhold et Maïmon.

3. Que Fichte écrit soit : Moi = Moi, soit : A = A ; Non-Moi = Non-Moi (ou-A) ; Moi = Moi dans la représentation ou dans le Moi (A = -A en C).

4. Traduction française, p. 159.

5. Respectivement : *GA*, III, 2, p. 73 ; *GA*, III, 4, p. 357.

Fichte ne destinait pas à la publication, pourquoi s'attacher à une démarche dont l'auteur reconnaît lui-même qu'elle est balbutiante ?

En raison de ces balbutiements mêmes. En effet, l'absence de totale maîtrise des *Méditations* est cela même qui leur confère valeur et intérêt, car nous assistons ici à *l'ordre de la recherche* et non (comme pour la *GWL*) à *l'ordre de l'exposition*. Fichte y explique sa doctrine au fur et à mesure qu'elle s'élabore. Ce caractère de recherche, dont témoignent les hésitations multiples dont est émaillé le texte, la quantité de voies empruntées et tout aussitôt condamnées, contribue paradoxalement à une meilleure intelligibilité du propos général. Grâce à cet écrit, nous comprenons mieux la manière dont Fichte pense, le point de départ qu'il prend, en un mot la manière dont il procède. L'ordre de la recherche éclaire toujours le processus par lequel on parvient à certains énoncés et facilite ainsi la compréhension de leur légitimité. Soumise, de part sa nature de cours, à l'ordre de l'exposition, la *GWL* est contrainte de faire silence sur la manière dont a été conquis tel énoncé, sur la démarche suivie, etc. Rien de tel dans les *Méditations* où Fichte, cherchant sa voie, note au tout début de son texte : « ou mon entreprise réussit, ou je vois pourquoi je n'ai pas réussi et je trouve un autre chemin, ou encore, je comprends pourquoi il n'est absolument pas possible de réussir »[1]. De manière analogue, le lecteur des *Méditations* est, grâce à elles, en mesure de comprendre pourquoi Fichte, dans la *GWL*, a emprunté tel chemin de préférence à un autre, pourquoi il commence de telle manière et non de telle autre, toutes choses que l'ordre de l'exposition ne permet pas toujours de saisir avec clarté. Authentique laboratoire du système en gestation, les *Méditations* peuvent également fournir quelques éléments susceptibles de contribuer à une meilleure compréhension de la *Grundlage*.

Les « Méditations » et la compréhension de la GWL

Nul n'ignore que la démarche de la *Grundlage* a paru à nombre de lecteurs à ce point obscure qu'aujourd'hui encore, le statut des trois premiers principes continue à être source de débats. Fichte part-il du vrai ou du faux ? Exprime-t-il son propre point de vue ou expose-t-il le faux pour mieux le déconstruire ? Ces deux interprétations, pour divergentes qu'elles soient, n'en reposent pas moins sur le silence – jugé inévitable ou à l'inverse voulu par son auteur – de la *Grundlage*.

Ceux qui pensent que Fichte expose d'emblée son propre point de vue[2] expliquent que si l'un des modes de probation de la véracité des *trois*

1. *Méd.*, p. 26.

2. Tradition incarnée en France par M. Gueroult, et, avant lui, en partie par X. Léon. En

premiers principes – l'intuition intellectuelle – ne se trouve pas développé dans le corps du texte, mais seulement dans la préface, c'est en raison des nécessités propres à l'ordre de l'exposition. L'intuition serait, certes, requise par l'exercice philosophique lui-même, puisque comme le dit Fichte dans la préface de la *GWL*, la *Doctrine de la science* « suppose le pouvoir de la liberté de l'intuition interne »[1], mais ne pourrait être explicitement thématisée dans l'exposé sans que ne s'introduisent deux régimes distincts de discours, ou deux niveaux d'énoncés, à savoir un exposé des principes philosophiques – base de tout savoir – et une réflexion sur ce qui en permet la saisie. En outre, la *GWL* étant un cours, il est probable, pour ces interprètes, que Fichte fournissait des éclaircissements à ses auditeurs. Par suite, l'intuition intellectuelle aurait été évoquée par Fichte dans ses explications orales mais ne figurerait pas dans le corps du texte écrit parce que le déploiement du raisonnement ne permettait pas d'explication méta-théoriques sur la méthode. Ainsi les interprètes qui veulent soutenir le véracité des premiers principes doivent expliquer l'absence de mention de l'intuition intellectuelle dans la *Grundlage*, et par suite rendre raison d'un silence.

La deuxième interprétation (développée pour le première fois par A. Philonenko, et reprise par bon nombre de commentateurs de langue française[2]) fait également fond sur le non-dit du texte. En effet, l'argument principal de A. Philonenko repose sur l'idée que Fichte a volontairement « crypté » ou « chiffré » son texte[3]. L'interprète estime que le philosophe a voulu ainsi susciter l'effort de ses étudiants en même temps que se situer dans la tradition religieuse du « clair-obscur ». À ce titre, A. Philonenko écrit : « On jugera étonnant que Fichte commençant par l'illusion transcendantale ne l'ait point indiqué. Mais cela était bien dans sa nature [...] il croyait trouver dans l'enseignement du Christ un modèle qui

Allemagne, l'ensemble des commentateurs, tant anciens (par exemple R. Kroner) que plus contemporains (par exemple R. Lauth, D. Henrich, J. Stolzenberg, etc.) estiment que Fichte, au début de la *GWL*, expose son propre point de vue. Mais tous ne font pas reposer la vérité sur la seule intuition intellectuelle. Certains estiment que c'est à l'ensemble du système qu'il appartient, par sa circularité même, de démontrer la validité du point de départ. Tel est, par exemple, le point de vue de KRONER, *Von Kant bis Hegel*, t. I, Tübingen, 1921, p. 401-405.

1. Préface à *GWL*, traduction française, p. 15.

2. A. PHILONENKO, *La Liberté humaine dans la philosophie de Fichte* (*LH*), interprétation reprise par L. Ferry, A. Renaut, P. P. Druet, I. Radrizzani.

3. A. Philonenko remarque : « Il n'est pas évident que Fichte ait voulu être clair. Les principes semblent avoir été rédigés en une langue telle qu'il est possible de se demander s'il ne s'agit pas d'un chiffre. Fichte ne désirait pas être compris de tous » (*OCPP*, remarques du traducteur, p. 8) ; Fichte parlerait volontairement en un certain « clair-obscur » (voir *LH*, p. 17 et 75).

supposait l'obscurité pour rendre possible la pensée personnelle »[1]. Aussi, de même que la première interprétation doit expliquer l'absence de référence à l'intuition intellectuelle, la seconde doit dire pourquoi Fichte, commençant par les illusions de la métaphysique, ne l'explicite nulle part. Ainsi les deux interprétations, si elles veulent se justifier, doivent fonder leur argument principal sur le non-dit du texte. Ce « non-explicite » est sans doute inhérent à l'ordre d'exposition, à la constitution de la *GWL*, dont Fichte dit lui-même que s'il n'avait été que de lui, il ne l'aurait guère publiée en l'état[2].

Or, et c'est ce qui est capital, la forme d'écriture des *Méditations* interdit tout appui sur l'implicite du texte, épargne le recours aux hypothèses ne pouvant s'ancrer dans l'écrit lui-même. Fichte élabore crayon en main sa propre doctrine. C'est à la fois ce qui rend ce texte peu lisible linéairement (Fichte, souvent, s'y rétracte aussitôt après avoir énoncé une hypothèse, puis la reprend dans le même mouvement, donnant ainsi au lecteur l'impression de vagabonder d'hypothèses en contre-hypothèses, d'affirmations en désaveux) ; mais c'est aussi ce qui confère à ce texte sa totale absence d'ambiguïté. Dès lors, les *Méditations* apportent des éléments nouveaux susceptibles de mettre à l'épreuve la validité des deux interprétations relatives au point de départ de la *Grundlage*, et par là d'éclairer la signification de celle-ci.

Ainsi, pour reprendre la première interprétation, Fichte, à la différence de ce qu'il fera dans la *Grundlage*, multiplie les retours réflexifs sur ses propositions, les commentaires de ses propres propos. Les nombreuses annotations en marge du texte sont à cet égard extrêmement précieuses pour définir ce qui appartient à la méthode et ce qui appartient au raisonnement proprement dit[3]. Les gloses de Fichte sur ses développements sont sans doute l'analogue des explications orales qu'il pouvait donner à ses étudiants, à cette seule différence que, dans un cas, elles nous sont fournies explicitement alors que dans l'autre nous en sommes réduits à des conjectures invérifiables. En ce sens, le lecteur des *Méditations* peut les confronter à la première interprétation de la *Grundlage* et décider si cette dernière en sort confortée ou, à l'inverse, fragilisée.

De même, la seconde interprétation de la *Grundlage* peut pareillement être éclairée par la lecture de ce texte. Tout d'abord, il est patent que Fichte

1. *LH*, p. 335.

2. La *GWL* a toujours été considérée par Fichte comme un texte inachevé et dépourvu de clarté. Voir sur ce point : X. Léon, *Fichte et son temps*, t. I, Paris, Armand Colin, 1922, p. 265.

3. Telle celle-ci à propos de la nécessaire circularité du système, qui validera le point de départ : « C'est la démarche de la philosophie élémentaire et l'unique preuve possible de sa vérité » (p. 24). Ou encore cette autre, qui commente l'introduction de l'intuition intellectuelle : « Si l'intuition interne est possible, alors Enésidème est réfuté » (p. 22).

ne s'adressant qu'à lui-même ne peut guère crypter ses propos pour se garder de sa propre paresse ou aiguiser sa moralité. La tonalité de cet écrit interdit l'hypothèse du « cryptage » volontaire. L'auteur y vilipende ses analyses : « Quelle confusion ! » ; s'encourage : « Allez, maintenant au travail et commençons par le commencement » ; s'enthousiasme : « Quelles perspectives grandioses ! », « Triomphe ! Triomphe ! » ; s'exclame : « Que de joie ! » ; s'apostrophe : « Et comment pourrais-je tirer l'action réciproque de ce miraculeux x ? » ; se commente : « Nous ne sommes pas plus avancés pour autant » ; hésite : « Peut-être n'ai je pas pris le bon départ. N'aurais-je pas dû continuer à approfondir ce qu'est le Moi ? » ; se désespère aussi : « Je me donne beaucoup de mal. Peut-être en vain », etc. Le fait que nous possédions la doctrine telle qu'elle est pensée, cherchée, expérimentée, testée, conquise enfin au terme de rebondissements, d'essais infructueux, de tâtonnements, d'errances ôte toute équivoque aux propositions qui y sont finalement retenues, interdit toute référence à un double sens, à un contenu latent tu par l'auteur pour des raisons pédagogiques, psychologiques ou religieuses. Dès lors, le statut donné dans ce texte aux trois premières propositions (Moi, Non-Moi, réunion en un troisième terme), la signification du Moi – posé comme absolu au-delà duquel on ne peut remonter – le rôle assigné à la logique – d'emblée explicité –, la place conférée à l'intuition intellectuelle – thématisée dès le début du texte comme ce qui permet au discours philosophique de s'exercer –, et autres thèses de Fichte encore en discussion, permettent d'interroger la seconde interprétation de la *Grundlage*. Après la lecture des *Méditations*, l'interprétation, qui voudrait que les trois premiers principes fussent faux et le point de départ de la *Grundlage* dialectique, se doit d'expliquer pourquoi, entre le moment où il écrit ce texte et le moment où il enseigne la *GWL*, le philosophe a changé sa position au point de s'être aperçu que les trois principes, dont il acclamait la thématisation avec tant de véhémente satisfaction au creux de l'hiver 1793, n'étaient finalement rien d'autre que les chimères de la raison, stigmatisées par Kant dans son chapitre sur la dialectique transcendantale. Ce changement brutal demeure assurément possible. Mais l'interprète doit expliquer pourquoi Fichte, en 1794 comme en 1800, prétend être resté fidèle aux point de vue des *Méditations*. Ce manuscrit, pour imparfait qu'il soit en son expression, constitue donc bien une pièce nouvelle susceptible d'aider tout lecteur de Fichte à répondre à cette question, évidemment cruciale pour la compréhension de l'ensemble de son œuvre : la *Grundlage* expose-t-elle le point de vue que Fichte estime être celui de la vérité ou, à l'inverse, met-elle volontairement en scène les illusions de la métaphysique classique ? Par-delà cette question, les *Méditations* peuvent également concourir à éclairer certains problèmes relatifs à la question, récurrente dans les *études fichtéennes*, de l'évolution.

Les « Méditations » comme test pour les questions de l'évolution du système

Nous détenons trois textes spéculatifs de Fichte extrêmement rapprochés dans le temps : les *Méditations*, les *Principes sur la doctrine de la science*, la *Wissenschaftslehre nova methodo*, dont I. Radrizzani a montré qu'elle fut professée dès 1796[1]. Or, s'il n'est certes pas question d'affirmer que la doctrine est demeurée en tout point inchangée de l'hiver 1793 au semestre d'été 1798, il n'en demeure pas moins que les thèmes présents en 1793-1794 et réaffirmés en 1796-1798 peuvent servir de test pour juger de la pertinence ou de la non-pertinence de certains débats sur l'évolution de Fichte. Prenons deux exemples :

La référence au monde intelligible ou à Dieu dans la *WL* de 1798 a paru à bon nombre de commentateurs comme le signe le plus évident de l'évolution de Fichte entre 1794, moment où il professe que l'homme est à jamais lié au monde empirique, et 1801, moment où se déploie la doctrine de l'absolu. Ainsi L. Ferry et A. Renaut considèrent la *WL* de 1798 comme « la séparation réinstallée du monde sensible et du monde intelligible »[2]. Or, il se trouve que dans les *Méditations*, Fichte se réfère à ce monde intelligible, parle de Dieu sans avoir l'air de se soucier du caractère dogmatique ou non de ses propos, définit les *Idées* comme des vérités et non comme des illusions transcendantales, tout comme il le fera dans la *Nova Methodo*. On peut, à ce titre, comparer cette proposition des *Méditations* : « Ces *Idées*, dans notre système, ne sont pas des chimères contradictoires et vides comme dans la *Critique de la raison pure* et ne doivent pas l'être »[3], à celle de la *Nova Methodo* : « La *WL* se différencie des écrits de Kant par le fait qu'elle accorde même aux représentations de Dieu, etc., une validité objective »[4]. Dès lors, prétendre (pour expliquer les propos tenus sur le monde intelligible dans les *Méditations*) que Fichte aurait changé de point de vue entre l'hiver 1793 et le printemps 1794, c'est se trouver confronté à cette question : pourquoi revient-il en 1796-1798 au

1. *Vers la fondation de l'intersubjectivité chez Fichte*, Paris, Vrin, 1993, p. 40, ainsi que la présentation à la traduction de la *Wissenschaftslehre nova methodo*. Radrizzani y montre que c'est à tort qu'on parle de *WL* de 1798, car cette mouture de la *WL* fut enseignée dès 1796.

2. Présentation à la traduction de *Machiavel et autres écrits philosophiques et politiques*, Payot, 1981, p. 29.

3. *Méd.*, p. 151.

4. *Doctrine de la science nova methodo*, p. 106.

point de vue de l'hiver 1793 qui aurait été stigmatisé en mai 1794 comme totalement caduque ? Faut-il multiplier les hypothèses pour expliquer les évolutions de Fichte ou ne convient-il pas plutôt de prendre acte que dans son système – en général, et abstraction faite des dates –, il y a une référence au monde intelligible, que les *Idées* de la raison sont vraies, bref que Fichte a découvert un point de vue qui lui permet de parler de certaines notions sans sombrer pour autant dans un dogmatisme pré-critique que, comme tous les postkantiens, il dénonce ? Quelle que soit la réponse que l'on donne à cette question, il semble, en tout état de cause, que la différence entre la *WL* de 1794 et celle de 1798 ne peut plus être pensée, à tout le moins sur ce point précis, en terme d'évolution dans le temps. De même, les *Méditations* peuvent également servir de structure de référence pour juger de la pertinence d'une autre question, pour le moins insistante au sein des études fichtéennes.

Quelle est la signification du recours immédiat à l'intuition intellectuelle dans la *WL* dite de 1798 ? Faut-il, là encore, percevoir le signe d'une évolution ? La lecture des *Méditations* autorise à répondre négativement à cette question. En effet, Fichte se réfère dès les premières pages à cette notion et la thématise à de nombreuses reprises[1]. Dès lors, il ne paraît pas immédiatement urgent de s'interroger pour déterminer les raisons d'une éventuelle conversion, comme le font certains commentateurs expliquant que si Fichte fait de l'intuition intellectuelle un moment capital de son système à partir de 1797, c'est afin de se situer par rapport à son très encombrant disciple Schelling. Par suite, si les *Méditations* ne permettent ni de décréter que Fichte n'a jamais évolué ni de déterminer sur quels points il a pu, au fil des ans, transformer sa doctrine, elles fournissent néanmoins un critère pour décider des questions qui ne relèvent pas de la thématique de l'évolution. Par-delà ces deux exemples, considérés traditionnellement comme cruciaux pour l'interprétation de la doctrine, il serait aisé de montrer le rôle de ce texte sur bien des points de détails : par exemple l'idée, maintes fois exprimée dans le commentarisme fichtéen, selon laquelle la comparaison entre le système de Fichte et celui de Spinoza (où la *WL* est pensée comme un spinozisme inversé) serait une initiative intempestive de Schelling, est totalement invalidée par les *Méditations* puisque Fichte non seulement se réfère à Spinoza, mais encore définit sa doctrine comme un « spinozisme moral »[2]. C'est pourquoi, cette comparaison, loin d'être l'indice révélateur d'une interprétation erronée et dogmatique du jeune Schelling, doit plus simplement être interprétée comme une référence qui venait naturellement à l'esprit des philosophes de

1. *Méd.*, p. 24, 29-30, 141, 143, 147 *sq.*, 174.
2. *Ibid.*, p. 132.

cette époque. Enfin, ce texte que Fichte n'écrit que pour lui-même constitue un important témoignage sur les débats et les acteurs qui ont présidés à la naissance de ce qu'il est convenu d'appeler l'idéalisme allemand.

Les débats et les acteurs du premier postkantisme

Les *Méditations* peuvent permettre d'atténuer une illusion rétrospective dont, par définition, tout lecteur contemporain est susceptible d'être victime. De fait, en raison de la stature des quatre philosophes (Kant, Fichte, Schelling, Hegel) qui se sont succédés en si peu de temps, on ne peut qu'être enclin à référer directement la philosophie de Fichte à celle de Kant, celle de Schelling à celle de Fichte, etc. Or, quels sont, pour les *Méditations*, les interlocuteurs décisifs à l'origine même de leur projet d'écriture ? Reinhold, Enésidème, Maïmon. Beaucoup plus que Kant, qui n'est évoqué que par la suite (et encore, le plus souvent, pour être critiqué), c'est à partir des questions de ces trois auteurs que se déploie l'argumentation du texte[1]. Le problème qu'entend résoudre Fichte, la question qui l'habite, le motif à l'origine de son élaboration philosophique est donc clairement impulsé par des auteurs aujourd'hui considérés comme mineurs. Ce sont ces trois mêmes auteurs que Schelling invoquera lorsqu'il voudra expliquer la naissance de sa pensée[2]. Même Hegel, dans un texte plus tardif, s'y référera, lorsqu'il abordera les rapports entre criticisme et scepticisme. C'est dire leur importance dans les débats de l'époque puisque, aussi bien pour Fichte que pour Schelling, c'est la polémique entre Reinhold, Enésidème et Maïmon qui les tire de leur sommeil kantien et décide de la nature de leur questionnement. Que s'est-il donc passé entre le triomphe du criticisme (fin des années 1780) et

1. Ce que soulignera Fichte, dans sa correspondance de la même époque : « Avez-vous lu Enésidème ? Il m'a bouleversé un certain temps, a renversé en moi Reinhold, m'a rendu Kant suspect [...]. Il fallait rebâtir, c'est ce que je fais avec ardeur depuis 6 semaines » (Lettre à Stephani, décembre 1793 ; *GA*, III, 2, p. 34). Dans le même sens : Lettre à Reinhard (janvier 1794 ; *ibid.*, p. 39). Sur l'importance et la valeur de Maïmon, cité dès le début des *Méditations*, les déclarations explicites de Fichte sont plus tardives mais encore plus élogieuses que pour Enésidème ; voir par exemple : « Envers le talent de Maïmon, mon admiration est sans bornes. Je crois, et je suis prêt à le prouver, qu'il a bouleversé de fond en comble toute la philosophie kantienne, telle qu'elle a été généralement comprise, telle que vous-même la comprenez » (Lettre à Reinhold, 7 janvier 1795 ; *ibid.*, p. 275). On pourrait multiplier les citations. Fichte, à plusieurs reprises, en fait l'un des plus grands penseurs contemporains, voire « le mûr penseur de l'Europe ». L'admiration de Fichte est effectivement « sans bornes » et ne s'est jamais démentie. Cela étant, c'est aussi le penseur qu'il aura le plus à cœur de réfuter.

2. Voir *Premiers écrits (1794-1795)*, Présentation, traduction et notes par J.-F. Courtine, Paris, PUF, 1987, p. 15-17.

l'enseignement de la *GWL ?* L'effondrement du criticisme. C'est (une fois acquis l'intérêt des *Méditations* pour les *études fichtéennes* comme pour la compréhension de la genèse de l'idéalisme allemand) cette crise du criticisme induite par ces trois auteurs qu'il nous faut maintenant restituer pour être en mesure de comprendre la question directrice, dont les *Méditations* prétendent être la réponse.

LE POINT DE DÉPART DES « MÉDITATIONS » : LA CRISE DE LA DÉTERMINATION KANTIENNE DE LA CONNAISSANCE ET LA QUESTION DE LA RÉFLEXION

Rappelons tout d'abord que Reinhold, dans ses premiers ouvrages[1], se veut un disciple de Kant et ne semble prétendre à rien d'autre qu'a l'amélioration du système kantien[2]. Enésidème[3] est, en revanche, un adversaire sceptique de la *Critique*. Enfin, Maïmon incarne une synthèse des deux premiers, en ce qu'il prétend, d'une part, reconstruire le kantisme pour mieux le préserver des attaques qu'il suscite, mais en ce que, d'autre part, cette reconstruction aboutira, dès 1793, à la mise en place d'un scepticisme extrêmement puissant. Par-delà la diversité indéniable des thèses de ces trois philosophes, se dessine progressivement une question posée au criticisme, question dont les *Méditations* auront à cœur de donner la réponse.

Reinhold : la nécessité d'un fondement unique

Reinhold, s'il croit à la vérité du criticisme, l'estime néanmoins insuffisamment fondé. Remettant en cause les divisions des *Critiques*, il exigera que soit déduit d'un seul fondement l'ensemble des partitions kantiennes (entre analytique et dialectique, jugements déterminants et réfléchissants, raison théorique et pratique). C'est cette nécessité d'un

1. *Versuch einer neuen Theorie des menschlichen Vorstellungsvermögens*, Iéna, 1789 et les *Beiträge zur Berichtigung bisheriger Missverständnisse der Philosophen*, 1790 ; trad. franç. partielle de F. X. Chenet sous le titre : *Philosophie élémentaire*, Paris, Vrin, 1989.

2. Sur l'ambiguïté de cette défense du criticisme qui consiste, en fait, à en recenser toutes les insuffisances, voir F. X. Chenet, Préface à la traduction de la *Philosophie élémentaire*, p. 33.

3. G. E. SCHULZE, *Aenesidemus*, 1792, rééd. *Aetas Kantiana*, Bruxelles, 1968, t. 240. Parce que le texte est paru sans nom d'auteur et que Schulze a de nombreux homonymes, les contemporains, comme les commentateurs, le nomment plus volontiers Enésidème, personnage éponyme de son texte.

fondement que reprendra Fichte dans les *Méditations*[1]. Tout le problème est bien sûr d'interpréter cette exigence de fondation. Nombreux sont les interprètes contemporains qui y décèlent le tournant dogmatique du post-kantisme. J. Rivelaygue, à cet égard, écrit : « Le kantisme prend ainsi cette direction de systématicité, direction sans doute anti-kantienne puisque Kant avait plutôt remis en cause la structure onto-théologique de la métaphysique en niant qu'elle dût être une recherche du fondement. Les postkantiens ne l'ont pas suivi »[2]. Cette détermination de l'entreprise de Reinhold comme retombée dans un dogmatisme pré-critique se heurte à un certain nombre d'objections. En effet, pour que le dogmatisme fût attesté, c'est-à-dire pour que la simple demande de fondation signe la retombée dans la structure onto-théologique de la métaphysique traditionnelle, il aurait fallu que Reinhold prétende rendre raison de la totalité de la représentation par une cause efficiente, un être, ou encore qu'il interprète le fondement comme origine. Or tel n'est pas le cas. C'est ce qu'atteste l'ensemble des distinctions de *La Philosophie élémentaire* qui toutes visent à prévenir une quelconque confusion entre être et pensée[3]. L'enquête de Reinhold, dans sa première philosophie, est purement descriptive, voire phénoménologique[4], en ce qu'elle s'interroge prioritairement sur la

1. Fichte a toujours dit qu'il devait à Reinhold la notion de fondement; voir entre autres Lettre à Flatt (*GA*, III, 2, p. 18) ou encore à Reinhold : « Kant [a montré] qu'il faut partir de l'étude du sujet. Vous, que cette étude doit partir d'un seul principe. La vérité que vous avez exprimée est éternelle » (*GA*, III, 2, p. 272).

2. *Leçons de métaphysique allemande*, t. I, Paris, Grasset, 1990, p. 134. Dans le même sens, voir J. GRONDIN, *Kant et le problème de la philosophie : l'a priori*, Paris, Vrin : « Sa reformulation du kantisme [*i. e.* celle de Reinhold] sera lourde de conséquences. [...] Elle a orienté tous les penseurs de l'idéalisme vers la recherche d'un principe fondamental et inconditionné, donc d'un absolu métaphysique » (p. 118). Ce soupçon d'une retombée dans un dogmatisme pré-critique de la part des postkantiens est un grand classique; même Cassirer, qui pourtant à de multiples reprises les défend, écrit : « La retombée dans le dogmatisme est incontestable » (*Les Systèmes postkantiens*, trad. à l'initiative du Collège de philosophie, Lille, PUL, 1983, p. 49). À la différence de ces auteurs, on peut poser, avec G. Lebrun qu'en ce qui concerne les postkantiens : « il est impossible de juger d'une assertion comme si elle était portée dans un code qui aurait pour objet de dévoiler ou représenter la vérité de la chose [...] nous sommes ici en présence d'un langage qui, de lui-même, et par son fonctionnement remet en cause la conception traditionnelle et diffuse de ce qu'est l'information philosophique » (*La Patience du concept*, Paris, Gallimard, 1972, p. 14).

3. Pour ne citer qu'un exemple de ces distinctions qui structurent son texte, Reinhold élabore une différence capitale, pour qui veut caractériser la nature de son projet, entre la question *« Woraus entsteht ? »*, qui demande d'où vient la représentation, et la question *« Worin besteht ? »*, qui cherche à déterminer en quoi consiste la représentation.

4. C'est à A. Klemmt qu'il appartient d'avoir développé, dans son étude (*K.L. Reinholds Elementarphilosophie, eine Studie über den Ursprung des spekulativen deutschen Idealismus*, Hambourg, Meiner, 1958), de manière systématique, cette dimension phéno-

manière dont la représentation apparaît. C'est la nature non dogmatique de cette recherche, qui toujours demeure dans l'immanence de la conscience, que relève Fichte dès le début des *Méditations*. Mais ce faisant, quelle est la nature du fondement exigé par Reinhold? Il s'agit du fondement du discours de Kant. Il n'est pour s'en convaincre que de considérer la nature des reproches que Reinhold adresse au criticisme. Il dénonce essentiellement l'absence d'explicitation de concepts que Kant utilise mais ne justifie pas. Les concepts plus particulièrement incriminés sont ceux de forme et de matière que, antérieurement à toutes les oppositions qu'elle développe (intuition *a priori*, *a posteriori*, sensibilité, entendement, etc.), la *Critique de la raison pure* met en œuvre [1]. Ces concepts de matière et de forme sont au fondement même du discours transcendantal. Sans eux, l'entreprise critique serait impossible [2]. Or, ce que Reinhold souligne, par sa volonté de légitimer ces notions, c'est le statut central, en même temps que non véritablement interrogé, de ces concepts dans le discours kantien. C'est pourquoi, tant dans l'*Essai d'une nouvelle théorie de la faculté humaine de représentation* que dans les *Beiträge*, les définitions qui suivent immédiatement l'énoncé du « fait de la représentation », que Reinhold donne comme fondement du discours kantien, sont celles de matière et de forme.

Que Reinhold interroge précisément ces concepts (nommés par Kant : concepts de la réflexion) est d'une extrême importance car seule cette considération indique le niveau auquel se situe sa philosophie. *La Philosophie élémentaire* est une tentative de fondation des concepts réfléchissants et non une nouvelle élucidation des concepts réfléchis. Pour le dire plus précisément, Kant distingue deux types de concepts : les concepts réfléchis et les concepts de la réflexion (réfléchissants). Les concepts réfléchis sont tous les concepts d'entendement puisque, par définition, tout concept suppose une réflexion : « la forme du concept

ménologique de la première philosophie de Reinhold (voir particulièrement le paragraphe 5 de la première partie : « Die Phänomenologie der Vorstellung und des Bewusstseins »).

1. Par exemple, le déploiement des thèses de l'esthétique transcendantale a pour préalable nécessaire la définition suivante : « Ce qui dans le phénomène correspond à la sensation, je l'appelle sa matière ; mais ce qui fait que le divers de ces phénomènes peut être ordonné suivant certains rapports, je le nomme la forme du phénomène » (*Critique de la raison pure*, *Œuvres philosophiques*, trad. J.-L. Delamarre et Fr. Marty, Paris, Gallimard, « Bibliothèque de la Pléiade », t. I, 1980, p. 782 (*AK*, III, 50).

2. C'est ce que soulignent, aujourd'hui encore, des commentateurs comme M. Puech : « La première idée de la philosophie transcendantale exige deux notions primitives et absolument indéfinissables : matière et forme. La mise en œuvre de cette dualité primitive donne consistance et généralité à l'idée de philosophie transcendantale apparue en 1768 » (*Kant et la causalité*, Paris, Vrin, 1990, p. 307).

réside dans la réflexion »[1]. Au-dessus de cette réflexion logique, qui produit les catégories en général, se trouve la réflexion transcendantale qui donne naissance aux concepts de la réflexion ou réfléchissants, lesquels ont pour contenu une représentation qui est déjà elle-même une réflexion. Il y a donc une différence entre les concepts qui naissent par réflexion et les concepts qui comprennent eux-mêmes une réflexion[2]. Or, Reinhold est le premier à attirer l'attention sur le problème de la légitimation de ces concepts, le premier à poser la question « de quel droit ? » à propos de l'usage, par Kant, de ces concepts de la réflexion. C'est pourquoi il tentera d'ancrer, à partir d'un fondement inébranlable, les concepts de matière et de forme (dont Kant lui-même a souligné la prééminence parmi tous les concepts : « Ce sont là les deux concepts qui servent de *fondement* à tout autre réflexion »[3]) pour pouvoir, par la suite, justifier l'usage des autres notions primitives : diversité / unité, interne / externe, donné et construit, spontanéité et passivité[4]. Aussi, est-il patent que Reinhold, tant par la nature de ses critiques (la présupposition, par Kant, des concepts de la réflexion) que par le souci que traduit la philosophie élémentaire (légitimer les principales oppositions qui structurent le discours kantien), fait porter la question philosophique non sur le fait même, mais sur la nature du discours qui permet d'accepter le fait. Par suite, la philosophie en quête d'un fondement n'est pas nécessairement, et par la seule énonciation de cette exigence, un néo-dogmatisme ; elle peut s'entendre comme un méta-langage qui demande de quel droit le philosophe use de tel concept ou de tel autre. Il s'agit non pas d'abandonner l'exigence kantienne mais de la redoubler, de l'élever à la puissance supérieure. Cette exigence d'un fondement unique est bien, en dernière instance, une interrogation portant sur le statut du discours de Kant. C'est cette question sur la légitimité du discours kantien, à laquelle la *philosophie élémentaire* prétend apporter une réponse, que le dialogue d'Enésidème radicalisera, afin de montrer à la fois la nécessité de la question sur le statut du discours du philosophe (contre Kant) et l'impossibilité de la réponse (contre Reinhold).

1. *Logique*, trad. L. Guillermit, Paris, Vrin, 1982, p. 103. La forme du concept est réflexion en ce qu'elle suppose un acte de comparaison qui confère une unité commune à plusieurs objets.

2. Ces concepts sont thématisés par Kant dans l'appendice : « De l'amphibologie des concepts de la réflexion, résultant de la confusion de l'usage empirique de l'entendement avec son usage transcendantal », *op. cit.*, p. 988 *sq.* (*AK*, III, p. 215).

3. *Op. cit.*, p. 992. (*AK*, III, p. 218).

4. Ces derniers ne font, certes, pas partie de la liste des concepts de la réflexion mais, au même titre que ceux-ci, sont des notions irréductibles qui structurent le discours kantien, tant il est vrai, comme le note encore M. Puech, que « l'opposition du donné et du construit [...] est au principe de l'ontologie critique » (*op. cit.*, p. 354).

Le scepticisme d'Enésidème

Contre Kant, l'objection d'Enésidème est simple puisqu'elle consiste à mettre en doute la possibilité même d'écrire la *Critique de la raison pure*. Il ne s'agit pas, pour Enésidème, de remettre en cause tel ou tel contenu particulier du contenu de la *Critique*, mais, plus profondément, de questionner *la possibilité même de son énonciation*[1]. Quelles sont, en effet, les modalités discursives qui permettent de dire la nature de la représentation ? Kant affirme que toutes les représentations objectives sont composées d'intuitions et de concepts, liés par l'imagination, mais quels sont les concepts spécifiques qui mettent au jour ces structures représentatives, sachant que ces concepts ne sauraient être les mêmes que ces structures ? En un mot, aux yeux d'Enésidème, Kant donne une définition de la vérité (comme liaison d'un concept et d'une intuition) qui non seulement n'englobe pas ses propres propositions philosophiques, mais pis encore les exclut (puisque les jugements philosophiques de Kant ne sont pas liaison d'un concept et d'une intuition). Comme chez Reinhold (mais avec cette fois la volonté non de sauver le kantisme mais de l'invalider), la question directrice d'Enésidème porte sur la relation de Kant à ses propres propositions philosophiques. Quel est le statut du discours du philosophe ? Quels sont les modes de savoir qu'il doit mettre en œuvre pour expliquer la représentation ? Le philosophe prétend retracer le fonctionnement de la conscience en tant qu'elle est connaissance d'objet mais ne nous dit rien des procédures par lesquelles il accède à la connaissance de ce fonctionnement. Ce faisant, sa définition de la vérité est invalidée par son énonciation même. Chez Enésidème comme chez Reinhold, c'est donc bien la question du statut du discours de Kant qui est posée. Mais, aux yeux d'Enésidème, l'entreprise de Reinhold, loin de régler le problème, ne fait que montrer l'impossibilité de toute réponse. En effet, Reinhold remonte à un fait supposé originaire : le fait de la représentation. Mais pour expliquer ce fait, il est contraint, à son tour, de convoquer subrepticement deux concepts, ceux de relation *(Beziehung)* et

1. Voir notamment p. 31-35, 130-180, le chapitre intitulé : « Preuve que le scepticisme de Hume n'est pas réfuté par la *Critique* ». En fait, ce problème, que nous résumons, parcourt tout l'*Enésidème* et est exprimé sous de multiples formes. C'est à un autre ouvrage de Schulze, *Critique de la philosophie théorétique* (Hambourg, 1801), qu'il appartient d'en avoir donné l'expression la plus concise et la plus épurée par cette formule : « Donc si ce que la *Critique* affirme savoir des fondements de l'expérience est une connaissance réelle, l'affirmation de la même *Critique*, selon laquelle toute connaissance vraie de notre esprit est limitée exclusivement aux objets de l'expérience, est absolument fausse. Si, par contre, cette affirmation devait être vraie, toute connaissance des sources de l'expérience doit être tenue dans son ensemble comme une apparence vide » (*Aetas kantiana*, t. 244, vol. II, p. 578).

de distinction *(Unterscheidung)*[1], qu'il ne peut à nouveau interroger. Parce que la *philosophie élémentaire* recherche les processus fondamentaux de l'esprit, elle doit, pour ce faire, mettre en œuvre d'autres processus mentaux, dont on peut à nouveau demander les conditions de possibilité. Par suite, explique Enésidème, ou bien nous nous enlisons dans une régression à l'infini (demandant toujours les conditions des conditions), ou bien nous sombrons d'emblée dans une pétition de principe (mettant sans arrêt en œuvre cela même qu'il nous faudrait démontrer). Pour le dire de manière plus actuelle, le projet philosophique de Reinhold semble, à peine énoncé, devoir immédiatement s'abîmer dans les paradoxes propres à tout métalangage : un langage peut-il dire sans être dit à son tour ; l'énoncé philosophique n'est-il pas lui-même dépendant des principes qu'il énonce ? D'où la nécessaire conclusion d'Enésidème : Kant, parce qu'il ne peut rendre compte du statut de son propre discours ne saurait prétendre à la validité de ce qu'il énonce ; Reinhold, en voulant légitimer le kantisme, ne peut que mettre en lumière l'inanité de *toute* théorie de la raison[2].

Ainsi, en dépit de son apparence scolastique[3], la discussion sur la légitimité et la définition précise des concepts de forme et matière (et, pour Reinhold, de relation et de distinction) nous indique clairement que la question qui fédère tout le postkantisme[4], et qui décide, ce faisant, de la direction que prendra l'idéalisme allemand, est la question du statut du discours du philosophe. En effet, ces concepts de la réflexion sont les concepts à partir desquels est écrite la *Critique de la raison pure*. Que fait Kant dans la *Critique* si ce n'est classer les représentations selon qu'elles appartiennent à l'entendement (les catégories), ou à l'intuition (l'espace et le temps) ? Son travail de philosophe consiste donc en une comparaison des

1. À ces deux opérations, d'une extrême importance puisqu'elles servent à Reinhold à établir « le fait de la représentation », Enésidème consacre tout un chapitre (*op. cit.*, p. 213-222). C'est à ce chapitre que Fichte fait précisément référence au début des *Méditations*.

2. C'est parce qu'il estime vaine et inutile la quête des lois de la raison qu'Enésidème incarne un scepticisme moderne. Le fait, disait-il, que nous nous entendions, pour un temps, sur tel ou tel énoncé mathématique ne préjuge pas de la capacité que la philosophie peut avoir de savoir pourquoi. La science est opératoire et n'a que faire d'une théorie de la raison.

3. Cette accusation de scolastique, formulée dès le vivant des auteurs, est souvent reprise aujourd'hui. Pour Reinhold, on estime que son souci des concepts de forme et de matière vient de sa formation wolffienne. Pour Maïmon, on l'indexe sur son intérêt pour la logique d'Aristote. C'est oublier que les *Critiques* supposent massivement ces concepts.

4. C'est également sur la définition de ces concepts de la réflexion que s'ouvre l'*Essai sur la philosophie transcendantale* (1790) de Maïmon (trad. J.-B. Scherrer, Paris, Vrin, 1992). Un autre indice de cette polarisation des débats contemporains sur ces concepts de la réflexion est la publication en 1795 (vraisemblablement par Beck, mais l'ouvrage paraît sans nom d'auteur) d'une *Darstellung der Amphibologie der Reflexionsbegriffe*, qui se veut une défense de Kant contre les attaques d'Enésidème.

différentes représentions pour les ramener chacune à sa source. Or la faculté qui effectue cette comparaison est, nous dit-il, la réflexion transcendantale qui opère à partir des concepts dits de réflexion ou de comparaison[1]. Ainsi, si nous nous plaçons du point de vue de ce que fait Kant (en tant qu'il écrit la *Critique*) et non plus du point de vue de ce qu'il y dit (une représentation valide suppose la liaison d'un concept et d'une intuition), alors il est clair qu'il compare les représentations et les classe à partir des rapports : « identité, diversité, convenance, disconvenance, intérieur, extérieur, déterminable et détermination (matière, forme) »[2]. La faculté qui permet d'écrire la *Critique* est donc bien la réflexion transcendantale. Aussi, de problématique appendice, le chapitre sur l'amphibologie devient, aux yeux des postkantiens, la pièce maîtresse de l'édifice critique, puisque, aussi bien, c'est sur lui que repose la possibilité de son énonciation. La réflexion n'est pas seulement ce qui nous permet d'ordonner le contingent, elle est la faculté propre à la philosophie, en tant que celle-ci dit quelque chose sur la représentation. Reinhold estime que l'explicitation de cette réflexion transcendantale est possible, Enésidème la déclare impossible. Maïmon, lui aussi désireux de défendre le kantisme des critiques de l'*Enésidème*, entreprendra de le reconstruire à partir de cette notion problématique de la réflexion, mais dans le même geste, montrera que cette reconstruction aboutit nécessairement à une position sceptique.

Maïmon : la critique de la représentation et le problème de la réflexion

Pour Maïmon, la philosophie de Kant est une philosophie de la représentation en ce que, d'une part, elle se donne essentiellement comme une élucidation de l'objet, en ce que, d'autre part, cet objet est déclaré connaissable lorsqu'il peut être figurable, c'est-à-dire représentable. C'est cette détermination exclusive du connaître en représenter qui justifie, pour Maïmon, les attaques dont le criticisme est l'objet. Kant, dans son enquête sur la connaissance, s'est focalisé sur le processus de subsomption (manière dont l'homme de science connaît) et a laissé dans l'ombre le processus de réflexion (manière dont le philosophe prétend que l'homme de science connaît). C'est pourquoi Maïmon proposera de repenser le criticisme non plus à partir de la notion de représentation mais à partir de la

1. « La réflexion n'a pas affaire aux objets eux-mêmes, pour en acquérir directement une connaissance, mais elle est l'état de l'esprit dans lequel nous nous disposons d'abord à découvrir les conditions subjectives sous lesquelles nous pouvons arriver à des concepts. L'acte par lequel je confronte la comparaison des représentations en général avec la faculté de connaissance où elle a sa place [...], je l'appelle la réflexion transcendantale » (*op. cit.*, p. 989 ; *AK*, III, 215).

2. *Ibid.*

réflexion; en d'autres termes, il entreprend de relire l'ensemble du criticisme à partir de la faculté de juger. Cela dit, cette reconstruction suscite là encore une grave difficulté. En effet, Kant, dès la *Critique de la raison pure*, partage l'ensemble du savoir en jugements déterminants (qui valent pour les mathématiques et une partie de la physique) et en jugements réfléchissants (propres à la faculté de juger). Ces jugements réfléchissants ne produisent que des concepts heuristiques au sein d'énoncés gouvernés par un « tout se passe comme si », par opposition au « c'est ainsi » des jugements déterminants. À l'intérieur de ce partage, se pose dès lors la question de savoir où se situent les jugements philosophiques de Kant lui-même. Ces jugements, comme l'a montré Enésidème, ne peuvent être des jugements déterminants; il ne peut donc s'agir que de jugements réfléchissants (puisque la typologie kantienne n'admet que ces deux types de jugements). De ce constat[1], Maïmon tirera une conséquence d'une brutale limpidité : le philosophe critique ne saurait prétendre à la valeur absolue de ce qu'il dit, il produit des énoncés de l'ordre de la vraisemblance, soit des jugements réfléchissants gouvernés par un « tout se passe comme si ». C'est pourquoi le kantisme est un scepticisme que l'on pourrait résumer par cette suite de formules, certes un peu cavalières, mais auquel le scepticisme de Maïmon donne une certaine consistance : « Tout se passe comme si la *Critique de la raison pure* était vraie, tout se passe comme si nous avions douze catégories et deux intuitions, tout se passe comme si l'homme était fini ». Cette difficulté, J. Rivelaygue l'a remarquablement thématisée, qui écrit : « si c'est la *Critique de la faculté de juger* qui fonde la faculté qui permet d'écrire la *Critique de la raison pure*, il faudra bien admettre que ce qui est dit dans la *Critique de la faculté de juger* doit être pris au sens constituant et non réfléchissant »[2]. Mais si tel est le cas, alors la *Critique* s'abîme dans l'auto-contradiction dénoncée par Enésidème; et si tel n'est pas le cas, et c'est ce qu'affirme Maïmon, alors le criticisme est un scepticisme. Le point de vue philosophique défendu par la *Critique* n'est pas fondé véritativement, mais est de l'ordre de la seule vraisemblance. Il convient ici de relever la particularité du premier postkantisme,

1. Voir, entre autres : « Kant remarque à la vérité et à juste titre que la réponse à cette question ne dépend que de la faculté de juger, pour laquelle on ne peut donner de règle. Mais si nous la faisons dépendre de la faculté de juger, nous n'avons plus rien de solide sur quoi nous appuyer pour déterminer la réalité des catégories et leur nombre complet » (*op. cit.*, p. 69-70). Rappelons qu'au moment où Maïmon propose de reconstruire la *Critique de la raison pure* à partir de la faculté de juger, la troisième *Critique* n'est pas encore parue. Le mérite de Maïmon n'en est que plus grand d'avoir, dès la première *Critique*, perçu l'importance de la distinction entre jugements réfléchissants et déterminants. C'est d'ailleurs ce qui fera dire à Kant que Maïmon est le philosophe qui l'a le mieux compris.

2. *Leçons de métaphysique allemande*, *op. cit.*, t. I, p. 140.

qui n'est pas, comme on le dit trop souvent, d'aboutir à des conclusions anti-kantiennes, mais bien, à partir de prémisses kantiennes, de tirer des conclusions qui le sont trop. Il est clair, en effet, que Maïmon a accentué la thèse kantienne de la finitude jusqu'à produire, sur des bases kantiennes, un scepticisme non immédiatement kantien que l'on peut résumer ainsi : l'homme est tellement fini qu'il ne se trouve aucun point de vue susceptible d'établir la vérité de cette proposition : « l'homme est fini ». De ce basculement du criticisme dans un scepticisme extrêmement puissant se déduit une tâche pour la philosophie à venir. Maïmon, en effet, par sa rigoureuse reconstruction, a attiré l'attention sur la définition du processus de la réflexion, par opposition à l'attention trop exclusive portée par Kant au processus de représentation. Certes, le thème de la réflexion n'est pas une idée neuve en philosophie. Ainsi Locke distingue nettement les impressions de perceptions et les impressions de réflexion, produisant une distinction entre la conscience en tant qu'elle vise l'objet et la conscience en tant qu'elle peut avoir conscience de ses propres opérations. C'est aussi évidemment sur cette distinction que reposait le cheminement cartésien. Mais ce qui est décisif dans l'entreprise de Maïmon, c'est qu'en liant indissolublement cette problématique de la réflexion à la question du statut du discours du philosophe, il fait sortir la réflexion de la simple introspection psychologique. L'auto-réflexion n'est plus un énigmatique retour sur soi ; elle devient l'exigence de montrer à quelles conditions le philosophe peut énoncer un certain nombre de propositions. Rejeter la problématique de l'auto-réflexion comme absurde, la reléguer dans le domaine des pseudo-évidences privées, c'est se condamner à ne pouvoir rendre compte du statut de son propre discours, et renoncer à en rendre compte, c'est invalider l'ensemble des propositions par lesquelles on prétend dire la vérité sur ce qu'est la connaissance, la science, la métaphysique, l'homme, l'existence, etc. Plus encore, l'entreprise de Maïmon dessine en creux la nécessité d'une nouvelle définition de la subjectivité, subjectivité qui ne sera plus sujet psychologique, substance pensante, sujet transcendantal ou existentiel, mais deviendra le sujet de la philosophie. La question est simple : qui écrit la *Critique de la raison pure* ou la *Critique de la raison pratique* et quelles sont les procédures cognitives mises en œuvre pour écrire ces textes ?

Ainsi, dans les trois démarches, dégager les conditions de possibilité qui permettent au discours kantien d'être consistant conduit, en fait, à la ruine de l'édifice critique. Dans les trois cas, la question n'est plus la question de la relation à l'objet mais la question de la relation du philosophe à ses propres propositions. Chez ces trois auteurs enfin, nous assistons à une profonde crise de la détermination kantienne de la connaissance comme simple représenter (liaison d'une intuition et d'un concept par création d'une figure). Surmonter cette crise suppose de penser la notion de réflexion (plutôt que celle de subsomption) et, conséquemment, de produire une nouvelle définition du savoir. C'est à cette nouvelle définition que s'essaieront les *Méditations* qui, dès les premières pages, se donnent pour tâche de répondre à cette question : peut-on dépasser Reinhold pour le préserver des attaques d'Enésidème, sans pour autant accepter le criticisme sceptique de Maïmon ? Question qui, si on dépasse sa seule formulation en termes stricts d'histoire de la philosophie, est celle-ci : un philosophe peut-il rendre compte du statut de son propre discours, et par là assumer la prétention à la vérité inhérente à tout énoncé philosophique, ou doit-il, à l'instar des sceptiques, se résoudre à admettre l'impossibilité de tout discours philosophique ?

La philosophie élémentaire ou doctrine de la relation (« Beziehung »)[1]

Les *Méditations personnelles* sont divisées en deux parties d'inégale longueur : 1. « la logique de la philosophie élémentaire », qui s'attache à donner la définition de la philosophie ; 2. « Sur la philosophie élémentaire elle-même », qui est la mise en œuvre effective de l'enquête philosophique. La première partie signe le dépassement de Kant ; la seconde, celui de Reinhold.

Définition de la philosophie élémentaire

Fichte commence d'emblée par la délimitation rigoureuse de son domaine d'investigation : « Concept de la philosophie élémentaire : on peut trouver certaines règles fondamentales, des règles générales qui se rencontrent dans tout ce qui se passe à l'intérieur de l'esprit »[2]. Ces règles sont les conditions les plus hautes, les principes fondamentaux supposés en toute énonciation, en toute production de l'esprit. Leur thématisation est la tâche de la philosophie élémentaire : « ces conditions, lorsqu'elles peuvent être connues forment une philosophie élémentaire. Tout ce qui se passe en nous, la connaissance, le désir, l'intuition, le concept, l'*Idée*, leur est subordonné »[3]. Dans la mesure où il s'agit de s'interroger sur les conditions qui permettent à la pensée de se déployer, il va de soi qu'à

1. Fichte, au cours de son texte, change le nom de son entreprise : appelée « philosophie élémentaire » au début du texte, elle devient « doctrine de l'essence » en son milieu, puis « doctrine de la relation » à la fin.

2. *Méd.*, p. 22.

3. *Ibid.*

l'instar de Reinhold, Fichte effectue une véritable *époché* de la chose, puisque le « quelque chose dont il est question n'est rien d'autre que les faits de notre esprit »[1]. La philosophie élémentaire a donc pour tâche d'accéder aux conditions ultimes de la pensée. Cette définition de la philosophie pourrait, à première lecture, sembler une scrupuleuse répétition de la démarche de Kant. En effet, Kant ne définit-il pas la connaissance transcendantale comme : « toute connaissance qui s'occupe en général non pas tant des objets que de notre manière de connaître ces objets, en tant qu'elle doit être possible *a priori* »[2] ? Dès lors, Fichte, en déclarant ne pas s'intéresser à la chose mais aux conditions qui permettent de l'énoncer, ne reprend-il pas ici, et tout simplement, cette définition bien connue ? Pour comprendre combien la définition de la philosophie élémentaire s'éloigne de la philosophie transcendantale, il faut se rendre attentif à la fin de la phrase déjà citée : « tout ce qui se passe en nous, la connaissance, le désir, l'intuition, le concept, l'idée leur [*i. e.* à ces conditions] est subordonné. » Remarquons, tout d'abord, que ces termes sont les termes ultimes auxquels Kant parvient *une fois* son enquête achevée. Quelles sont les conditions de possibilité d'une connaissance ? Il faut, répond Kant, qu'il y ait une intuition et un concept. Or, on notera que dans la phrase de Fichte, l'intuition ou le concept ne sont pas ce à quoi on arrive, mais ce dont on part, non la réponse au questionnement, mais son point de départ. Cette première remarque indique que la philosophie élémentaire se situe au-dessus de la philosophie transcendantale ou, pour reprendre la très juste remarque de Maïmon à propos de la *WL* de 1794, tente de reconstruire le kantisme « par le haut »[3]. Remarquons, ensuite, que sont compris dans cette énumération des termes comme le désir. Cette phrase de Fichte pourrait donc être développée de la manière suivante : « tout ce qui se passe en nous, la connaissance » (soit, ce dont parle la *Critique de la raison pure*), « le désir » (soit, ce qui relève de la *Critique de la raison pratique*) dépendent de règles que la philosophie élémentaire a pour fonction de dévoiler. Ce qui montre là encore que le niveau de généralité auquel se situe Fichte est celui d'une réflexivité redoublée et non celui de Kant. Il s'agit, en effet, de porter à l'explicite une démarche ou des opérations qui demeuraient implicites dans le texte kantien. De manière encore plus précise, Fichte écrit : « On ne parlera pas de sensation, d'intuition, de volonté, mais de la manière dont on doit les penser »[4].

1. *Méd.*, p. 23.
2. *Op. cit.*, p. 777 (*AK*, III, 44).
3. Lettre à Fichte du 16 octobre 1794, *Gesammelte Werke*, Olms, Hidelsheim, 1965-1976 (*GW*, t. VI, p. 445).
4. *Méd.*, p. 22.

D'une part, se rencontre ici la même caractéristique que dans la phrase précédente, à savoir que la volonté, qui chez Kant concerne la raison pratique, se retrouve tout naturellement dans l'énumération ; d'autre part, la philosophie élémentaire (ou doctrine de la relation) doit décomposer la manière de penser la volonté, le désir, la connaissance ; autrement dit : comment en venons-nous (par quels types de concepts ou d'énonciation) à parler de volonté, de désir, d'intuition, à situer telle notion « x » du côté de l'intuition, telle autre « y » du côté du concept ou de la volonté, etc. ? Analogiquement, on peut dire que les *Méditations* sont aux trois *Critiques* ce que la *Critique de la raison pure* est aux mathématiques ou la *Critique de la raison pratique* au jugement moral de la conscience commune : dans les deux cas, il s'agit de s'interroger sur les conditions (et la légitimité) d'un discours ; mais dans le premier, il s'agit du discours scientifique ou de celui de la conscience commune, dans le second, il s'agit des conditions du discours du philosophe dégageant les conditions des autres discours. *Quid juris ?* demande-t-on ici et là, mais pas à propos de la même chose. C'est là que passe la différence entre Kant et Fichte, qui interdit l'identification des deux enquêtes. C'est ce que souligne Fichte lui-même qui note que son but n'est pas de répondre à la question : comment une représentation peut-elle se rapporter à un objet, mais comment les pensées peuvent-elles se référer à un sujet ? En une seule phrase, il parvient à la fois à caractériser la signification de son questionnement et à marquer sa distance à Kant : « comment les pensées s'accordent-elles à l'*Agir* de l'esprit ? Comment un tel accord apparaît-il ? Telle est la question »[1]. Chez Kant, si nous pouvons dire *que* le sujet transcendantal constitue le monde, nous ne savons pas *comment* il le constitue, nous ne pouvons décrire les opérations ou processus de la psychologie transcendantale[2]. Or, nous dit Fichte, c'est précisément cette « étude qui est exigée par Enésidème », c'est elle qui définit cette philosophie élémentaire qu'il nommera plus tard *Doctrine de la science*. Par suite, il est clair que la philosophie élémentaire, loin d'être une reprise de la question ou de la démarche de la philosophie transcendantale, détermine un tout autre questionnement, préludant à la délimitation d'un nouvel espace d'investigation pour la recherche philosophique.

Cet espace a été ébauché, mais non parcouru, par Kant dans cet étrange chapitre de la *Critique de la raison pure* : « l'amphibologie des concepts

1. *Ibid.*, p. 23.

2. C'est cette particularité de la *Critique* que thématisaient Enésidème et Maïmon. D'un point de vue plus contemporain, sans doute est-ce Strawson qui l'a le mieux exprimée sous le terme de « cercle » de la *Critique*, dans son célèbre *Bounds of sense*, *An essay on Kant's Critique* (Londres, Methuen, 1966). La *Critique* ôte toute légitimité à une discipline que Strawson nomme « la psychologie transcendantale », sur laquelle pourtant elle repose. La *Critique* suppose un point de vue dont elle prétend pourtant qu'on n'en peut rien dire.

de la réflexion ». Reinhold en a amorcé l'exploration, Maïmon en a expliqué la nécessité. Fichte, dans les *Méditations*, en fera le lieu de l'enquête philosophique ; cet espace est celui de la réflexion[1]. C'est ce qu'atteste son ultime définition de la philosophie : « la philosophie élémentaire est *réflexion*, penser portant sur la manière d'agir et de pâtir la plus générale de notre Moi. » Réflexion qui n'est pas séparable de cette autre notion d'emblée mise en avant par Fichte : l'abstraction[2]. Cette abstraction nécessite elle-même une *comparaison* qui, dans les *Méditations*, sera la comparaison entre l'intuition du Moi et celle du Non-Moi. Comparaison, abstraction, réflexion, telles étaient déjà, peut-être pour Kant[3] mais assurément et explicitement pour Maïmon, les trois opérations qui présidaient à toute formation de notions générales : les concepts empiriques en premier lieu, mais aussi des concepts plus généraux, tels par exemple les catégories (qui doivent elles-mêmes être engendrées à partir de ce triple processus) et les concepts de la réflexion. C'est ce processus d'engendrement que Fichte va tenter de saisir, faisant de la philosophie élémentaire la décomposition des actes du sujet par lesquels il parvient à des notions générales. En un mot, il s'agit pour le philosophe de tenter une saisie génétique des processus discursifs. L'enquête philosophique ainsi circonscrite, Fichte thématise deux objections susceptibles d'emblée de disqualifier son projet.

1. La première objection est celle qu'utilise Enésidème contre l'entreprise de Reinhold : savoir la pétition de principe qui soumet l'exposé philosophique aux conditions qu'il découvre. Fichte reprend à son compte cette objection : « Une philosophie élémentaire ne peut être exacte sans avoir trouvé préalablement ce qu'elle cherche. De là résulte le cercle inévitable. Nous ne pouvons procéder autrement en raison des lois de l'esprit »[4]. La philosophie élémentaire s'ouvre donc sur la thématisation du cercle propre à tout esprit fini. Ce cercle est très précisément le cercle de la réflexivité – soit, comment thématiser un modèle de scientificité dont on va soi-même dépendre –, et non le cercle de la représentation trop souvent majoré par certains interprètes – toute pensée d'un sujet présuppose la pensée d'un objet, elle-même impossible sans pensée du sujet, etc. Les *Méditations* font le pari qu'elles parviendront à relever le défi de la réflexion, qu'elles transformeront le cercle de départ (nous sommes obligés

1. Sur l'importance de la réflexion chez Fichte, voir D. HENRICH, *Fichtes ursprüngliche Einsicht*, Francfort, 1967 ; en français, voir l'article « La découverte de Fichte », *Revue de métaphysique et de morale*, n° 72, 1967, p. 154-169.

2. *Méd.*, p. 21.

3. Telle est la thèse défendue par B. Longuenesse dans son très beau texte : *Kant et le pouvoir de juger*, Paris, PUF, 1993.

4. *Méd.*, p. 21.

de présupposer ce que nous cherchons) en cercle de probation (nous démontrerons les premières propositions par les dernières). Mais si Fichte parie, il n'assure pas du résultat final, puisque seule la mise en œuvre effective de la démarche permettra d'en garantir la consistance, ou d'en démontrer l'inanité[1].

2. La seconde objection consiste à suspecter le projet, de par sa formulation même, de transgresser les limites du criticisme. Est-il possible de décrire la manière dont se manifeste au sujet philosophant les procédures – intuition, catégories, etc. – dont parlent les *Critiques* ? À cette question, Kant répond par la négative. Quel œil, en effet, faudrait-il posséder pour avoir accès à ces instances ? N'est-ce pas là faire du philosophe un spectateur transcendant les processus qu'il décrit ? Là encore, Fichte, dès le début de son texte, thématise cette objection en montrant, d'une part, que seul l'achèvement de l'enquête permettra de décider de la pertinence du projet, de la légitimité de l'aspiration ; en soulignant, d'autre part, que refuser la possibilité d'accéder à ce point de vue, c'est admettre que le kantisme est une philosophie fausse, dogmatique et arbitraire. Fausse est la *Critique de la raison pure* parce que son contenu définit un seul type de vérité que l'écriture même de la *Critique* invalide totalement (Enésidème). Dogmatique est l'ensemble du criticisme, parce qu'il repose sur des présupposés qu'il ne veut pas interroger (Reinhold). Arbitraire est l'ensemble de la philosophie de Kant, car le discours qui condamne les *Idées* de la métaphysique comme fictives ne peut à son tour se donner d'autre statut que celui de la vraisemblance (Maïmon). En plaçant les *Méditations* tout entières sous le signe de la recherche d'un point de vue permettant de répondre aux objections du scepticisme[2] contre le criticisme, Fichte souligne que ce qui s'y joue, c'est tout simplement l'existence de la philosophie comme discours autonome et pourvu de signification.

Mais si Fichte, dans cette définition, s'éloigne considérablement de Kant, il peut sembler très proche de Reinhold. Dès lors, où passe la différence revendiquée dès les premières pages des *Méditations* ? Elle tient en une seule phrase : il ne s'agit plus, comme chez Reinhold, d'analyser un

1. C'est ce que souligne Fichte lorsqu'il envisage l'échec possible de sa recherche ; voir à ce titre le texte déjà cité (p. 26) des *Méditations* : « où je comprends pourquoi il est impossible de [...]. »

2. On pourrait multiplier les citations : ainsi, dès le début de son texte, Fichte écrit : « L'étude exigée par l'Enésidème est la suivante : comment et dans quelle mesure est-il possible de retrouver trace des constituants de notre pouvoir de connaître » (p. 23) ; une page plus loin, il s'interroge : « Le construire dans la philosophie élémentaire est-il impossible ? est-il impossible de donner une intuition interne qui explique la pensée et la démontre ? Si l'intuition interne est possible, alors Enésidème est réfuté » (p. 24).

fait, mais il s'agit de construire des actes. Différence simple en apparence mais qui engage tous les développements des *Méditations*.

« Sur la philosophie élémentaire elle-même »

Poser comme le fait Reinhold « le fait de la représentation » suppose, pour Fichte, trois actes : position, opposition, réunion. Le « fait de la représentation » n'est donc pas premier mais est la synthèse d'actes originaires. « Originairement, nous n'avons rien d'autres que la position et l'opposition »[1]. Par là, Fichte répond à Enésidème qui dénonçait dans le fait de la représentation de Reinhold des présuppositions non explicitées. Toute opération cognitive, quelle qu'en soit la diversité du contenu, suppose ces actes fondamentaux. Ces actes originaires, que le philosophe reconstruit par abstraction[2], sont l'identité du posant et du posé (Moi = Moi, ou A) ; l'opposition du posant et du posé (Non-Moi n'est pas égal à Moi, ou Non-A); la réunion de la position et de l'opposition (Moi = Non-Moi dans le Moi – *i. e.* dans la représentation, que Fichte formalise par la lettre C) par le Moi. « La première proposition »[3] (Moi) est le moment où le sujet de la pensée et son contenu sont identiques; le deuxième (Non-Moi), le moment où ils sont opposés (ce qui pense et ce qui est pensé ne sont pas le même); ce faisant, il est clair, dans un tel dispositif, que le Non-Moi ne saurait renvoyer à un quelconque existant extérieur au sujet qui l'énonce (monde ou autrui), mais est le contenu d'une proposition *(Satz)*, en tant que ce contenu est autre que celui qui pense. C'est pourquoi ce Non-Moi peut-être n'importe quoi (le pupitre, le monde en tant qu'il est pensé, mais aussi les *Éléments* d'Euclide, le contenu du discours de Kant en tant que son objet n'est pas lui-même mais la conscience mathématique ou commune). Comme le premier principe, le Non-Moi est un acte et non une chose ou un étant; c'est un acte qui correspond au moment où le sujet de l'énonciation et le contenu de l'énoncé sont distincts. Enfin, la troisième proposition (la représentation ou C) signe la nécessité de revenir à l'identité du posant et du posé tout en ayant pris en compte leur opposition, en un mot signe la nécessaire réunion des deux premiers actes en un troisième. Ce qui signifie que le savoir, pour être savoir de quelque chose, doit être également savoir de lui-même. La pensée se donne nécessairement dans ce double mouvement vers l'autre (le contenu de la proposition) et vers soi (le sujet de l'énonciation).

1. *Méd.*, p. 34.

2. Comme le dit Fichte, dès le début, nous n'avons pas conscience dans la vie de ces actes, nous les reconstruisons par le discours philosophique en montrant que ce sont les trois actes présupposés en tout discours, quelle que soit la particularité de son contenu.

3. Voir : « la première proposition est celle du Moi » (p. 26).

La mise en place de ces trois principes délivre sinon la structure du moins la dynamique des *Méditations*. Tout d'abord, ils font clairement apparaître différents « Moi », de signification et de statut différents, par l'expression « Moi = Non-Moi dans le Moi par le Moi ». Le premier (« par le Moi ») est l'absolue position dont Fichte fera la proposition au-delà de laquelle on ne peut remonter, Moi = Moi) ; le deuxième (« dans le Moi » que résume la lettre C) deviendra le Moi en tant qu'il est nécessairement lié à quelque chose d'autre, la pensée en tant qu'elle est pensée de quelque chose d'autre qu'elle-même. À ce titre, A (Moi = Moi), c'est la pensée se pensant elle-même. Non-A (Non-Moi) est ce qui est pensé (le pupitre, le monde, etc.). C (la représentation en tant qu'elle est A = Non-A en C)[1] est la pensée en tant qu'elle pense le pensé. Ce Moi, les *Méditations* l'appelleront le Moi intelligent, ou encore le Moi de la *Vorstellung* – représentation –, qui se définit comme mouvement vers l'objet, comme intentionnalité en tant que conscience d'un autre. « Le Moi intelligent n'est possible que par un Non-Moi [...]. Le Moi intelligent dépend du Non-Moi »[2]. « L'intelligence n'est pas référée à elle-même, mais à ce qu'elle intellige. L'intelligence est et reste tournée vers l'extérieur »[3]. Mais ce Moi intelligent, nécessairement associé à un Non-Moi, n'est pas le premier Moi, que Fichte appellera, dans ce texte, le Moi pur ou *Darstellung* – présentation –: « la position du Moi s'appelle présentation, la position du Non-Moi comme réel, s'appelle la représentation. Tout ce qui advient à la conscience empirique est représentation ; la présentation n'advient jamais à la conscience empirique ; mais pourtant elle seule constitue la conscience pure »[4].

En ce sens, la *Vorstellung* n'est plus le tout de la subjectivité. Ce que Fichte n'aura de cesse de souligner à chaque étape de son enquête : « L'intelligence est prédicat et non sujet absolu [...]. J'ai l'intelligence et non je suis l'intelligence »[5]. L'intelligence ou représentation cesse d'être ce par quoi se définit la conscience. Fichte, de manière extrêmement

1. Le Moi et le Non-Moi compris en C (dans l'expression Moi = -Moi en C (*i. e.* dans le Moi) sont l'activité et la passivité (ou spontanéité et réceptivité). Il est évident que le Moi et le Non-Moi en C (la représentation) ne sont pas les mêmes que le Moi et le Non-Moi de départ (position et opposition). C'est pourquoi, dans sa démonstration, Fichte en parlera comme de Moi et de Non-Moi absolus par opposition au Moi relatif (la représentation = C), et par opposition aux Moi et Non-Moi à l'intérieur de cette représentation (Moi et Non-Moi qui cette fois doivent s'entendre comme le jeu entre activité et passivité à l'intérieur de la représentation(*i. e.* en C).

2. *Méd.*, p. 28.

3. *Ibid.*, p. 170.

4. *Ibid.*, p. 90. Voir aussi p. 89 : « Le Moi se pose comme Moi ; c'est ce qu'on appelle la présentation. Ne dois-je pas lui préférer un autre mot ? Non, le *"Dar"* dit bien ce dont il s'agit » (voir aussi p. 98 *sq.*).

5. *Ibid.*, p. 171.

précise, dégagera les *deux* lois qui définissent la rationalité : celle de la *Darstellung* et de la *Vorstellung*. La première est : « la loi la plus haute »[1], celle de l'auto-réflexion qui exige l'identité du posant et du posé. La seconde sera la loi de « la représentabilité en général »[2] que Fichte définit ainsi : « Tout ce qui doit être accepté dans notre faculté de représentation doit avoir quelque chose qui lui soit opposé »[3]. On voit clairement ici se mettre en place deux régimes distincts de pensée qui obéissent à des lois différentes. Le premier est la loi de la pensée philosophique – l'identité du posant et du posé –, le second, la loi de toute représentation – la réunion, après l'opposition, du posant et du posé. C'est par la mise en place de ces trois propositions que Fichte pense à la fois surmonter les apories qui grevaient le criticisme – statut du discours du philosophe et pensée d'une connaissance autre que purement représentative –, et dépasser la philosophie de Reinhold – pensée des actes et non d'un fait.

Outre cette différence capitale entre *Vorstellung* et *Darstellung*, la mise en place des trois premiers actes (position, opposition et réunion) permet de retracer la genèse des principaux concepts. En effet, les actes fondamentaux sont ce à partir de quoi seront engendrés tous les actes de la pensée (catégories, concepts de la réflexion, pensée du temps et de l'espace). Fichte part d'une tâche déterminée : penser comment Moi et Non-Moi peuvent être réunis en un troisième terme, ce qu'il écrit : « A = Non-A en C », sans que C ne se contredise (C = C) et, corrélativement, ne contredise la première proposition (A = A). Au départ, la synthèse n'est rien d'autre qu'une exigence : les opposés doivent *(sollen)* être réunis. Comment est-ce possible, soit : quels actes doit effectuer le philosophe pour penser cette réunion sans contradiction, ou encore : quelles conditions doit-il admettre pour réaliser son modèle ? Telle est la question. La première opération effectuée pour traiter la contradiction est l'opération de différenciation. En effet, si le troisième terme doit réunir deux termes, alors ces deux termes ne peuvent être pensés ni comme identiques (premier principe), ni comme opposés (deuxième principe). Dès lors : « n'est-ce-pas ici qu'est donnée la différence ? C'est exact. Différent ne signifie ni identique, ni opposé. Dans la mesure où il [*i. e.* un terme de l'opposition] n'est pas identique, il doit être opposé et dans la mesure où il n'est pas opposé, il doit être identique »[4]. Ainsi, « différent ne veut pas dire identique, mais ne veut pas

1. Fichte parle de « loi la plus haute », à propos du « je suis ce que je suis » (p. 152) ; voir aussi p. 109 et tout le début de la partie pratique.

2. *Ibid.*, p. 104.

3. *Ibid.*

4. *Méd.*, p. 32.

dire opposé non plus »[1]. L'opération de différencier est donc bien le premier acte qui « naît de la réunion de l'identité et de l'opposition »[2]. L'acte fixé (c'est-à-dire réfléchi et nommé) donne le concept de différence. A et Non-A, d'opposés qu'ils étaient, doivent devenir différents en C. Ce faisant, pour pouvoir penser ces termes comme différents et non plus comme opposés, il faut les limiter. L'acte à effectuer ici est l'acte de *limitation* de chacun des termes qui, une fois « fixé », donne bien sûr le concept de limitation. Mais, pour que des termes opposés soient vraiment limités, il faut penser leur limitation non du point de vue de la qualité mais de la *quantité* (nouvel acte). Les penser du point de vue de la quantité, c'est leur attribuer un *quantum*, et par là une mesure[3]. Qu'est-ce que cette mesure ? Comment la définir (concept de mesure) et comment, ensuite, penser la différence entre deux mesures ? Si pour penser la mesure, j'attribue à l'un de mes termes la valeur 10 et à l'autre la valeur 20, ils seront certes réunis (tous les deux sont des grandeurs), mais ne seront plus opposés. 10 et 20 ne sont pas opposés en tant que grandeur puisque nous pouvons fort bien les additionner. Il faut donc recourir à la notion de plus et de moins, et introduire en philosophie le concept de grandeurs négatives… A et Non-A peuvent donc être mis en relation en tant qu'ils sont des grandeurs mesurables (relation) ; mais ils demeurent opposés (différence), en tant qu'ils ne sont pas de même signe.

Comme on le voit, tout concept est une spécification de la notion première, mais très large, de différence, elle-même spécification des actes de départ de position et d'opposition. Au fur et à mesure que la construction s'effectuera, apparaîtront les différentes manières dont la différence peut se dire, soit les différentes façons dont une comparaison peut s'effectuer. La contradiction se métamorphose et nécessite la production progressive d'actes nouveaux. Lorsqu'un nouveau concept est trouvé, la contradiction se repose à nouveau en d'autres termes. Cette recomposition est à son tour surmontée en un autre terme, qui produira…, etc., jusqu'à ce qu'on parvienne au moment où les termes ne peuvent plus être composés.

C'est ce processus d'engendrement progressif des actes que Fichte appelle la déduction ou production nécessaire. À telle étape du raisonnement, il faut faire une opération (limiter les termes par exemple, leur attribuer une quantité.). Cette opération ne peut intervenir à un autre moment, une autre ne saurait s'y substituer. Toute opération de l'esprit (qu'elle se donne comme limitation, action réciproque entre deux termes –

1. *Ibid.*
2. *Ibid.*
3. Le concept de *quantum* est employé deux fois dans les *Méditations* où Fichte lui préfère celui de mesure. Dans la *Grundlage*, il retiendra le terme de *quantum*.

catégories –, ou comme relation entre l'interne et l'externe, la matière et la forme – concepts de la réflexion) est une manière d'agir pour résoudre la contradiction de départ. Tout concept est résultat d'un processus, résumé d'un jugement, mode d'action déterminé (*Handlungsweise* ou *Handlungsart*) de l'esprit.

Au terme de ce parcours (divisé en trois parties : -A = C, A = C, A = -A en C), surgira une nouvelle contradiction, non plus entre le Moi et le Non-Moi mais entre le Moi du premier principe – celui de la *Darstellung* (A = A) – et le Moi du troisième – celui de la *Vorstellung :* (Moi = Non-moi en C) – ; opposition à partir de laquelle Fichte cherchera le passage vers la philosophie pratique qu'il ne trouvera pas, ce pour quoi, vraisemblablement, il abandonne son projet.

Ainsi Fichte est-il, dans les *Méditations*, en possession d'une grande partie de sa philosophie théorique (les trois propositions, la notion de méthode génétique comme engendrement des différents concepts ou « actes fixés »). En ce sens, il peut estimer avoir, en partie, surmonté les apories du kantisme (il répond à la question du statut du discours du philosophe par la thématisation de l'acte d'énonciation et par la loi de la *Darstellung* comme loi de la pensée philosophique) ainsi que celles de la *philosophie élémentaire* de Reinhold (par la substitution de l'acte au seul « fait de la représentation »). En revanche, il ne possède pas encore véritablement ce qui deviendra la philosophie pratique, fondement même de l'ensemble du système. Comme nous l'avons dit précédemment, dans le deuxième cahier qui fait suite aux *Méditations* il n'est question que du principe téléologique de la faculté de juger. On se méprendrait en pensant qu'il ne s'agit que d'un commentaire de la *Critique de la faculté de juger*, car si tel était le cas, non seulement Fichte serait un bien piètre commentateur mais, en outre, les attaques extrêmement sévères contre Kant ne s'expliqueraient pas. Ce dont il est fondamentalement question, en ce second cahier, c'est de dépasser la reconstruction de l'ensemble du système à partir du seul point de vue de la *Critique de la faculté de juger*. Or ce n'est pas Kant qui prétend que l'ensemble du système doit être reconstruit à partir de cette *Critique*, c'est Maïmon, avec les conséquences que l'on sait. La tâche qui demeure à réaliser est donc le dépassement du scepticisme de Maïmon. C'est seulement à la *Grundlage*, voire à la *Nova Methodo*, qu'il appartiendra de dépasser cette mouture du scepticisme qui toujours s'interroge sur la manière dont le philosophe peut assumer sa prétention à la vérité. Comme l'écrira Fichte, dans la *Grundlage* : « Le scepticisme critique, celui de Hume, Enésidème et Maïmon, [...] met au jour l'insuffisance des fondements jusqu'ici admis, et par là indique où l'on peut en chercher de plus solides. Grâce à lui, la science gagne toujours, sinon en contenu, du moins dans la forme – et c'est bien mal connaître les intérêts de la science que de refuser au sceptique pénétrant l'attention qu'il mérite »[1]. C'est bien le scepticisme, et non une quelconque retombée dans le dogmatisme, qui décide de la nouvelle manière de philosopher que Fichte met ici en œuvre, et qui, par-delà Fichte, constitue le sol à partir duquel l'idéalisme allemand a été possible.

TRADUCTION

Les problèmes de traduction sont multiples, puisque, nous l'avons dit, il s'agit d'annotations non corrigées par Fichte. Nous indiquerons donc en notes les points sur lesquels il peut y avoir discussion. Mais, par-delà le caractère de brouillon du texte, se sont posés d'autres problèmes plus fondamentaux et partant plus classiques. Ainsi, fallait-il rendre en français par un seul et même terme les concepts allemands – avec le risque de surdéterminer le langage de Fichte – ou, au contraire, en utiliser plusieurs – avec le risque inverse de sous-estimer la précision conceptuelle ? Le problème s'est fait particulièrement aigu pour les différents termes signifiant la mise en relation : *Relation*, *Beziehung*, *Verhältnis*, *Zusammenhang*, *Verbindung* et *Vereinigung*. Dans ce cas précis, nous avons décidé de faire correspondre un seul terme français à un seul terme allemand. Ce faisant, nous allons contre la tradition des traductions de Fichte en France qui prennent le parti de traduire aussi bien *Beziehung* que *Verhältnis*, tantôt par « rapport » (et « rapporter à »), tantôt par « relation » (et « être relié à » ou « être en relation à »)[2]. Ce parti pris, assurément légitime, nous n'avons pu le suivre ici pour au moins trois raisons : tout d'abord, parce que, dans ce texte, Fichte fait une différence entre les différentes manières de signifier la relation. « Relation » est le terme générique qui englobe toute mise en relation, qu'elle qu'en soit la particularité. *Beziehung* traduit une relation interne, et en ce sens, il s'agit de l'acte « de référer à » (soit le Non-Moi au Moi, soit la représentation au Moi, soit le Moi à lui-même). *Verhältnis*, en revanche, traduit une relation

1. *OCPP*, p. 37.

2. Pour la *Grundlage*, A. Philonenko traduit tantôt *beziehen* par « relier » et « relation », tantôt par « rapport » et « rapporter », et *Verhältnis* tantôt par « relation » tantôt par « rapport » (par exemple *OCPP*, p. 134 *sq.*, où *Verhältnis* et les verbes dérivés sont rendus par « rapport » et se « rapporter à », de même que deux occurrences de *beziehen* ; en revanche, la troisième occurrence de *Beziehung*, en cette page, est traduite par « relation ». De même, Radrizzani pour la *Nova Methodo* traduit *Beziehung* comme *Verhältnis*, tantôt par « rapport » tantôt par « relation » (voir, par exemple, p. 133, 138).

plus externe, et renvoie à un rapport nécessaire entre deux choses extérieures l'une à l'autre; ce pourquoi, par exemple, Fichte parle, dans ce texte, de rapport mathématique ou dynamique (*Verhältnis* et non *Beziehung*). C'est ce terme que Kant emploie pour les catégories de la relation[1]. Le terme de *Zusammenhang* (longuement thématisé à la fin du texte) est une relation entre deux choses concrètes, qui n'entretiennent pas de rapport conceptuellement nécessaire mais qui peuvent en acquérir un par l'application d'une règle (mise en relation qui n'est donc pas de l'ordre du jugement constituant, comme c'est le cas pour *Verhältnis*). Comme on le voit, il existe différents niveaux de la relation (du plus abstrait au plus concret, du plus interne au plus externe, du plus nécessaire au moins nécessaire); niveaux qu'il nous a semblé nécessaire de thématiser en gardant toujours la même traduction pour ces termes. En second lieu, *Beziehung* est le terme employé par Reinhold pour introduire son « fait de la représentation »; c'est ce terme précis (et nullement le concept de *Verhältnis* kantien) qu'Enésidème attaque. Il semblait donc difficile, en raison de la référence directe à cette polémique entre Reinhold et Enésidème dans les *Méditations*, de traduire *Verhältnis* et *Beziehung* indifféremment par un seul et même terme. Enfin, Fichte nomme, à la fin de son texte, sa philosophie : « *Beziehungslehre* », indiquant par là l'importance qu'il attache à la spécificité de ce concept, qui n'est pas celui, également très employé dans le texte, de *Verhältnis*.

Pour autant, le problème n'était pas résolu. Que choisir comme traduction pour *Beziehung* : « rapport » ou « relation » ? C'est le terme « rapport » que propose le traducteur de Reinhold[2]. C'est une excellente solution dans la mesure où elle permet de traduire les verbes dérivés du substantif par « se rapporter à », expression qui en français renvoie à une relation plus forte et plus interne que le simple « est en relation à ». Malheureusement, nous n'avons pu adopter cette solution, pourtant très élégante et conceptuellement justifiée dans le cas de Reinhold, pour deux raisons : tout d'abord, parce que Fichte, par deux fois, appose *Beziehung* et le terme de *Relation ;* à ce titre, le glossaire de l'édition de l'Académie, lorsqu'il indexe le terme *Beziehung*, conseille au lecteur de le comparer à *Relation*. Ensuite, il nous a semblé que « Doctrine du rapport » n'était pas très suggestif en français; or, c'est ce terme de *Beziehungslehre* que Fichte entend substituer à la

1. Sur ce point, voir la précision des traducteurs du *Kant-Lexikon :* « Sous le titre de relation, la notion ici traitée et référencée est celle de « rapport » *(Verhältnis)* » (p. 912, Paris, Gallimard, 1994).

2. Trad. F. X. Chenet, *op. cit.* Les traducteurs de Hegel se divisent sur ce point : G. Jarczyk et P.-J. Labarrière traduisent *Beziehung* par « rapport » et *Verhältnis* par « relation » ; B. Bourgeois et J.-P. Lefebvre proposent l'inverse.

désignation habituelle de « philosophie ». Voilà pourquoi nous nous sommes résolus à traduire *Beziehung* par « relation ». Néanmoins, nous avons pris le parti, pour les verbes composés à partir de *Beziehung*, de traduire par « référer à » ou « être référé à » (pour *« bezogen werden »* employé à de multiples reprises). La solution contient assurément bien des inconvénients, mais il nous fallait satisfaire à deux exigences incompatibles : conserver le terme de « relation » et, en même temps, éviter les dérivés comme « est en relation à », beaucoup plus neutre en français qu'en allemand et qui ne renvoie nullement à la dimension de relation interne que Fichte entend souligner. Une solution, plus cohérente, aurait consisté à oser traduire *Beziehung* par « référence », afin de faire correspondre le substantif et les verbes. À notre sens, c'est bien, en dernière instance, ce que signifie *Beziehung* chez Fichte, mais, outre qu'il faudrait le démontrer plus amplement, il se trouve que ni le traducteur de Reinhold, ni ceux de Fichte ou de Hegel (bien que, comme le remarque J.-P. Lefebvre, le champ sémantique de *Beziehung* soit en allemand celui de la référence[1]) n'ont traduit ainsi *Beziehung*. Or, nous ne souhaitions pas ajouter à la cacophonie en décidant unilatéralement de traduire ce terme de manière inédite ni prendre le risque de rendre plus difficile l'accès pour le lecteur français à la *Grundlage* qui, dès le paragraphe 3[2], thématise le concept de *Beziehung* traduit, pour ce paragraphe par A. Philonenko, par « relation ». Pour atténuer le caractère assurément insatisfaisant de la solution que nous adoptons, nous demandons au lecteur de se souvenir qu'en français le terme « relation » vient du latin *relatio-onis*, nom lui-même tiré du supin *relatum*, du verbe *reffere* (référer). Initialement donc, le substantif « relation » et le verbe « référer » sont, dans notre langue, liés l'un à l'autre. C'est, à notre sens, cette acception de relation (comme acte de référer un x à un y ou un terme à lui-même) qu'il faut systématiquement entendre lorsque Fichte utilise *Beziehung*. Pour ce qui est des autres termes susceptibles de poser problème, nous expliquons notre choix en note[3].

1. Voir « Glossaire », *Phénoménologie de l'Esprit*, Paris, Aubier, 1991, p. 531, 532. Si un texte devait être directement écrit en français pour exprimer l'acte de se référer à soi, il ne viendrait sans doute à l'idée de personne de parler d'auto-relation, car même si, en soi, l'expression reste compréhensible, elle n'en introduit pas moins subrepticement l'idée de deux termes séparés puis ensuite reliés, ce qui n'est pas ce que veut signifier Fichte lorsque, à de multiples reprises, il écrit que « le moi ne se réfère qu'à lui-même ».

2. *OCPP*, p. 31.

3. Les notes de Fichte sont appelées par des chiffres arabes. Celles du traducteur sont appelées par des astérisques et regroupées à la fin du volume.

MÉDITATIONS PERSONNELLES
SUR LA PHILOSOPHIE ÉLÉMENTAIRE

LOGIQUE DE LA PHILOSOPHIE ÉLÉMENTAIRE

CONCEPT DE LA PHILOSOPHIE ÉLÉMENTAIRE

[21] On peut trouver certaines *règles fondamentales, des règles générales* qui se rencontrent dans tout ce qui se passe à l'intérieur de l'esprit[1]. En effet, tout doit être intégré pour obtenir l'unité subjective ; cela se passe dans un esprit ; il faut donc que tout puisse être intégrable pour obtenir cette unité subjective, et en elle du moins, et à ses conditions (si toutefois pareilles conditions devaient se trouver), il faut que tout s'accorde.

2) Ces conditions, lorsqu'elles peuvent être connues, forment une *philosophie élémentaire*. Tout ce qui est susceptible de se passer en nous : connaissance, désir, intuition, concept, idée, leur est subordonné.

3) Ces conditions, ou bien parviennent effectivement à notre conscience à travers diverses manifestations de nos facultés ; en ce cas, on les découvre par abstraction ; ou bien on les déduit seulement à partir de la présence d'autres manifestations. *Nous* déduisons, mais selon quelles lois ? Mais quelle question ! Nous déduisons selon les lois du Moi.

4) Les recherches de la philosophie élémentaire, les réflexions qu'elle engage sont elles-mêmes quelque chose qui se passe en notre esprit. Elles sont quelque chose d'une espèce déterminée, un acte de *penser*[**]. Par conséquent, la philosophie élémentaire dépend de conditions d'une espèce et d'un genre particuliers. Dès lors, la philosophie élémentaire ne peut être exacte sans avoir déjà trouvé ce qu'elle cherche (d'où le nécessaire cercle de notre esprit. Nous ne pouvons trouver ces lois autrement qu'en suivant ces lois elles-mêmes).

1. Principe de l'unité du Moi[*].

5) Des règles seraient donc nécessaires pour cette recherche, règles qui, de préférence, ne devraient pas être acceptées implicitement, mais qui, au contraire, devraient être développées explicitement. Mais ces règles ne peuvent être démontrées à leur tour, on doit seulement [22] se risquer à les avancer. Par chance, la logique, dont elles dépendent, est déjà une science établie. Si une contradiction pouvait naître, ce serait lors de ce qui est à observer précisément dans l'application à la philosophie élémentaire. Afin d'éviter cette contradiction, il faut procéder à l'inverse et démontrer la logique à partir de la doctrine élémentaire. Il faut procéder tantôt d'une manière synthétique, tantôt d'une manière analytique. Si les résultats, tirés des deux démarches, concordent, alors nous disposerons d'un bon point de départ pour la vérité.

LES RÈGLES LOGIQUES [1]

N. B. La logique, en général, est elle-même quelque chose dans l'esprit humain. Par conséquent, une philosophie élémentaire doit également la fonder. Comment le peut-elle ? En développant à chaque fois la proposition dont elle a besoin pour la proposition suivante. Ainsi, chaque proposition, en soi matérielle, devient la condition formelle de la proposition suivante ; ce qui nous donnerait une chaîne indestructible. Par là, une logique formelle, antérieure à la philosophie élémentaire, serait impossible. Avant la philosophie élémentaire, il ne peut y avoir que des considérations aphoristiques sur sa manière de procéder [2].

Nous devons tout d'abord rechercher s'il est vraisemblable de réaliser un tel plan [3]. La philosophie élémentaire est *réflexion*, *pensée* portant sur la manière d'agir et de pâtir la plus générale de notre Moi. Chaque proposition est exprimée telle qu'elle est pensée, conformément aux conditions de la pensée (on ne parlera pas de sensation, d'intuition, de volonté, mais de la manière dont on doit les penser). [23] Chaque

1. La logique est une doctrine de l'essence, mais déjà appliquée. Son objet est une abstraction de l'objet possible de la pensée. La logique considère les formes de l'esprit dans leur plus haute généralité. Pour la philosophie élémentaire, une logique particulière est nécessaire. 1) La philosophie élémentaire est, du point de vue de sa forme, dépendante de la logique générale mais, réciproquement, la logique est dépendante de la philosophie élémentaire ; il y a là un cercle. 2) La philosophie élémentaire a seulement besoin de certaines observations qui résultent de son objet.

2. La première remarque est importante. La philosophie élémentaire n'intègre pas la logique dans son domaine. La deuxième remarque est exacte.

3. Démarche de la philosophie élémentaire. Unique preuve possible de sa vérité.

proposition est donc une pensée, et de ce point de vue, on peut tirer la règle de chacune d'elles; chaque A peut être condition formelle de la vérité B, dans la mesure où cette proposition est une pensée. Tel est le critère d'exactitude de la proposition, si toutefois le fait présupposé est exact[1].

Mais ici se pose une question encore plus importante : quelle doit être la matière de ces pensées[2] ? *Certains processus dans notre âme* qui, d'après les règles de notre esprit (selon la méthode prescrite, c'est-à-dire comme cela advient), sont traduits en concepts et énoncés par des propositions. Par là, la méthode n'est pas seulement présupposée comme donnée [24] mais est *conçue*, et ce, pour une réflexion sur sa propre voie comme pour une analyse de cette voie par d'autres. Mais, dès lors, le *concept* même de méthode est une partie de la philosophie élémentaire; c'est même une de ses dernières parties. C'est ici qu'apparaîtrait le plus manifestement le cercle. Je ne puis prouver à personne une seule proposition de ma philosophie élémentaire, si cette personne ne l'a pas étudiée jusqu'au bout et n'en a pas approuvé les résultats. Je ne puis prouver ma philosophie qu'à partir d'elle-même. Par conséquent, la philosophie élémentaire se vérifie par elle-même, par son accord avec elle-même. Si la voie que j'ai réellement parcourue peut s'expliquer à partir de concepts, et si la voie qui s'explique à partir de concepts est celle qui a été parcourue, alors la philosophie élémentaire est vraie en elle-même. La philosophie élémentaire possède une vérité interne. En aucun cas, une vérité externe ne pourra s'y trouver. Telle est également – pour contredire Enésidème – la

1. *N. B.* Il semble que dans les exposés *, la proposition « je suis » ait été effectivement mal déduite. Je crois, en effet, qu'elle doit être démontrée, mais ne peut l'être que par un cercle, c'est-à-dire de la manière suivante : en tant qu'elle est proposition formelle (a = a), elle parvient à la conscience. Cette proposition se laisse déduire en tant que proposition matérielle, qui ne parvient pas à la conscience. Et réciproquement, à partir du contenu établi de cette proposition peut se déduire sa justesse formelle. Il ne manque ainsi à l'exposé que de savoir sur quelle proposition il faut continuer à réfléchir. On aurait besoin pour cela d'une explication plus approfondie de la forme et, si possible, de la matière. On peut dire que la forme que le Moi donne au Non-Moi est la matière du Moi.

2. Ces considérations dévoilent aussi le caractère fallacieux des accusations de Maïmon contre Reinhold **, selon lesquelles du fait qu'il peut penser quelque chose, il en conclut que quelque chose doit être. Ce quelque chose dont il est question ne sont que des faits de notre esprit. C'est à eux que pense Reinhold ***. Comment ces pensées s'accordent-elles à l'agir de l'esprit ? Comment un tel accord peut-il être montré ? Telle est la question. Car, ce n'est pas la chose en soi, mais le représenter de la chose qui est l'objet de la philosophie de Reinhold. Il n'est nullement question de la chose hors de ce représenter. Comment un tel accord est-il possible ? L'étude exigée par Enésidème **** est la suivante : comment et dans quelle mesure est-il possible de retrouver trace des composants de notre pouvoir de connaître ? « Construire », dans la philosophie élémentaire, est-il impossible ? Est-il impossible de donner une intuition interne qui explique la pensée et la démontre ? Si l'intuition interne était possible, alors Enésidème serait réfuté.

véritable démonstration de Kant*. Il pose tout d'abord ses propositions comme seulement problématiques, et c'est par la réunion de ces différents chemins en un point qu'il conclut alors à la vérité interne de son système.

Par suite, deux choses appartiennent à la philosophie élémentaire : une observation exacte et une exacte compréhension de cette observation. Ad. 1) Que doit-on observer ? Observer est empirique. N'y a-t-il pas aussi de pures intuitions intellectuelles ? Les formes de la faculté de représentation dont il est question ici sont intuitionnées de manière purement intellectuelle. Mais cette intuition intellectuelle se fonde, en partie, sur la manifestation passée de la spontanéité, sur la manifestation passée de la pensée. Dès lors, si l'on n'a pas pensé d'une manière exacte, l'intuition ne sera-t-elle pas également inexacte ? La spontanéité produit l'intuition de par sa *présence* et non de par sa *manière d'être*. La spontanéité ne peut donc pas, si tout cela est vrai, altérer l'intuition. De surcroît, les étapes du chemin qu'elle doit emprunter doivent être déterminées à l'avance. L'intuition prouve la proposition. Chaque proposition est prouvée par l'intuition, par une expérimentation de l'intuition interne, produite selon certaines règles. En résumé : a) on doit produire une intuition ; b) cette intuition doit être produite selon une règle qui a été développée à partir des intuitions passées ; c) à partir de cette intuition, on doit, de nouveau, développer la règle pour pouvoir produire [25] l'intuition suivante [1].

C'est ainsi que les propositions de la philosophie élémentaire dépendent l'une de l'autre. 1) *L'intuition* est ramenée à un concept pour pouvoir être pensée. 2) Il en découle une règle pour l'expérimentation suivante, c'est-à-dire une question posée, à laquelle doit répondre la nature de notre esprit. 3) L'intuition est traduite dans une formule, réduite à un concept, etc. Telle est la garantie formelle de chaque proposition pour la proposition suivante. À cela, il nous faut ajouter les remarques suivantes :

a) L'intuition est-elle exprimée en son exacte formule ? Sinon cela ne pourrait conduire qu'à une erreur dans l'exposé. L'intuition A doit bien améliorer le concept x. b) Peut-on en déduire exactement la tâche pour l'intuition suivante ? L'expérience a-t-elle été exactement comprise ? C'est précisément ici qu'intervient le cercle. c) Cette manière de procéder de la philosophie élémentaire est-elle vraiment exacte ? Là encore, nous retombons sur le cercle. Nous rencontrons à nouveau ce cercle parce qu'il est

1. *N. B.* Les premiers et les faits les plus hauts eux-mêmes ne parviennent pas à la conscience. Le fait le plus haut qui parvient à la conscience est bien celui de Reinhold. La tâche consiste uniquement à procéder à une expérimentation grâce à laquelle on deviendrait conscient que ces faits ont bien eu lieu précédemment. Certes, la démarche réflexive conclut et déduit, mais le *Fait** en tant que tel ne découle pas de la démarche réflexive ; seule l'acceptation nécessaire de ce *Fait* en découle. À dire vrai, nous ne sommes pas beaucoup plus avancés qu'auparavant.

impossible d'y échapper. C'est par la cohésion interne et visible du système que nous pouvons provisoirement y remédier. Par là, l'objection voulant que, dans le futur, de nouvelles propositions, faisant partie de la philosophie élémentaire, puissent être découvertes, tombe d'elle-même. La démarche prescrite, qui est nécessaire à l'établissement de ces propositions, prouve que nous les avons toutes épuisées ; s'il y en avait eu encore une, nous aurions dû la rencontrer.

Y a-t-il autre chose à évoquer qui ferait également partie de la logique de la philosophie élémentaire ?

Chaque expression utilisée doit être expliquée et on doit montrer *pourquoi* elle est utilisée et *pourquoi* elle doit l'être dans ce contexte. L'articulation du système l'exige ; le système manifeste ainsi son élégance et son évidence. Mais tout cela découle déjà de ce qui a été dit précédemment.

[26] Recherche annexe : dans la faculté de représentation, tout est nécessaire. On ne peut, une fois que quelque chose est admis comme donné, le penser autrement. Mais la nécessité de cette faculté se laisse-t-elle à son tour démontrer ? Peut-on vraiment, comme le voulait Reinhold, démontrer les catégories et les formes de la sensibilité, l'espace et le temps (soit : la sensibilité, l'entendement, la raison, la faculté de connaître, la faculté de désirer), peut-on démontrer la nécessité de tout cela, ou plus précisément, peut-on construire toute la philosophie sur un *Fait* unique, ou doit-on se résoudre à en accepter plusieurs ? Si la première solution est possible, on obtient alors une faculté de représentation *humaine*, plus encore une faculté de représentation dépendante en général. (Certes, nous faisons abstraction du cercle, mais cela ne peut nous être reproché ici ; c'est, avec les formes de la sensibilité, ce qu'il y a de plus difficile à considérer.)

Si on pouvait penser un chemin allant de l'unité de l'aperception à la législation pratique de la raison, et de là, redescendre à nouveau vers l'unité de l'aperception, alors le premier moment constituerait la méthode synthétique, le second la méthode analytique. Ces deux méthodes peuvent-elles se prouver mutuellement ? Mais en ce cas, où situer le principe de la faculté de juger esthétique et téléologique ?

En outre, le développement du concept de représentation, d'intuition, etc., n'est-il pas présupposé dans mon plan ? *Nous verrons*. En un mot, ou mon entreprise réussit, ou je vois pourquoi je n'ai pas réussi et je trouve un meilleur chemin, ou encore, je comprends pourquoi il n'est absolument pas possible de réussir.

SUR LA PHILOSOPHIE ÉLÉMENTAIRE ELLE-MÊME *

[PREMIÈRE PARTIE]

1) La première proposition est celle du Moi. Mais cette proposition ne présuppose-t-elle pas déjà le concept de la représentation, puisque le Moi est représenté? Mais réciproquement, la proposition de la conscience présuppose celle du Moi. Partout je bute sur un cercle. Il me faudrait également expliquer ce qu'est la conscience. [27] Comment peut-on remédier à cela[1]? C'est une recherche dont dépend, quasiment dès le départ, toute la destinée de la philosophie élémentaire. Si je pose l'intuition, on demande alors, en plus, le concept. Je ne suis certes pas obligé de le donner. Tu demandes : « que dois-je en penser? » Je te réponds : « tu verras bien. Patience. Ce n'est pas encore le moment de te faire penser; pour le moment j'exige de mon élève uniquement l'intuitionner. »

1re proposition : Le Moi est intuitionnant. Intuitionne ton Moi. Tu es conscient de ton Moi[2] « Être conscient » est une expression plus commune « qu'être intuitionnant » ou que « l'intuition »; est-elle pour autant plus précise? Quelqu'un ne serait-il pas tenté de me chercher des histoires à cause de cela?

Remarque : *Ce qu'est* le Moi, c'est-à-dire comment il doit être pensé, n'est pas encore la question ici. On ne peut absolument pas l'expliquer à celui qui ne le sait pas d'emblée, et on ne doit pas chercher à l'expliquer[3]. Celui qui ne peut être conscient de son Moi n'aura, sans nul doute, aucune exigence pour philosopher. On ne doit pas encore expliquer ce qu'est « être

1. Ou plutôt : la thèse « je suis » signifie que je suis parce que je suis et que je suis ce que je suis. Je suis tout simplement par l'être. — Antithèse ou postulat : au Moi est opposé le Non-Moi. Chacun doit admettre cette proposition. — Il s'ensuit des contradictions, dont résulte la nécessité de la synthèse.

2. Premier postulat : on peut être conscient de son Moi.

3. Les catégories 1) Être : 2) Non-Être. Réalité : Négation. Proposition de la contradiction.

conscient », ni ce qu'on doit, de fait, en penser (la confusion entre ce qui doit être pensé et ce qui doit être uniquement intuitionné a toujours conduit à des erreurs dans la philosophie élémentaire). La proposition est prouvée uniquement par intuition. Celui qui peut, par cette intuition, prendre conscience de son Moi, se confirme à soi-même la vérité de cette proposition, [28] même s'il n'est pas en mesure de se l'expliquer. Cela s'appelle un postulat, justement parce que chacun peut se le prouver par intuition [1].

Corollaire : chacun n'est immédiatement certain que de son Moi, car il ne peut intuitionner que cela. Le but de la philosophie élémentaire est de montrer comment c'est compatible avec la conviction de l'existence des choses extérieures, et également avec la conviction, que nous avons par l'intermédiaire de ces choses, de l'existence d'êtres raisonnables extérieurs à nous. C'est pourquoi cette proposition est un postulat. Si quelqu'un veut philosopher avec nous, on suppose alors qu'il a, par intuition, pris conscience de son Moi.

2e *proposition* (qui est une conclusion) : pour prendre conscience de son Moi, on doit pouvoir le distinguer de quelque chose qui est le Non-Moi. Par conséquent, il doit être possible de prendre conscience d'un Non-Moi. Expliquons ce point : ici apparaît le terme : « distinguer ». Par ce terme, on entend nullement une distinction par concept, mais uniquement une distinction par intuition. Il y a une intuition A et une autre Non-A. Que cela soit possible est à confirmer par l'intuition elle-même. Ainsi le Non-Moi est distingué du Moi, non par concepts, mais immédiatement par intuition, ce que chacun peut tester par lui-même. Ici, le Non-Moi ne signifie rien d'autre qu'une négation du Moi [2].

Que l'on doive pouvoir intuitionner un Non-A pour intuitionner un A, que l'on soit nécessairement amené à le penser, de manière telle que la démarche de pensée du système soit exacte, repose sur la proposition de l'identité.

[29] A ne peut pas être en même temps Non-A. C'est une proposition donnée ici par l'intuition [3].

1. Dans une philosophie du soi, le postulat devrait être énoncé ainsi : je suis conscient de mon Moi. Dois-je vraiment l'énoncer de cette manière ?

2. On ne peut prouver comment on peut être conscient de son Moi et de son intuition. Ceci pourrait être une objection décisive contre la philosophie élémentaire. Le Moi est admis tout simplement, sans un quelconque Non-Moi. Mais le Moi intelligent n'est possible que par un Non-Moi. Le Non-Moi absolu (le Non-Moi empirique que nous pouvons seulement indiquer à partir de l'association des idées) ne sera jamais le Moi et ne dépend pas de nous. Par conséquent, notre Moi intelligent dépend de lui.

3. Mais A peut être sans Non-A. Non-A n'est pas la condition de A. Car cela contredirait totalement la première proposition.

Si tu te représentes un Non-A, alors il ne peut absolument pas être A. Cependant, tu affirmes qu'il est nécessaire d'avoir également un Non-A pour avoir une pure représentation A, ou plus exactement pour avoir la possibilité de penser la représentation A. Comment veux-tu le prouver? La proposition intermédiaire est celle-là: *rien ne peut parvenir à la conscience (être intuitionné) si on n'intuitionne pas en même temps quelque chose d'autre et de différent.* Ceci reste à démontrer (ici, la proposition, formulée beaucoup plus tard, établissant la nécessité de la diversité de plusieurs intuitions, te serait utile, mais cette proposition ne peut être démontrée qu'à partir de la présente proposition).

Mon sentiment propre voudrait que la proposition à démontrer soit vraie; mais comment diable le démontrer? La proposition de la contradiction n'est qu'analytique. Ma méthode est synthétique; d'où la nécessité d'une troisième proposition. Où peut-elle être, puisque je n'ai que deux propositions? Reinhold ne se complique pas la vie comme moi; il démontre la relation et la distinction l'une par l'autre.

L'esprit humain *peut* distinguer. C'est un *Fait*, dont découle la proposition de la contradiction. Mais prouve que l'esprit humain *doive distinguer*[1]. Cette distinction devrait avoir lieu par le biais d'une proposition logique. Je développe la proposition de l'identité immédiatement à partir de l'intuition du Moi. Mais cette proposition peut-elle nous conduire plus loin?

La deuxième proposition ne peut être *déduite* mais doit être présupposée comme un principe, car une fois unies, ces deux propositions donnent la première proposition logique, celle de l'identité. [30] Cette proposition est la seule proposition qui soit uniquement formelle, et tel devait bien être le cas à partir des faits. Mais revenons maintenant, et une fois encore, à *la* question: 1) Pourquoi ne puis-je me représenter tout simplement un A sans un Non-A? 2) Ces deux propositions doivent-elles n'en faire qu'une ou bien deux? Dans le premier cas, j'y incluerais la distinction, ce qui tiendrait compte de l'exigence d'Enésidéme*. Puis-je dire: la distinction n'intervient que par l'intuition et la relation par le *concept*? La relation serait, par conséquent, la première représentation. Comment doit-elle être, sachant qu'elle doit également fonder la première proposition, qui est aussi matérielle? Mais ne suis-je pas conduit à tourner en rond, ce que j'accepte étourdiment? Je dois examiner tout cela encore plus rigoureusement. Les deux intuitions, celle du Moi et celle du Non-Moi, semblent toutes deux également nécessaires. Aucune n'est la

1. Si on admet que je ne peux pas le démontrer, alors je vais le postuler. Je ne peux le démontrer avant que n'apparaisse un principe logique à partir duquel on peut démontrer. Dès lors, la première proposition est manifestement le principe d'identité.

condition préalable de l'autre, aucune ne sert à faire la preuve de l'autre. Pour pouvoir penser un Moi, je dois nécessairement penser un Non-Moi. Telle est la première synthèse nécessaire. C'est la première donnée subjective que nous rencontrons et qui, d'emblée, nous renvoie au cercle qui est caractéristique des esprits finis, cercle dont nous ne pouvons sortir. Mais Kant veut, semble-t-il, prouver la nécessité du Non-Moi à partir de la nécessité de penser le Moi. Mais cela n'est pas possible. Ce serait par conséquent cette présupposition kantienne de l'expérience qui m'arrêterait. Ces deux propositions nécessaires ne sont pas une conclusion mais sont immédiatement certaines.

La proposition pourrait s'exprimer ainsi : nous prenons conscience d'un Moi et de quelque chose de distinct, le Non-Moi, qui lui est opposé. Ceci serait un principe indéniable.

1re proposition : « dans la conscience, le Moi est opposé à un Non-Moi. » 1) Toute distinction n'est possible que par une opposition. 2) Entre les deux opposés, savoir quel est le Moi, quel est le Non-Moi est donné par l'intuition. Mais comment ? Le Moi est considéré comme originairement actif, substantiel, et le Non-Moi comme passif.

Le principe d'identité en résulte originairement et est, pour cela, le principe suprême. Ce qu'est le Moi, ce qu'est le Non-Moi, est donné par l'intuition. L'intuition indique aussi originairement ce que veut dire opposé. [31] Cette intuition est traduite par la proposition de l'identité. Par suite, la proposition suivante (la seconde proposition) doit se laisser démontrer à partir de la proposition de la contradiction.

2e proposition : comment des opposés peuvent-ils être *réunis* en un terme ? Telle est la question que suscite cette proposition [1]. Originairement, nous n'avons rien d'autre que l'identité et l'opposition. Elles doivent être appliquées ici.

2e proposition : des choses opposées ne peuvent être réunies en un seul terme sans qu'une troisième, différente des deux autres, s'accorde en partie à l'une en étant opposée à l'autre, et soit opposée à l'une en s'accordant en partie à l'autre. Expliquons ce point : ici intervient le mot « réunir », ainsi que le mot « s'accorder ». Qu'est ce que cela signifie ? Est-ce l'identité ? Celle-ci a déjà été expliquée précédemment. Réunir veut dire exhiber entre A et B un troisième terme C, qui soit égal aux deux autres. Identité et opposition sont dès lors expliquées d'une manière suffisante.

1. On doit préalablement montrer que les propositions doivent être réunies. Il n'est pas du ressort de la philosophie théorique de réunir le Moi au Non-Moi. La philosophie théorique ne peut les réunir qu'en tant que le Moi est un Moi représentant et non en tant qu'il est un Moi existant absolument.

Preuve de ce qui précède : A est B, qui n'est pas A et n'est pas opposé à A.

A et Non-A doivent être identiques ; ce qui se contredit.

Par conséquent, on doit introduire un troisième terme C, qui est identique à A et identique à Non-A.

Si C est égal à A et à Non-A, A et Non-A doivent aussi être égaux ; ce qui se contredit.

C est égal à C.

Par conséquent, une seule chose en A et une seule en Non-A peuvent être égales à C.

Donc C ne doit pas être quelque chose en A ou en Non-A, mais doit leur être extérieur et doit pouvoir s'appliquer aux deux.

A = A. Non-A = Non-A. A est opposé à Non-A.

[32] A = Non-A en C. Qu'est ce que C ? Il n'est opposé ni à A ni à Non-A, mais il n'est ni A, ni Non-A. Il n'est pas non plus A, du moins pas encore. Il n'est donc pas quelque chose d'opposé mais est différent. Comment se distingue originairement ce qui est *différent* de ce qui est *opposé ?* Peut-être n'est ce que maintenant qu'est donnée la différence. C'est exact. Différent ne signifie ni *identique* ni *opposé*. Dans la mesure où il n'est pas opposé, il doit être identique et dans la mesure où il n'est pas identique, il doit être opposé. Telle est l'unique définition originaire possible ; elle est seulement négative. Seules sont données l'identité et l'opposition, et c'est à partir d'elles que l'on doit définir. Cela ne produit tout d'abord qu'une définition négative. C = C (C est unité). En C, A = Non-A. Cette proposition nous conduirait à la proposition matérielle[1], proposition qui opère la synthèse de ce qui est différent, en vue d'une unité synthétique.

Étudions parallèlement deux choses :

Qu'est que C ?

Que doivent être A et Non-A en C ?

§ 1. C = C. C n'est pas A. C n'est pas Non-A. Cela veut dire que C est *différent* de A et de Non-A[2]. Cette proposition s'explique d'elle-même et s'explique également par la précédente proposition de l'identité. Cela serait contradictoire si, de la réunion de l'identité et de l'opposition, ne pouvait naître un troisième terme, à savoir la *différence*. Ceci doit être construit dans l'intuition.

1. Proposition qui aurait besoin de la contradiction afin de parvenir à une proposition formelle ; par le biais de la différence, il en résulterait une liaison de l'identité et de l'opposition.

2. Principe de la différence.

En C, A = Non-A.

[33] A est *opposé* à Non-A. Non-A est opposé à A. A = Non-A, ce qui se contredit. C'est pourquoi C est accepté comme terme intermédiaire. En C, A = Non-A. Par conséquent :

C est *différent* de A et de Non-A ; mais de plus, *par l'intermédiaire de la différence*, il est = A et Non-A. Comment *est-ce possible ?* (Ici se trouve le point qu'il incombera au paragraphe 3 de traiter. Ce point pourrait bien contenir la *Relation* *. Mais pour l'instant, nous ne l'abordons que de manière purement verbale.)

Différent ne veut pas dire opposé, ni non plus identique. Par conséquent, cela veut dire *identique* en tant qu'il n'est pas opposé et *opposé* en tant qu'il n'est pas identique, car originairement nous n'avons rien d'autre que ces deux concepts que nous ne pouvons faire varier qu'au moyen de la négation et de l'affirmation.

A = Non-A, en un terme *différent* ; ce terme est tel, qu'en lui, A ne lui est ni opposé ni identique. Comment A se rapporte-t-il à C ? A n'est pas égal à C, mais ne lui est pas opposé non plus. A est par conséquent identique et non identique à C, opposé et non opposé. Non-A est identique et non identique à C, opposé et non opposé. Dès lors, A ne peut pas être identique à C dans la mesure où Non-A l'est (sinon A, en tant que tel, serait également identique à Non-A et réciproquement). Ainsi, où trouver une identité ? L'identité ne peut être ni en A ni en Non-A ; elle doit être en un troisième terme, entre A et C, terme différent des deux autres ; l'identité doit donc être en un troisième terme entre C et Non-A, également différent des deux autres, mais qui, pour autant, ne leur est pas opposé. Comment un terme peut-il être identique aux deux autres, et cependant non identique, opposé aux deux autres, et cependant non opposé ?

Exprimons ceci par des lettres :

A = Non-A en C.

C = C.

C est différent de A. C est différent de Non-A. Par conséquent, C = A, et C est opposé à A. C = Non-A. C est opposé à Non-A.

Mais C ne peut pas être = A, dans la mesure où C = Non-A et réciproquement ; sinon A, en tant que tel, serait également = Non-A, ce qui se contredit. Par conséquent, aidons-nous d'un autre terme : x.

[34] x * = x. x = C et est opposé à C. x = A et est opposé à A. x = Non-A et est opposé à Non-A. Dès lors, x = C en tant qu'il est = A et aussi en tant qu'opposé à Non-A ; et x est aussi = C en tant qu'il est = Non-A et en tant qu'opposé à A. Mais x = x. Par conséquent, par x, A = Non-A en C. Mais si x ne doit pas contredire x, que doit-il être ?

Exprimons-le par des mots : on prend un troisième terme qui est identique et opposé, c'est-à-dire différent de la représentation ; il est identique et opposé au Moi ; il est identique et opposé au Non-Moi. Il est identique à la représentation en tant qu'identique au Moi (et en tant qu'opposé au Non-Moi). S'il est identique à la représentation, c'est en tant qu'identique au Non-Moi et opposé au Moi. En ce cas, *il est opposé à lui-même.*

Par suite, x = x, et x est opposé à x.

x est égal à lui-même, en tant qu'il est opposé à lui-même. C'est dans cette opposition que peut se trouver son égalité à lui-même. Qu'est-il donc, alors, pour nous ? Il est égal à lui-même, en tant qu'opposé à lui-même (ceci donne bien sûr la catégorie de l'action réciproque). Comment peut-on arriver à penser la réunion, l'identité de l'opposition ? Plus précisément, x n'unit A et B qu'en les opposant. x se rend identique à A lui-même, en s'y opposant. A est la cause de x. Donc, x est effet et, en tant que tel, il est en opposition à A. Mais en même temps, il lui est uni par le concept de causalité. C'est bien si on le sait déjà, mais peut-on le déduire sans le savoir ? C'est également par le biais de l'opposition que substance et accident, ainsi que causalité et dépendance, sont rendus égaux entre eux. Telle est l'action réciproque en elle-même et telle est ce qu'elle devait être. Mais la causalité et la dépendance doivent-elles être préalablement déduites de l'action réciproque ? Il semble bien que oui. Mais comment puis-je déduire l'action réciproque de ce miraculeux x ? La forme du temps est pour ce faire, superflue [1].

Admettons, *à titre d'essai*, que x soit le concept de causalité, et voyons comment on déduit. x est égal à la représentation, en tant qu'il est égal au Moi (par le lien de causalité), et [35] qu'il est opposé au Non-Moi. Il est égal à la représentation en tant qu'égal au Non-Moi et donc est, en tant que tel, opposé au Moi [*].

Mais, par là, la représentation est opposée au Moi *en tant qu'elle* lui est égale ; en effet, elle est, par le concept de causalité, la cause de l'effet ; de même, la représentation est opposée au Non-Moi en tant qu'elle lui est égale, pour la raison citée plus haut. C'est pourquoi le *Moi* et le *Non-Moi* sont égaux en C (ils sont comme ce qu'est la cause à l'effet ; ils sont en relation). Mais comment allons-nous réussir à trouver que la représentation est référée au Moi, en tant qu'il est substance et au Non-Moi seulement en tant qu'il est cause ? D'une manière générale, le sujet sera-t-il, effectivement, considéré comme simple *cause* de la représentation ou bien,

1. Il faudra par la suite continuer à dissocier ce qui est pensé de ce qui est intuitionné. La pensée devra être construite dans une intuition. Les propositions doivent être construites ensemble. Si C est appelé représentation, x sera appelé relation.

originairement, comme *substance* de la représentation ? Ne doit-on pas viser ici la catégorie de la *Relation* en général, catégorie qui est, sans aucun doute, originaire par rapport aux trois autres, qui lui sont subordonnées ? Elle serait donc la première que nous rencontrerions, et serait, par là même, démontrée. L'intuition serait possible une fois qu'on aurait démontré la substantialité du sujet, la causalité de l'objet, l'action réciproque de la représentation. En un paragraphe, nous aurions donc les 3 points. Quelles perspectives grandioses !

§ 2. *Allons ! Au travail et reprenons au début.*

Le problème est le suivant : A = Non-A en C, conformément au postulat du premier paragraphe[1]. Comment, selon la proposition de la contradiction, le seul terme que nous ayons peut-il être C ? Il faut résoudre ce problème et, ce faisant, il faut trouver une nouvelle proposition.

C = C. C = A. C = Non-A, d'où il s'ensuit que A = Non-A ; ce qui, eu égard à ce qui précède, se contredit.

C est opposé à A et est opposé à Non-A, ce qui contredit l'hypothèse de départ. Par conséquent, C est *différent* de A et de Non-A.

[36] C = C. Ce qu'on exprimera de la manière suivante : C = A et est opposé à A. C = Non-A et est opposé à Non-A.

§ 3. C = C. C est opposé à A et = A. C est opposé à Non-A et = Non-A. C, en tant qu'il est = Non-A, ne peut être = A ; et C, en tant qu'il est = A, ne peut être = Non-A. Car sinon A serait = Non-A. Donc C, en tant qu'opposé à Non-A, ne peut l'être à A, et, en tant qu'opposé à A, ne peut l'être à Non-A. Car sinon, jamais A ne serait = Non-A en C.

Poursuivons, par les mots et non par des lettres, cette explication :

C doit être identique et opposé au Moi ainsi qu'identique et opposé au Non-Moi. Pourtant C, en tant qu'identique au Non-Moi, ne peut l'être au Moi ; ni, en tant qu'opposé au Moi, l'être au Non-Moi. Sinon, jamais le Moi ne serait identique au Non-Moi en C[2].

Par conséquent, en C, il est = A, en tant qu'opposé à Non-A et il est = Non-A, en tant qu'opposé à A. Cela contredirait la proposition C = C, si C n'était pas opposé à A, en tant qu'il lui est identique.

Poursuivons, toujours par les mots, cette explication :

Il faut que C, en tant qu'opposé au Non-Moi, soit identique au Moi ; de même, en tant qu'opposé au Moi, il doit être identique au Non-Moi. C serait alors opposé à lui-même ; ce qui serait contradictoire, si C n'était pas opposé en même temps à A, *en tant qu'il* est identique à A, et s'il n'était en

1. La représentation est différenciée des deux, Sujet et Objet. Principe de différence.

2. Le principe de l'unité synthétique de l'aperception ne devrait-il pas être développé ? Il se trouve déjà dans le deuxième paragraphe, voire dans le premier.

même temps opposé à Non-A, en tant qu'il est identique à Non-A. [37] C'est ce qu'on appelle « différent », conformément à ce qu'on a dit plus haut de la différence. Par conséquent, C et A, de même que C et Non-A, ne peuvent en aucun cas être identiques[1]. D'où cette question : n'est-il pas suffisant que C soit opposé uniquement à A ou à Non-A ?

Oh, je suis pris dans un cercle : que C doive être différent de A et de Non-A a déjà été prouvé plus haut. Donc, comme précédemment, ayons recours à x. Mais je trouve toujours quelque chose qui doit être opposé à lui-même et en même temps identique à lui-même.

Qu'il doive y avoir un x est facile à prouver, mais concevoir *comment* il doit être requiert l'intuition.

Pour éviter la contradiction, nous pouvons, par arbitre, accepter provisoirement cet x ; *qu*'il y ait un x est prouvé par l'intuition.

x est accepté par arbitre. « Accepter par arbitre » signifie *référer un terme à un autre*. Cette relation n'est nullement nécessaire, si ce n'est en vue de la spéculation. x est l'*aequitas* entre C et A, en même temps qu'il en est la différence ; il est aussi l'*aequitas* entre C et Non-A, en même temps que la différence. Par conséquent, A et Non-A ne seraient semblables qu'en x. Mais A et Non-A doivent rester opposés. Par conséquent, x est opposé à lui-même. Plus encore, A et Non-A doivent pouvoir être distingués du point de vue de x, comme la substance l'est de l'accident, le fondement de la cause. Il en est de même pour C, qui est l'action réciproque. x serait donc la catégorie de la *Relation*. A est substance de C. Non-A est cause de C. C est produit par l'action réciproque.

Essayons avec x :

x est égal à A et à C, et cependant oppose en même temps A à C. x est égal à C et Non-A, et oppose en même temps C à Non-A. (La représentation est référée au Moi et réciproquement. Elle est référée au Non Moi et réciproquement.)

[38] (x = x). Par conséquent, A et Non-A ne sont égaux que si tous deux sont référés à C. x oppose C à A ; aussi, dans la relation, C est le contraire de A. Il en est de même avec Non-A ; C est donc, dans la relation, opposé à Non-A. Mais C = C ; par suite, il doit être opposé aux deux de la même manière. Donc x = y et x = z ; et donc C = Xyz. C'est à peu près exact ainsi. La relation de l'action réciproque doit revenir à C. Mais la question de

1. Par conséquent, un troisième terme x doit être introduit entre les deux. Pourrais-je également démontrer la catégorie de *Relation* à partir des seuls concepts, sans me servir de l'intuition ? C'est ce point que Kant et tous les philosophes critiques contestent. Actuellement, je n'ai rien d'autre que le principe de contradiction et le principe de différence. Mais ce dernier n'est pas un fait nouveau. En revanche, l'unité de la conscience l'est. On peut peut-être en tirer quelque chose.

savoir si la substance revient à A et la cause à Non-A nécessiterait encore une étude approfondie.

Utilisons le concept de différence. x, dans sa relation à A, est autre que dans sa relation à Non-A. Les deux sont unis en C.

x est = A, en tant qu'il est égal à C.

Essayons à nouveau de l'exprimer par des lettres.

A = A. Non-A = Non-A.

C = C. C = A (qui doit être égal lui-même, = A); de plus A = Non-A (qui doit être égal à lui-même, = Non-A). (C est donc différent de A et de Non-A).

x = x. x (= C) qui est = A (qui, par là, est C); mais A est également = C (qui est égal à Non-A).

x = C, qui est égal à Non-A (qui doit être égal à lui-même).

Non-A signifie B.

A = B

C = A, en tant qu'il est = B

C = B, en tant qu'il est = A; ce qui se contredit.

Reprenons à partir du début

Le Moi doit être uni au Non-Moi en un troisième terme. C'est un *Fait*. Comment doit-être ce troisième terme? Le Moi est opposé au Non-Moi. Par conséquent, le troisième terme ne peut être = Moi, ni = Non-Moi. Il n'est ni opposé ni identique au Moi, ni non plus au Non-Moi [1].

[39] 1). La catégorie de *Relation* réunit des choses tout en les opposant. Les choses peuvent être réunies et opposées. Où devrait-on prendre le point de séparation dont nous avons encore besoin? I est avec I, de même I est avec II d'une autre manière. I est avec I et II.

I avec I est positif. I avec Un est négatif. Il est en relation au positif et au négatif. Cela produit, dans les deux cas, un caractère.

C est uni à la réalité et lui est opposé. Nous obtenons la réalité dépendante, la dépendance; c'est une réalité qui ne se définit pas uniquement à partir de la réalité. Réalité et substance [2].

C est réuni à la négation et lui est opposé; la négation affecte quelque chose. Nous obtenons la cause.

1. Il est tout à fait naturel que la relation de C à A et à Non-A, la relation de l'action réciproque, soit découverte en premier, car ici, ce qui est le plus général doit toujours précéder le reste. Comme Moi, comme Non-Moi, comme représentation.

2. C'est ainsi que la catégorie de la nécessité sera déduite avant celle du possible et de l'effectif, celle de la totalité avant celle de la pluralité et de l'unité, et celle de la limitation avant celle de la réalité ou de la négation.

C est réuni et opposé à la substance et à la cause. Il s'agit de l'action réciproque. Le Moi agit sur le Non-Moi, le Non-Moi sur le Moi. Nous obtenons la limitation. La limitation produit la concurrence (par exemple, l'obscur et le clair). Mais il nous reste à répondre à la question suivante : à quel niveau situer la mention de la réalité, de la négation, de la limitation ? Est-ce dans le premier paragraphe ou dans le second ?

2) Deux choses opposées ne peuvent être réunies que dans une troisième, qui ne sera identique ni à l'une ni à l'autre, et ne sera opposée ni à l'une ni à l'autre (même preuve que ci-dessus). Le concept originaire de la différence (qui est ici donné en premier) est celui de la limitation. Réalité et négation peuvent aussi s'exprimer par l'être et le non-être, et même par l'identité et l'opposition. [40] Mais qu'en est-il du concept de limitation ? La négation est un non-être déterminé; elle est négation d'une réalité déterminée et non négation de l'existence en général.

3) Ce C, en tant qu'égal au Non-Moi, ne peut être identique au Moi et réciproquement; sinon Moi et Non-Moi ne seraient pas opposés mais égaux, ce qui se contredit. C, en tant qu'égal au Non-Moi, ne peut être opposé au Moi ; de même, en tant qu'égal au Moi, il ne peut être opposé au Non-Moi; sinon, il serait opposé aux deux. Par suite, il ne reste qu'une solution, à savoir : que C soit opposé à lui-même, ce qui se contredit également.

4) On prend, en C, un x. Si, en cet x, le Moi est identique à C, et néanmoins lui est opposé, si le Non-Moi est identique à C, et néanmoins lui est opposé, alors, en cet x – puisque A doit être opposé à Non-A –, C doit être opposé au Moi et au Non-Moi; et pourtant, ils doivent être tous deux identiques précisément en cet x. Dès lors, tous les deux seraient identiques dans la mesure même où C serait identique aux deux et au même moment, opposé. « Opposer » et « rendre identique » en même temps, c'est là ce qu'on appelle « la relation ». N'est-ce pas, d'une certaine manière, l'unité synthétique de l'aperception ? Ne consiste-t-elle pas, en général, en cette relation ?

5) Puisque A est opposé à Non-A, C ne peut être référé au Moi et au Non-Moi que de façon opposée. A est réalité. C lui est opposé. La non-réalité, liée à A, donne une réalité non réelle, ou une dépendance en relation à A. C, en relation à A, serait, par conséquent, accident, et A, substance. En outre, une affirmation, liée à la négation Non-A, donne le concept de causalité. C devient alors effet et le Non-Moi devient cause.

[41] Mais ici, ne doit-on pas craindre un artifice ? Dans les deux cas, la négation est liée à la réalité[1]. Mais, dans le premier cas, on soumet la

1. (À partir de la causalité qui est déjà admise) mais le Non-Moi n'est pas une substance. Le Non-Moi n'agit pas. Quant à la réceptivité, elle n'est pas substance, mais accident.

négation à la réalité et on obtient clairement la dépendance. Dans le deuxième, on soumet la réalité à la négation et on obtient la causalité. Poursuivons l'analyse. Mais, j'ose ici déduire les catégories et ne pas les accepter comme concepts fondamentaux, sauf une seule, la réalité. Comment Kant, si toutefois ma démonstration est exacte, peut-il se satisfaire d'une acceptation de ces catégories sans démonstration*? Ne peut-on trouver un critère pour s'assurer de l'exactitude de la démonstration ? *Nous verrons* **.

6) C est opposé, en même temps qu'uni au Moi et au Non-Moi ; de cette réunion naît l'action réciproque. En C, A et Non-A sont en interaction ; ils se limitent mutuellement en C.

Recherche préliminaire : il en résulterait, dans le Moi, une faculté, laquelle serait, par l'intermédiaire de C, un effet du Non-Moi (une réceptivité)[1] ; de même, il en résulterait, dans le Non-Moi, grâce à la substantialité, une spontanéité, par l'intermédiaire de C.

Pourtant, la spontanéité est dans le Moi. Pour le Non-Moi, on devrait plutôt parler de modificabilité. Oh oui, il en est bien ainsi ! La matière est le Non-Moi. Mais cela, on le verra plus tard. La spontanéité est la causalité d'une substance. La question est donc de savoir si la substantialité présuppose la causalité, ou si au contraire la causalité en découle. J'ai bien sûr pour y arriver la concurrence, la causalité est comprise en elle, et la causalité est toujours, dans une substance, spontanéité. À partir de là, il est impérieusement requis de démontrer que les formes de l'esprit (manières d'agir) sont *pensées* comme nécessaires, et celles de la matière (celles du Non-Moi), comme contingentes.

Étude de la *réceptivité* du Moi (à partir de la causalité requise du Non-Moi).

S'il y a passivité, on est affecté. La manière d'être affecté s'appelle la sensation ; on peut penser la sensation de différentes manières ; la réceptivité doit donc être affectable de diverses manières[2] [42] (mais ceci suppose que l'on prouve la nécessité des effets du Moi et la contingence des effets du Non-Moi). Comme les sensations particulières ne peuvent être distinguées, si ce n'est par leur différence spécifique, elles doivent donc être toutes différentes (elles peuvent également être opposées). L'affection, référée à la cause, s'appelle la matière (et l'intuition, l'objet). Mais

1. Si le concept de la concurrence avait été développé en premier, nous aurions pu alors remédier à ce problème. *Nous verrons*.

2. D'où le possible, l'effectif et le nécessaire. Chaque sensation est effective, sinon, elle est seulement possible. Chaque action du Moi est nécessaire. (Que pourrait-il en résulter pour la moralité ? *Nous verrons*.)

comment distinguer la matière de l'objet? Uniquement, sans doute, par la manière d'examiner les sensations.

Quelles sont donc alors les formes de l'intuition? *Nous verrons*. On ne doit pas traiter d'une part de la sensibilité, d'autre part de l'entendement, d'une part de l'intuition, d'autre part du concept, mais on doit procéder par opposition*.

Aussi, recherchons le vrai chemin. Comment y parvenir?

La représentation est accident du Moi, effet du Non-Moi.

Moi et Non-Moi sont dans un rapport d'action réciproque. Est-ce vrai? L'action réciproque signifie que l'un modifie l'autre et que l'autre est, en retour, modifié par le premier. C'est ce qui se passe avec la représentation. La sensibilité agit sur la représentation; celle-ci agit-elle en retour? Non. La représentation ne peut agir que sur la représentation, donc faisons abstraction de cela. Elles ne se produisent pas mutuellement, mais se modifient réciproquement.

Ainsi, le Moi agit sur le Non-Moi par l'intermédiaire de la représentation, c'est-à-dire médiatement. Le Moi est substance de la représentation[1], il agit par conséquent avec spontanéité. Mais que signifie l'activité, l'auto-activité? Car, en fait, chaque cause est active – agit; donc, tout cela ne nous avance à rien.

Inversement, Le Non-Moi agit sur le Moi, par l'intermédiaire de la représentation. La représentation est accident du Moi. Elle modifie par conséquent le Moi. Elle produit en lui un accident.

[43] Le Moi doit de nouveau agir sur le Non-Moi par l'intermédiaire de la représentation (donc agir immédiatement sur la représentation, en vue d'une modification de *lui-même*). La modification de soi-même, la causalité envers soi-même s'appelle la *spontanéité*. Le Moi a, par conséquent, de la spontanéité alors que le Non-Moi n'en a pas. Cela n'ouvre-t-il pas, d'une certaine manière, des perspectives pour démontrer la substance? Dieu nous en préserve! En premier serait bien la causalité. Mais comment peux-tu savoir que la représentation est modification du Moi? Je puis le savoir par l'intermédiaire de la causalité qu'il exerce sur le Non-Moi. La représentation modifie ce qui, en elle, est produit par le Non-Moi, elle le détermine.

Si le Moi est modifiable par le Non-Moi, il doit être susceptible de modification, c'est-à-dire de réceptivité. Cette réceptivité est modifiée par le Non-Moi; en elle, se produit une modification (sensation).

Toute spontanéité, en tant qu'elle est spontanéité, agit selon des lois nécessaires (ce point s'annonce, à nouveau, difficile à prouver. On doit

1. Si la représentation est quelque chose qui procède du Non-Moi et si, de plus, elle doit être référée au Moi comme réalité, elle ne peut l'être que comme à une substance.

l'expliquer à partir des catégories de possibilité, réalité, nécessité). Est nécessaire ce qui est effectif par le simple fait qu'il est pensable. Est effectif ce qui est donné à la réceptivité. Est possible ce qui est susceptible d'être donné à la réceptivité. Notre spontanéité donne quelque chose à la réceptivité; elle le lui donne uniquement par la pensée de ce qui est possible. C'est sans doute exact. Mais qu'est-ce que la pensée ?

L'effectivité résulte de l'effet. Dès lors, la nécessité ne résulterait-elle pas de la substantialité ? Cette proposition pourrait bien dépendre de l'explication de la relation *(Relation)* et être postulée grâce à elle.

Réexaminons, à partir des règles ici conquises, ce qui a été expliqué au deuxième paragraphe. L'intuition présupposée est réalité et négation, les propositions logiques sont celles de l'identité et de la contradiction.

1) La proposition de la contradiction est une proposition formelle à partir de laquelle la proposition logique doit être produite.

2) Il est question ici de la manière d'agir de l'esprit, manière d'agir qui se transforme en concept grâce à la pensée, c'est-à-dire grâce à un nouveau représenter de cette manière d'agir.

Le Moi et le Non-Moi opposés doivent être identiques en un C. Comment doit être ce troisième terme ? Comment peut-il être pensé ? *Par la réflexion*. Je le constitue, *a priori*, à l'aide de la proposition logique de la contradiction ; celle-ci me trace le chemin sans qu'il soit besoin d'une quelconque intuition. L'intuition ne vient que plus tard, elle atteste ; [44] elle construit. C n'est pas identique à lui-même, comme il devrait l'être ; (l'expression C, qui est « une », ne signifie pas que C est une seule et même chose mais qu'il réunit. Cette proposition a encore besoin d'être explicitée. Est-elle vraie et pourquoi ? Dans la conscience, il y a le Moi et le Non-Moi. La conscience est égale à elle-même, la conscience est une. Le Moi et le Non-Moi, en tant qu'ils sont dans la conscience, sont donc égaux. Ils sont égaux comme *existentia in conscientia*).

Le Non-Moi supprime le Moi. Tous les deux s'opposent et se contredisent. Dans un troisième terme, ils seraient donc détruits.

Explicitation du concept le plus général de C

1) Ainsi C (comme troisième terme) ne peut être uniquement identique au Moi ou au Non-Moi, sinon il serait opposé à l'un ou l'autre et ne pourrait les réunir.

2) De la même manière, C ne peut être opposé uniquement au Moi ou au Non-Moi, sinon il serait égal à l'autre terme et ne serait donc pas C, mais le Moi ou le Non-Moi.

3) Par conséquent, C doit être *égal* aux deux *(et, en même temps, leur être opposé)*. Les notions d'égal et d'opposé, liées l'une à l'autre,

constituent la notion de différence. C doit, par conséquent, être différent du Moi et du Non-Moi, différent des deux. Il n'est ni le premier, ni le deuxième, mais le troisième terme. Il n'est pas le même mais est un autre terme qui n'est ni opposé ni égal à aucun des deux autres. Il est le concept de différence, en relation aux autres termes, mais aussi *en soi*. J'utilise, à la suite de C, un « en tant que ». *Quo jure ?* C doit être identique à lui-même d'un certain point de vue, mais d'un autre, il doit être uni à autre chose. Il y a donc plusieurs points de vue. Comment les déduire ?

Relation de C au Moi et au Non-Moi

1) C, en tant qu'opposé au Non-Moi, ne peut être uniquement identique au Moi, et réciproquement ; car sinon il ne réunirait pas en lui le Moi et le Non-Moi.

Le caractère interne de la différence est la limitation.

Il faut étudier ici ce caractère interne de la différence. Nous sont donnés les concepts synthétiques de réalité, de négation ainsi que la proposition formelle de l'identité.

[45] C = B et -B ; il est donc = (0). Mais A ne doit pas être = 0 (sinon il serait = au Non-Moi). En outre, C doit être = C. Par conséquent, C ne peut posséder qu'une partie de la réalité A, et qu'une partie de la négation Non-A. Il est limité. En C, qui est déjà différent de A et -A, il faut de nouveau quelque chose qui soit à distinguer, c'est-à-dire qu'une partie de C est à la fois opposée et égale à l'autre partie de C, et réciproquement[1] ; et ainsi de suite à l'infini, ce que, pour l'heure, nous n'allons pas continuer à étudier.

Chaque « en tant que » est justifié.

Relation de C au Moi et au Non-Moi

C, en tant qu'opposé au Non-Moi, ne peut être égal au Moi et réciproquement ; car sinon, le Moi et le Non-Moi resteraient toujours opposés en C, ce qui contredirait la présupposition.

C, en tant qu'égal au Non-Moi, ne peut-être égal au Moi, car sinon Moi et Non-Moi seraient égaux, et, par conséquent, ne seraient pas opposés, ce qui contredit le fait.

Donc C, en tant que tel, et en tant qu'égal au Moi et au Non-Moi, doit être opposé à lui-même.

1. Du fait que la partie +C est à la fois opposée et égale à -C, alors en -C une partie +Ca et une partie -Ca sont égales. Dans ce +Ca, il y a à nouveau un +Cb et un -Cb, etc. C'est le concept de limitation.

Mais C doit être égal à lui-même (sans quoi il serait dénué de sens). C ne peut être égal à lui-même qu'en tant qu'il est opposé au Moi et au Non-Moi.

Accepté !

C est égal à lui-même, en tant qu'il est opposé au Moi et au Non-Moi (C est effet des deux, et opposé à la cause) ; et c'est en tant qu'opposé à lui-même qu'il est égal aux deux autres. Être en même temps égal et opposé à soi, c'est ce qu'on appelle la limitation, et ici il s'agit d'une limitation interne, c'est-à-dire une limitation qui se limite elle-même. (Il s'agit, sans nul doute, de l'action réciproque, mais cela reste à démontrer)[1].

[46] C est égal au Moi, et, en tant que tel, opposé à lui-même. Mais, cela n'est pas tout à fait exact, car il est égal et opposé au Moi au même moment. Il est égal au Moi, parce que lié à la substance, mais, comme accident du Moi, il est opposé à cette même substance. Cela dit, il ne devient pas, pour autant, égal au Moi. En effet, il ne devient *égal qu'à lui-même* et ne fait qu'entrer en relation avec le Moi (par l'intermédiaire d'un troisième terme x). Il en est de même avec le Non-Moi.

Récapitulation : C est égal à lui-même et non opposé. Il est seulement différent. C est opposé au Moi et ne lui est uni que par x, par le concept de substantialité. C est opposé au Non-Moi et ne lui est uni que par le concept de causalité. C est égal à lui-même, mais A est opposé à Non-A ; par conséquent, les concepts de substantialité et de causalité doivent aussi être opposés l'un à l'autre. Il en est bien ainsi. Ce n'est que dans la catégorie de *Relation* que se trouve l'unité première, l'unité du Moi et du Non-Moi en C. C est référé aux deux[2].

On doit procéder ainsi : le Moi est opposé au Non-Moi. Tous les deux doivent être réunis en C, c'est-à-dire doivent être réunis dans la représentation.

1) Si tu prends un x en C, qui soit aussi en A (substantialité), alors tu dois accepter en Non-A, un -x qui soit Non-substantialité.

Donc en C, il y a un x et un -x.

2) Si tu acceptes qu'il y ait un y en C, et la même chose en Non-A, alors -y est en A (causalité).

Dès lors, en C, il y a x, -y, et y, -x.

C est, d'après cela, le -x de +x en A ; et le -y de +y en Non-A.

1. La représentation consiste en quelque chose de produit par l'activité et en quelque chose de produit par la passivité.

2. La difficulté est celle-ci : je ne peux expliquer la substance et la cause sans avoir, préalablement, expliqué la relation. Est-ce là un cercle nécessaire ? ou bien ne puis-je pas simplement les expliquer comme des oppositions ?

Par conséquent, C est, une fois de plus, opposé à A et à Non-A. Admettons qu'il y ait :

En A, un x ; en C, un -x : substance, accident.

En Non-A un y, en C un -y : causalité, dépendance.

Donc A = C = x.

Et Non-A = C = y ; mais C = C, par conséquent C = -x-y.

[47] Si, en A, il y a +x, alors il y a -x en Non-A.

Par conséquent : Non-A = -x.

Si, en Non-A, il y a un y, alors il y a un -y en A.

Par conséquent : A = -y.

Dès lors, C est = -x, -y, mais A = -y.

Par conséquent : C = A et Non- A (lui-même = -x). C = -x.

Par conséquent : C = Non-A. Mais C = C.

Par conséquent : A = Non-A en C. C'est ce qu'il fallait démontrer.

Hypothèse :

si A = x, et C = -x

si Non-A = y et C = -y

alors : C = -x et -y ; donc A = -y, et Non-A = -x

donc : C = C.

Maintenant, puisque A = -y, alors C est aussi = A.

En outre, puisque Non-A = -x, alors C est aussi = Non-A. Par conséquent : A = Non-A en C.

On admet que, dans le Moi, se trouve un certain terme x, et, en C, le contraire de ce terme ; on admet, de surcroît, que dans le Non-Moi se trouve un certain terme y, et en C, son contraire ; dès lors, conformément aux propositions de l'identité et de la contradiction, on doit aussi trouver, dans le Non-Moi, le contraire de x et dans le Moi, le contraire de y.

C serait, par conséquent, égal au Non-Moi, en tant qu'opposé à un certain x dans le Moi ; et il serait égal au Moi, en tant qu'opposé à un certain y dans le Non-Moi. Tous deux seraient égaux parce qu'opposés, en C, à certaines déterminations, et seraient opposés parce que ces déterminations seraient elles-mêmes opposées entre elles.

Mais alors, il s'ensuit que C se contredit et se supprime lui-même, à supposer toutefois que C doive être une réalité. Mais C n'est pas plus réalité qu'il n'est négation ; il est limitation des deux et n'est pensable qu'en *relation* à celles-ci.

C'est exact. C, pris comme réalité, se contredit ; pris comme négation, il se contredit également. Dès lors, que peut-il être ? Comment veux-tu déduire une relation à partir de la limitation, sans la posséder au préalable ?

La limitation ne peut se penser (sans contradiction) que si l'on compare la réalité et la négation. Mais que veut dire comparer ? Cela signifie penser selon l'identité et l'identité de son opposition. Est-ce cela la relation? Certes, c'est bien cela. Mais peut-on déduire de ce concept de relation, celui d'effet? Peut-on le déduire uniquement du concept logique et l'entendre sans contradiction, c'est-à-dire peut-on le déduire sans la proposition de raison suffisante? Non. De fait, celle-ci manque dans la série. D'où doit-on la tirer?

[48] Reprenons :

Résultat. Il nous faut déduire le concept de relation de celui de limitation, et déduire par ce moyen cette catégorie en son ensemble. La limitation conduit à restreindre la réalité par la négation et réciproquement; pour autant, ce concept ne doit pas être déduit comme effectif, comme un « en soi » mais simplement comme logiquement nécessaire. Mais cela relève, avant tout, de la proposition de raison suffisante. La proposition de raison suffisante peut-elle être déduite? (je dois bien avoir une raison de penser ce que je pense). Elle ne peut l'être que de manière circulaire.

La question de la possibilité de la philosophie élémentaire n'est autre que celle-ci : est-ce que tout dépend d'*une* seule chaîne dans notre esprit, ou bien doit-on poser plusieurs commencements? Mais peut-être n'ai-je pas pris le bon départ? N'aurais-je pas dû continuer à approfondir ce qu'est le Moi? Non, sans le Non-Moi, je ne peux faire aucune comparaison. La première proposition reste la première proposition. Mais qu'en est-il de la deuxième?

Une étincelle : avec le seul principe formel, je ne progresse pas, il me conduit à une régression à l'infini, sans rendre le *Fait* possible. Il me faut donc un principe inconditionné, absolu, une unité suprême. Il s'agirait sans doute de la proposition du fondement, et, en dernière instance, de l'impératif catégorique. Mais avant d'en arriver là, je dois saisir chaque principe l'un après l'autre, etc., et admettre de nouveaux faits de conscience. Moi et Non-Moi sont eux-mêmes absolument conditionnés. Oui, le Moi aussi est conditionné. Que tirer de cette affirmation? Recherchons, plutôt l'inconditionnalité du Moi.

A et Non-A doivent être liés en C. Mais, en ce cas, C est opposé à lui-même, et doit donc être lié en D; mais D est à lier en E, etc.; et ainsi le *Factum* n'est jamais expliqué. Il ne le pourra l'être que si j'arrive à une unité, qui elle-même ne pourra plus être opposée à quelque chose. Par conséquent, il me faut rechercher, en ma conscience, un fait qui me permette d'opérer une liaison. C serait ce fait inconditionné. Cela nous ouvrirait une nouvelle voie pour nos recherches.

1) Moi et Non-Moi sont opposés.

2) Des choses opposées sont réunies (c'est un fait) dans un troisième terme; ce troisième terme est différent des deux autres.

3) Ne nous préoccupons pas, pour l'instant, de la réunion du Moi et du Non-Moi, et posons seulement cette question : comment peut-on distinguer sans opposer ? On constate que Moi et Non-Moi sont et restent différents ; on doit donc, de nouveau, penser un troisième terme placé entre eux, [49] grâce auquel ils deviennent dépendants l'un de l'autre. Penser une troisième chose située entre 2 choses différentes, c'est ce qu'on appelle la relation [1].

Maintenant passons aux principes. Le troisième terme est égal à lui-même. A, Non-A, mais aussi C, doivent être opposés dans ce troisième terme. Non-A et A seraient, par conséquent, égaux parce qu'un troisième terme, entre C, serait pensé ; grâce à ce terme, Non-A et A seraient référés à C. Ce point pourrait être considéré comme acquis. Dans la conscience, la représentation du sujet et de l'objet est distinguée du sujet et de l'objet et est référée aux deux. Maintenant abordons la question 4 :

4) Quel est ce troisième terme ? Il est différent de A, de Non-A et de C ; x doit être opposé à y (y est également -x). La réalité, réunie en même temps qu'opposée à la limitation, donne la substantialité, etc., comme cela a déjà été démontré auparavant. Pourquoi se décourager ?

Recommençons dès le début : Postulat :

§ 1. Dans la conscience, le Moi est opposé au Non-Moi.

A) Cette proposition est totalement déterminée par le *Fait* qu'elle exprime, et par elle-même.

1) Par ce *Fait*, et grâce à lui, elle est un postulat. On peut prendre conscience de son Moi. On ne peut le prouver à quiconque, mais chacun, pour en être sûr, doit l'expérimenter lui-même. De même, on ne peut pas expliquer ce qu'est le Moi. En effet, on ne dit pas, ici, comment on doit penser le Moi, mais seulement comment on l'intuitionne. De même, on parle moins ici de la conscience telle qu'on doit la penser que de l'état d'esprit dans lequel on est, immédiatement, lorsqu'on se représente le Moi. Quel est notre état d'esprit lorsqu'on intuitionne notre Moi ? C'est cela la conscience, c'est ce dont il est question ici et de rien d'autre. Ce postulat est aussi la condition exclusive et unique de tout philosopher. Aucune philosophie ne peut se faire en transgressant ou en allant au-delà de ce postulat ; on ne peut pas philosopher avec celui qui nie ce postulat. [50] Tout le reste doit se laisser démontrer et expliquer à partir de lui.

2) On postule également qu'on peut devenir conscient d'un Non-Moi. Ce que peut-être le Non-Moi est uniquement déterminé par l'intuition du

1. Comment est-ce possible ? L'entendement ne peut le tirer des concepts. A-t-il besoin d'une intuition ? Mais la relation en est-elle une ?

Moi. Le Non-Moi est l'exact contraire du Moi. Il est déterminé uniquement et exclusivement de manière négative.

B) L'intuition, exigée dans cette proposition, est exprimée par cette proposition même. C'est pourquoi la première proposition de toute philosophie doit être un postulat, car elle contient tous les problèmes à venir. Les concepts donnés par ce postulat sont ceux de réalité et de négation, et ce dans la mesure où le Non-Moi est déterminé d'une manière seulement négative, c'est-à-dire par opposition au Moi. Cela donne la proposition de l'identité et de la contradiction. A = A. Chaque chose est égale à elle-même. Non-A = Non-A. Aucune chose n'est égale à son contraire. La négation est le contraire de la réalité. Négation et réalité ne sont que formelles. Par suite, cette proposition serait, en tant que telle, uniquement analytique. Il s'agirait d'une analyse de la conscience en général.

C) Pourtant, cette proposition a quelque chose de synthétique, à savoir que les deux opposés A et Non-A doivent être rendus égaux, doivent être réunis dans la conscience C (laquelle doit être égale à elle-même et donc être une). Ceci va à l'encontre de la proposition de la contradiction et donne la proposition suivante :

§ 2. Problème : sachant que les deux opposés, Moi et Non-Moi, doivent être égaux en un C, comment doit-on penser C pour éviter la contradiction ?

Théorème :

1) C ne peut être ni égal ni opposé à aucun des deux termes. S'il était égal à l'un, il serait opposé à l'autre, et réciproquement, ce qui est contraire à l'hypothèse selon laquelle il réunit les deux en lui.

2) C doit, par conséquent, être tel qu'il soit égal et opposé aux deux. Une chose qui est à la fois opposée et égale à une autre est dite différente. C est donc différent du Moi et du Non-Moi.

[51] 3) Seules réalité et négation sont originairement opposées. Si quelque chose de différent de la réalité et de la négation doit pouvoir être pensé (c'est-à-dire quelque chose qui leur soit, à la fois, égal et opposé), alors cette chose doit lier en elle réalité et négation, tout en restant égale à elle-même. En effet, le contraire contredirait l'hypothèse. Mais la réalité et la négation réunies (pensées en un C) donnent la *limitation*, c'est-à-dire ne donnent pas toute la réalité pensable ni toute la négation pensable. Par conséquent, C doit être limité.

4) Lorsque C est différent d'un A, il est en même temps différent de son contraire Non-A.

5) Tout (c'est-à-dire ici C) ce qui est différent des deux autres termes (A et Non-A) est de leur point de vue, limité. A a de la réalité que C n'a pas, et C a de la réalité que Non-A n'a pas.

Le concept de limitation ne va pas sans celui de quantité, etc. Par bonheur, ce dernier est un concept d'intuition et on pourrait, par là, plus facilement, atténuer la contradiction puisque l'imagination *[Phantasie]* intervient entre concept et intuition; mais tout ceci ne vaut que pour moi-même et les besoins de ma démonstration. Bornes, mesures, etc., exigeraient un fait nouveau, et c'est à partir de ce fait que je pourrais sans doute démontrer la limitation. Mais sur quoi, sachant que tu n'as de donné que le Moi et le Non-Moi, veux-tu construire cette intuition? Sur le Moi et le Non-Moi liés à C*.

D'où :

§ 2. Les deux opposés, A et Non-A, doivent être égaux en C. Comment doit être C pour que cette hypothèse ne se contredise pas ?

1) C ne peut être ni opposé ni égal à l'un, sinon il serait aussi égal ou opposé à l'autre, et ne serait donc pas C mais A ou Non-A; ce qui se contredit. C ne peut être ni A ni Non-A.

[52] 2) Par conséquent, C doit être égal et opposé aux deux. C'est quelque chose de cette sorte (si toutefois cette chose devait être possible) que l'on appelle différent. C serait différent de A et différent de Non-A.

3) A est réalité, Non-A négation. C devrait, par conséquent, être réalité et ne pas l'être, être négation et ne pas l'être, ce qui serait contradictoire s'il n'y avait pas de troisième terme.

Admettons que ce troisième terme soit la quantité; alors le problème est résolu. Bien. Mais comment parviens-tu au concept de quantité? Détermine-le d'abord uniquement – et prudemment – par des concepts; puis montre, par l'intuition, qu'il est donné[1].

Proposition auxiliaire : C doit être réalité et en même temps non-réalité, négation et non-négation. Ce qui est contradictoire sans un troisième terme. Comment doit-être ce troisième terme ?

Il doit lever la contradiction. Certes, mais comment? Où se situe la contradiction ? C = C ; cependant, en C se trouvent A et Non-A.

C doit être égal à lui-même. Pourtant, des caractères opposés doivent se trouver en C (ces caractères sont opposés uniquement du point de vue de A). Mais si ces caractères en C, ne sont pas pris en un autre sens qu'en A, alors, cela ne conviendra pas non plus. Donc, il doit y avoir un concept : x. Mais que signifie ici un concept ?

1. C doit avoir une extension (ce n'est que comme tel que je puis l'admettre). Mais cette extension n'est-elle pas là à seule fin d'éviter la contradiction ? Est-elle donnée ou inventée ? Elle est peut-être donnée par la nécessité. 2) Tu prétends qu'à partir du concept de quantité, cela peut s'expliquer sans contradiction. Mais démontre d'abord que cela ne peut s'expliquer sans contradiction si ce n'est par le concept de quantité. Le dernier point conduirait à un tout autre système que le premier ; il conduirait à un système valable pour tout esprit fini alors que le premier système serait valable pour nous les hommes.

C doit être différent de A et de Non-A, *d'un autre point de vue* encore que celui de la réalité. Donc, dans notre esprit, il doit y avoir quelque chose d'autre que la réalité. Cela nous reconduirait à notre Moi. 2ᵉ intuition : on éprouve son égoïté plus ou moins selon les moments. Dire cela n'est pas assez précis. Dès lors, ne puis-je pas le construire ? Il faudrait, pour ce faire, opposer l'intuition du Moi à l'intuition du Moi lui-même : à partir de là, on trouverait la quantité [1].

[53] a) C doit réunir réalité et non-réalité, ce qui se contredit, car C doit être égal à lui-même. Si C réunissait réalité et non-réalité, la réalité supprimerait la non-réalité, et C serait = à rien.

Donc, si C ne doit pas être égal à rien, on doit encore trouver en lui, hormis la réalité et de la non-réalité qui se détruisent mutuellement, un troisième terme qui ne soit ni réalité ni non-réalité. Mais ce troisième terme est inconnu (il n'est encore donné dans aucune intuition).

b) Pour le trouver, on doit comparer le Moi (le seul terme jusqu'ici connu comme réalité) à lui-même. (Mais il ne s'agit là que d'une déduction superficielle.)

Actuellement, nous ne connaissons rien d'autre que la réalité et son opposition, la négation, laquelle est donnée par l'intuition du Moi. S'il doit y avoir autre chose que la réalité, on doit pouvoir opposer le Moi au Moi lui-même ; c'est de cette opposition du Moi 1 au Moi 2 que résulterait le troisième terme, si toutefois c'est possible.

c) Postulat : dans la conscience, le Moi peut être opposé au Moi.

Pour le dire d'une manière plus précise : souviens-toi d'une ancienne sensation. Ce qui se souvient est ton Moi ; celui qui a eu la sensation est ton Moi. Si tu soustrais la matière de la sensation et tout ce dont tu n'as nul besoin ici, alors tu remarqueras que tu penses ton Moi (ou le Moi qui avait la sensation auparavant) de manière plus obscure que celui qui a la sensation maintenant. Ainsi, dans le Moi, il y a le plus et le moins.

Représente-toi ton Moi et oppose-le au Non-Moi. Continue, et tu remarqueras que l'opposition devient plus manifeste. Par quels moyens distingues-tu l'intuition de ton Moi d'il y a deux minutes de l'intuition actuelle ? *Par la quantité* [2].

Ainsi la réalité elle-même peut être distinguée de la réalité, par un troisième terme qui est la mesure (quantité).

Supposons que C soit susceptible de mesure, alors C peut tenir une certaine mesure de réalité de A et une certaine mesure de négation de Non-A. C a donc moins de réalité que A, mais plus que Non-A. [54] C'est là ce qu'on appelle « limité ». C est limité par A et Non-A.

1. Que de joie !

2. Ce dernier exemple est vraiment éclairant.

d) Tout ce qui est *différent* d'un C est x, et par là même est limité, car être *différent* signifie être à la fois égal et opposé. Si l'égalité et l'opposition ne doivent pas se supprimer réciproquement et détruire ce qui est posé, alors on doit penser la possibilité de mesurer l'égalité (mesure de l'égalité) comme l'opposition (mesure de l'opposition); cette mesure est une *limite*.

e) Tout ce qui est *différent* de A est en même temps différent de Non-A. Car C doit être égal à A. Mais, en tant que tel, il doit être opposé à Non-A. Il doit également être opposé à A et donc, en tant que tel, égal à Non-A. Il est ainsi égal et opposé à Non-A; il est donc différent.

f) Ainsi, chaque chose limitée est limitée des deux côtés à la fois, c'est-à-dire par A et son opposé Non-A.

Par conséquent, C est différent du Moi et du Non-Moi, limité par les deux, et, conformément à son essence, égal et opposé aux deux.

Je souhaiterais maintenant aborder la connexion réelle entre C et A, et C et Non-A. La connexion logique est ici une connexion réelle. Mais tu veux la nécessité de la pensée. Elle est déjà présente ici, garantie par la contradiction. Je ne puis penser ce qui se contredit. Pour éviter la contradiction, je dois penser. Bien.

Pour comprendre comment C peut, sans se supprimer, être différent de A et de Non-A, il nous fallait une mesure en C ainsi qu'en A et Non-A. Maintenant, il nous est possible de montrer de manière véritablement légitime que C limite à la fois A et Non-A.

Soit : A et Non-A limités par C. Alors en A, il y a de la négation, et en Non-A, de la réalité. Ils se limitent. Donc pour comprendre quelque chose en C, on doit tenir compte de A et Non-A, et pour pouvoir comprendre quelque chose en A et Non-A, on doit tenir compte de C. C'est ce qu'on appelle la relation. C doit donc être référé à A et à Non-A, et A et Non-A doivent être référés à C. [55] Ce qui nous donnerait la catégorie de la *Relation ;* celle-ci nous conduirait à la substance et l'accident, à la causalité, à la concurrence (entre activité spontanée et réceptivité, etc.). Cette dernière nous conduirait à la catégorie de modalité. Ces catégories sont les degrés de la pensée, comme formes de la pensée *.

Une pensée en passant : qu'adviendrait-il si je partais d'une philosophie uniquement basée sur des concepts ? A est opposé à Non-A. A doit être = Non-A en C. C est supérieur ou inférieur à A. Il est supérieur ou inférieur à Non-A, etc.

Que le Moi ait une *mesure*, que pour cette raison il n'ait pas que de la réalité mais également de la négation, est déjà donné par l'intuition. À quoi bon le démontrer une fois de plus ? Puis-je le démontrer sans l'intuition, ou bien dois-je différer cette démonstration, comme cela m'est possible ? Si je le peux, je dois le faire. On doit aller aussi loin que possible avec des concepts. M'est-il permis de dire que A est également négation, et Non-A réalité ? Est-ce donné par l'intuition ? Il y a en A1 plus de réalité qu'en A2 ; en A2, en retour, une certaine réalité, qui est en A2, est limitée, niée. Le Moi en soi, le Moi originaire n'a pas de négation, il est seulement susceptible de négation. Du Moi originaire, je ne sais rien. Et je ne sais pas encore que la réalité soustraite de A tombe en Non-A.

Soit : le Moi (a) et le Moi (b). Le Moi (a) a une plus grande mesure de réalité que le Moi (b) et, en tant que tel, a est opposé à b. Il y a donc en b une certaine mesure de négation, là où il y avait de la réalité en a. C'est pourquoi ce n'est pas dans le Moi originaire du premier paragraphe qu'il y a de la négation. La négation est dans le *Moi* en tant que le Moi est opposé au Moi. *(Le Moi est limité uniquement par le Moi.)* Quand le Moi est opposé au Non-Moi, il est pure réalité ; il s'agit du Moi du premier paragraphe.

Ce qui est donné par l'intuition, c'est uniquement que le Moi est limité par le Moi, et non par le Non-Moi ; ce que j'avais bien noté. Sur cette intuition, pourraient se fonder aisément la substantialité, l'activité spontanée et la nécessité des limites du Moi. Ce qui est dans le Moi, et non dans le Non-Moi, est pour *nous* nécessaire et ce, en raison du cercle.

Principe : chaque mesure a des limites : je peux penser une mesure plus grande, c'est-à-dire penser plus de réalité, comme une plus petite, c'est-à-dire moins de réalité.

C a moins de réalité que A ; ce qui signifie aussi qu'il a moins de négation (du point de vue de A) que Non-A.

[56] C doit avoir une mesure *déterminée* (une mesure en soi est quelque chose d'indéterminé[1] ; la mesure est toujours susceptible d'être plus grande ou plus petite). Cette mesure ne peut se tirer que de la réalité. Plus C est identique à A, plus la mesure de sa réalité est grande ; moins il l'est, plus la mesure de sa réalité est petite. Mais mesurer l'identité, c'est *effectuer une relation*[2]. C doit donc nécessairement être référé à A.

Déterminer la mesure de réalité en C, c'est du même coup déterminer la mesure de sa négation ; avec son identité à A, est déterminée son identité à Non-A ; ainsi de par sa relation à A, C est aussi nécessairement référé à Non-A.

(A est également référé à Non-A, non en soi, mais seulement du point de vue de son efficience sur C. Seule cette efficience est mesurée ; c'est

1. La quantité est détermination ; une quantité indéterminée n'est pas une quantité, car cela est contradictoire. Que cette quantité ne puisse se tirer que de A doit être démontré par le principe de contradiction.

2. Pour mesurer l'opposition d'une chose à une autre, il faut référer cette chose à l'autre.

d'abord elle que nous mesurons. Est-elle déduite uniquement à partir du flux, de ce qui s'écoule (la mesure qui est modifiable) ou à partir de ce qui est constant ? Essayons d'abord de la déduire à partir de ce qui est constant.

La mesure de réalité en C est déterminée par son identité à A, etc. Si tu penses celle-ci comme permanente, alors il s'agit d'une pure relation logique. Cependant, cette relation doit également être réelle. Utilisons donc l'*intuition*.

Postulat : admettons qu'en A, la mesure de réalité soit augmentée ou diminuée (ce qui, d'après l'intuition, est possible), alors la mesure d'identité de C à A sera modifiée ; elle deviendra autre. Il en est de même en ce qui concerne l'identité à Non-A.

1) A est originairement pure réalité; la modification de sa mesure de réalité est = à une mesure de négation. A est par conséquent différent de A, c'est-à-dire la mesure de négation de A n'est à déterminer que par la mesure de réalité de A, et réciproquement.

[57] *Par suite, A ne peut être* référé *qu'à lui-même.*

2) De même qu'en A, la mesure de réalité est modifiée, en C (en admettant que C = C), la mesure de l'identité à A est modifiée. Le contraire se contredit.

A n'est référé qu'à lui-même[1]; par conséquent, comme on l'a déjà indiqué plus haut, la mesure d'identité de C à A est à déterminer uniquement par la relation de C à A ; mais cette relation n'est pas la relation au A déterminé (c'est-à-dire celui dont la mesure est donnée), mais est relation au A en général, au A déterminable; c'est-à-dire à cet A, qui, du point de vue de C, est permanent, mais qui ne l'est pas du point de vue de la quantité de son identité à C. Par conséquent, cet A permanent est référé à C[2]. A est, du point de vue de sa nécessaire relation à C, un et un seul A. Mais du point de vue de A et de l'identité à A, C a une mesure modifiable. Par conséquent, A est substance et C accident.

Restons un moment sur ce point, et éclaircissons-le, avant de continuer. C tient une certaine réalité de A, et, en tant que tel, il est identique à A. La réalité en A n'est pas toujours la même. La réalité en C doit toujours être la même, ce que nous pouvons admettre pour l'instant. En ce sens, l'identité de C à A serait modifiable. A se modifie lui-même. Par conséquent, A modifie son identité à C. C, en relation à A, du point de vue de son identité à A (et ici, il n'est question que de cela et non de la réalité en soi, car comme nous l'avons dit auparavant, nous ne visons ici que le mode de relation) est donc modifiable, du moins du point de vue de la mesure. En revanche, pour C, A est permanent, car en A, il n'est pas question de

1. Essayons, jusqu'à ce que nous sachions comme cela se passe avec Non-A.

2. Non-A n'est pas du tout 0, mais une grandeur négative.

mesure, mais de réalité. Corollaire : A est réalité pour C. C est mesure pour A. A est la source de la réalité. C n'existe que par sa relation à A.

[58] Propositions qui en résultent :

1) Chaque substance, comme réalité, est référée à son accident. L'accident, comme quantité déterminée de la substance, est référée à celle-ci.

2) Ce qui est modifiable, ce n'est pas la réalité de l'accident, mais sa quantité.

3) Seule est substance ce qui, du point de vue de sa réalité, n'est référée qu'à soi-même.

4) Seul est accident ce qui, du point de vue de la quantité de son identité à quelque chose, ne peut-être que référé à ce quelque chose. Nous avons une définition de la substance et de l'accident telle qu'elle permet de les distinguer de tout le reste. Cette définition ne pourra être utilisée que dans la prochaine partie.

A n'est en relation à C qu'a partir d'un unique point de vue, à partir d'un point de vue déterminé. A n'est pas nécessaire en soi ; il ne l'est que pour C. C n'est pas contingent en soi ; il ne l'est que pour A. Comment appelle-t-on cela en allemand ? « Déterminant » d'un côté, « déterminé » de l'autre ? Non. Lorsque je les aurai pleinement *définis*, je pourrai aussi les nommer*.

Maintenant, tournons-nous vers Non-A.

De même qu'en C, la quantité de son identité à A est modifiable, de même la quantité de son identité à Non-A est modifiable (c'est un rapport de réciprocité : moins il y d'identité à A, plus il y en a à Non-A).

Puisque C n'est référable qu'à A, alors son identité avec Non-A n'est déterminée que par relation à A. Non-A est donc également référé à A. Cela signifierait qu'il y a, en A, une identité à Non-A ; mais pourtant il y a bien une opposition entre eux. Précisons ce point : du point de vue de la qualité, il ne peut y avoir d'identité entre A et Non-A. Peut-on en trouver une du point de vue de la *mesure*, c'est-à-dire du point de vue de l'identité de C ?

L'identité de C à A et Non-A est un rapport de réciprocité[1]. Si C est plus identique à A, il l'est moins à Non-A ; s'il est moins identique à A, il l'est plus à Non-A[2].

[59] Par suite, il devient possible d'accepter un Non-A en A (ce qui, assurément serait contradictoire s'il s'agissait de qualité et non de quantité). Une plus grande quantité, Non-A, est acceptée dans la partie de A qui est en C, c'est-à-dire dans la quantité d'identité.

1. *N. B.* Ici les lettres devront être modifiées ou tu es perdu avec ta démonstration.

2. Dans sa relation à C, A est autre que dans sa relation à Non-A. Bien vu. En relation à Non-A, il est pure réalité. En relation à C, il est substance.

Par conséquent, le *Moi* a une double relation en C : a) Comme essence qui est permanente, c'est-à-dire comme qualité ; b) mais, comme ce à quoi il est *identique*, il peut être augmenté ou diminué (en raison de sa plus ou moins grande identité à Non-A). Par suite, A est bien modifié par Non-A, c'est-à-dire que ce qui est modifié, c'est la quantité de son identité à C.

En revanche, considéré selon la qualité, le *Moi* est simplement réalité, et Non-A, simplement négation.

Plus précisément, le Moi est un Moi *quantifiable*, susceptible de quantité. Mais comme qualité, donc comme substance (soit comme quelque chose qui a plus ou moins d'identité à C), il n'est pas susceptible de quantité. Cette plus ou moins grande identité n'est déterminable que par relation à la grandeur opposée. Ce qui signifie que la grandeur opposée est cause, et que l'accident de la substance est effet.

C'est bien ainsi qu'il faut l'entendre. Mais n'es-tu pas pris dans un cercle ? Tu as certes la *quantité*, mais précisément cette quantité ne conduit-elle pas à une nouvelle contradiction ? C est accident.

Au départ, nous ne savons pas si A ou Non-A sont des grandeurs. Il est clair que ce n'est que par la catégorie de relation qu'ils le deviennent.

Mais ne devrais-je pas, conformément à l'analogie, partir de la réalité, de la négation, de la limitation pour arriver ensuite seulement au concept des degrés de la pensée ? Allez, courage ! *Nous verrons*. Reprenons à partir de la déduction de la substance :

A est manifestement utilisé en deux acceptions. Donc posons A et A + x.

C doit être à la fois égal et opposé à A et à Non-A, ce qui, sans un troisième terme x, se contredit. Donc C est = A et A + x.

Si on postule une intuition de x, elle doit être en A. Mais pourquoi précisément en A plutôt qu'en Non-A ? Non-A est aussi réalité, mais c'est une réalité opposée. Non. Cela, nous ne le savons pas.

[60] Cette nouvelle intuition de A donnerait x, la quantité, c'est-à-dire Ax, un Moi mesurable. Du point de vue opposé, elle donne Non-Ax, un Non-Moi mesurable.

C, lorsqu'il est x, est égal et opposé à A et Non-A. Ceci est maintenant possible. Ax donne A1, A2, A3, etc. En A1, A2, A3, x = Non-A, ce qui serait contradictoire. Nous avons, par conséquent, un A absolu et un A déterminable, Ax.

Posons A et Ax.

C est, en partie, identique à A, donc C = Ax, et il est, en partie, identique à Non-A, donc C = Non-Ax.

Par conséquent, Ax serait = Non-Ax.

Une mesure doit être déterminée ; c'est une grandeur limitée [1]. Il est aisé de développer ce point de manière analytique, en partant du caractère de la mesure. Ce caractère est donné par l'intuition. Une mesure a deux limites, par lesquelles elle est limitrophe de A et Non-A.

Ce n'est que par relation à A que la mesure de A peut-être déterminée. A a été admis comme réalité. Non-A n'est reconnu qu'en tant que contraire de A. Par conséquent, on doit comparer A1, A2, etc., au A absolu. Le reste est Non-A.

C est = Ax ; il est aussi = Non-Ax. Supposons que A en C soit augmenté ou diminué (ce qui est possible), alors la mesure de son identité au A absolu sera modifiable [2].

Maintenant en C, A n'est référable qu'au A absolu ; la quantité de cet A, c'est-à-dire son identité au A absolu, n'est déterminable que par cette relation. Ce à quoi C est référé est le A permanent. Mais ce à quoi A est référé en C, est modifiable, est susceptible d'une quantité différente.

[61] A est absolu et n'est déterminable qu'en C ; c'est ce qu'on appelle « accident ». C (c'est-à-dire C pris en sa totalité, et non pas seulement C en relation à A) est accident du A absolu, de la substance [3].

Passons à Non-A.

C = Ax et -Ax. Il est différent du A absolu et du Non-A absolu. Mais s'il me faut aussi accepter un Non-A absolu, C ne devrait-il pas alors devenir accident de Non-A ? Non-A ne peut-être qu'absolument négatif.

La mesure de A en C n'était déterminable que par sa relation à A. Par là, la mesure de Non-A, en C, est du même coup déterminée. Prenons C = C, alors tout ce qui, en C, n'est pas A, est Non-A. Dès lors, peut-il y avoir plus ou moins de A en C et, par suite, plus ou moins de Non-A ? La détermination par le A absolu n'est jusqu'à présent que déterminabilité, et non détermination *effective*. M'est-il permis de supposer connue cette détermination *effective*, plutôt que de me contenter de la postuler ? Chaque mesure doit être une réalité. Une mesure réelle est effective. Mais disant cela, je présuppose la mesure réelle comme connue à partir de l'intuition.

Une mesure doit être *limitée* effectivement. Une mesure doit être une réalité, un quantum réel [4].

1. Une mesure doit être déterminable, elle doit être une grandeur limitable. Ici, tu dois composer la mesure et la possibilité. Ceci est pensable. Je l'ai postulé. Cela donne déjà A1, A2, A3 = Ax (substance).

2. La preuve n'a besoin que d'être inversée. Elle n'est pas encore vraiment évidente.

3. Mais justement en utilisant tes différents absolus (A et Non-A), tu exiges ce qui doit être démontré. En aucun cas : pour le moment je me contente de l'admettre.

4. Peu à peu, par la distinction entre ce qui relève de l'intuition et ce qui relève des concepts purs, tout finira par se mettre en place.

Par conséquent, en C, la mesure de l'identité à A et à Non-A doit être limitée de manière déterminée.

Par la relation de C au A absolu, je vois que A est limitable, qu'il est modifiable en C. Mais il doit être modifiable d'une manière déterminée (il doit être donné, limité d'une manière déterminée).

En C, il y a un A, ayant une mesure déterminée. Le rapport de l'un à l'autre est déterminé : quand C est = 1/2 A, alors il est nécessairement = 1/2 Non-A. Il doit bien en être ainsi [1], conformément à la proposition de la contradiction. Mais pourquoi C est-il égal à 1/2 et non pas à 1/4 ou encore à 1/3, etc. ? [62] A est déterminé en C. Mais pourquoi l'est-il précisément de telle manière et avec telle quantité ?

1) Donner une réponse à cette question, c'est s'enquérir du fondement. 2) Comment comptes-tu parvenir au fondement ? Une mesure indéterminée est-elle contradictoire ? Oui, bien sûr, car la mesure est une réalité. *Sans* réalité, la mesure est seulement déterminable. Tu lies réalité et mesure. Par là, la mesure est déterminée. Qu'est ce qui t'oblige à les lier ? Le besoin de ton esprit.

Ainsi en C, la mesure de A et de Non-A est donnée, *elle est déterminée*. La mesure ne peut être effectuée sans intuition, mais malheureusement il te faut auparavant la déduire. Continuons. Certes, l'intuition donne la réalité. La réalité est là.

La mesure de A et même de Non-A est une réalité.

Cette réalité ne peut résider dans la relation au A absolu, car en celui-ci, A n'est absolument pas mesurable par la mesure. Par suite, mesurer Ax en C n'est possible que par la mesure de Non-A. Le mesure de Ax est réelle ; elle est réalisée par la mesure de Non-A ; c'est ce qu'on appelle l'effet. C est *effet* de Non-A, et Non-A est la *cause*.

Par conséquent, A est *modifiable* par Non-A, non pas en tant que A absolu, mais en tant que A mesurable. Dès lors, une modification de A, comme substance, peut être pensée comme un effet de Non-A.

Si A doit être modifiable, alors cette modificabilité lui vient de Non-A ; A doit avoir une réceptivité. Mais si un effet de Non-A doit pouvoir devenir une modification du A absolu, alors cet effet doit être identique à la réalité absolue de A, c'est-à-dire identique à la spontanéité.

1. Donc, la réalité contredit la non-réalité. La mesure contredit la non-réalité (mesure possible, non déterminée). La mesure liée à la réalité absolue conduirait à la relation de la substance à l'accident. La mesure liée à la réalité conduirait à la mesure effective. Liée à la négation, elle conduirait à la relation de cause à effet. Liée aux deux, à l'action réciproque.

La réalité absolue de la spontanéité n'est déterminée que par elle-même. Par conséquent, ce qui, en C, est déterminé par A, l'est aussi par la spontanéité[1].

[63] Essai pour représenter tout ce qu'on a vu jusqu'à présent par des signes.

A *est opposé* à Non-A.

En C, A doit être égal à Non-A. Qu'est ce C ? Prenons C = A, il est alors opposé à Non-A. Prenons C = Non-A, il est alors opposé à A. Supposons qu'il n'y ait aucun C, mais seulement A ou Non-A, ce qui se contredit. Par conséquent, C n'est ni = A, ni = Non-A ; il n'est ni opposé à A ni à Non-A ; ni opposé aux deux en même temps, car si tel était le cas, alors C = 0, ce qui contredit l'hypothèse. Et pourtant, il pourrait bien en être ainsi. La démarche semble exacte puisque des grandeurs opposées se rencontrent seulement en 0.

Si C ne doit pas être = 0, alors il doit y avoir en C, outre A et Non-A, un x qui n'est ni A ni Non-A. Par conséquent, C serait = A et Non-A + x. Qu'est ce que x ? x n'est identique ni à A ni à Non-A, ni opposé aux deux, sinon C serait comme plus haut = A et -A, et donc serait = 0. Par suite, x est à la fois opposé et égal à A et Non-A. Mais alors x serait = 0 et 0 + 0 = 0.

Dès lors, qu'est ce que x ? Il n'est ni = A, ni = Non-A, ni opposé à A ni à Non-A, ni les deux à la fois. Nous pouvons le comprendre sans intuition.

Mais A + x est x. Par conséquent, C = x et n'est absolument pas = A ni = Non-A, ce qui contredit l'hypothèse. À partir de là, nous pouvons peut-être en conclure quelque chose à propos de x. Mais, parce que nous n'avons que l'identité et la contradiction, nous ne pouvons, en fait, rien conclure ici (c'est pourquoi l'intuition du + et du - doit être supposée). x est mesure.

Ainsi, C pourrait être une partie de A et de Non-A. En ce cas, en C, A serait = Non-A par x. Mais supposons qu'en C, la mesure de A = la mesure de Non-A, alors C = 0, ce qui contredit l'hypothèse. Supposons que A soit supérieur à Non-A en C, alors C est une quantité A. Supposons que A soit inférieur à Non-A, alors C est une quantité Non-A, ce qui contredit l'hypothèse.

Distinguons le Ax (ou Non-Ax), c'est-à-dire la quantité, de A comme réalité (le Moi), et inversement distinguons-le de Non-A comme négation, et demandons nous : qu'est ce que cet Ax ? AR (A comme réalité) n'est pas modifiable (A = A), en revanche Ax l'est.

x doit pouvoir être = A et en même temps = Non-A. Mais en ce cas, Ax n'est pas = Ax. Dès lors, qu'est-il ? Il est mesure. Posons AR ; dans ce cas,

1. Il ne reste plus qu'à démontrer la contingence de la non-égoïté en C et la nécessité de l'égoïté.

A = A. Posons Ax (x est mesure). Alors Ax 1 n'est pas nécessairement = Ax 2. Par suite, il peut y avoir en C un Ax et un Non-Ax.

[64] AR est opposé à Non-AR et n'est jamais égal à Non-AR. Ax peut être = Non-Ax en C. Il peut être soit supérieur à Non-Ax, soit inférieur à Ax.

Postulat : A et Non-AR sont en C. En C, il y a à la fois A et Non-Ax. Pour évaluer sa réalité, on doit référer C à A ; pour estimer sa quantité, on doit le référer à Non-A ; ce dernier point reste à démontrer.

AR = AR, et est opposé à Non-AR ; (il en est toujours ainsi). Ax n'est qu'en C. C est par conséquent = AR.

x ne peut pas être = 0 ; par conséquent, en C seul A = x. Dès lors, C = Ax, car Ax est = Non-Ax et x est = Non-A.

A doit être en C, et x aussi.

Car *ce qui* est en C doit être = A. Mais, en C, A doit être = x, c'est-à-dire que A est mesurable en C, susceptible de mesure ; ce qui signifie que C est accident. Mais dans la mesure où C est référé à A, A est en permanence AR = AR ; il est, par conséquent, substance.

x en C = Non-A (car des grandeurs opposées ne sont mesurées que par leur contraire). La quantité n'est pas à mesurer à partir de la réalité ; elle doit l'être à partir de la négation. Par conséquent, Non-A détermine x en C. Ce qui signifie qu'il est cause.

Chaque mesure est limitation. Lorsqu'on pose une limite, on pose aussi son contraire. Chaque limite est double ; des deux côtés de la limite se trouve le contraire de cette limite. C'est uniquement par la réalité de ces deux côtés que je reconnais la limite.

Par suite, du point de vue de la qualité, on réfère une limitation à la réalité (comme l'accident est référé à la substance). Du point de vue de la quantité (ou des limites), la limitation est référée à la négation (comme l'effet à la cause).

C = Ax. Il y a en C une mesure de l'égoïté. C a, par conséquent, qualité et quantité. La qualité est = AR, la quantité est = A. Posons C = 3, non pas A en C, mais bien C. Par là, C a, en soi, une quantité déterminée. Posons maintenant C = 2 Non-A et donc = 1A. Mais pourquoi ne puis-je référer directement la quantité à AR, et en conclure C = 1A, et par conséquent = 2 Non-A ? Parce que AR n'a pas de quantité. Non-A en a-t-il une ? Non, il n'en a pas non plus. Seul C a une quantité. Même A, en C, n'en a pas ; il n'a de quantité qu'en tant que C est A, mais non en tant que A comme tel. Ainsi, du point de vue de A, C est limité. C est identique à A du point de vue de la qualité, mais non du point de vue des limites. Par conséquent, le concept de quantité devrait être applicable à A. [65] Mais A est *illimité*. Le concept de quantité serait, certes, *applicable*, mais ne pourrait l'être que par opposition. AR serait = Non-x. Mais C = Ax, par conséquent, x = Non-A. Ce qui est exact, algébriquement.

Ceci accepté (nous le démontrerons plus tard), AR est illimité. Non-AR l'est également. C est un A limité, donc, du point de vue de la qualité, il est égal à AR ; du point de vue de la quantité, il est opposé à AR. C'est en tant qu'opposé à AR, qu'il est = Non-AR.

Donc, C comme qualité = A. C comme quantité = Non-A. C'est ce qu'il fallait démontrer[1].

Mais il reste à démontrer que AR = Non-x.

A = R. A est réalité, x est non réalité, car x a des limites. Par conséquent, A = Non-x.

Non-A = Non-x. Si on pose Non-A = x, alors x (celui qu'on a tiré de Non-A), formerait les limites de Non-A = A.

Mais si Non-A = A, cela se contredit.

Par conséquent, Non-A = Non-x.

Par conséquent, A = Non-x et Non-A = Non-x. Ce qu'il fallait démontrer.

Mais démontrons que la quantité est nécessairement une réalité limitée par sa négation et donc que x = A et Non-A.

Chaque quantité est limitée ; il n'y a pas de quantité illimitée. Cette proposition est bien sûr analytique ; mais comment parviens-tu en général au concept de quantité sans intuition, sans une intuition, fût-elle pure ? La quantité n'est possible qu'à partir de la considération de l'*extension*, ou bien encore de la pure réalité, mais en tout cas, elle ne l'est pas à partir de la seule proposition de la contradiction, mais doit l'être à partir d'une proposition synthétique ; c'est ce que dit déjà la proposition : en C, A = Non-A[2]. Dans cette proposition, la notion de C limité est déjà comprise.

[66] En C, A = Non-A signifie (puisqu'on ne doit pas enfreindre la proposition de contradiction), que A est limité par Non-A en C, ou encore qu'il a une quantité. Ce que l'on peut établir à partir de l'intuition. Telle est, assurément, la première synthèse qu'il me faut présupposer.

1. Quelle perspective pour l'inconditionné (où toute limite doit être abandonnée), ainsi que pour la philosophie morale ! Le Moi en soi (hors représentation) est illimité, tout comme le Non-Moi. Le Non-Moi absolu serait par conséquent Dieu. Dès que nous voulons intégrer l'illimité en C, nous devons lui donner de la quantité et donc des limites, et il ne reste plus, de ce fait, aucun inconditionné.

2. Et cette proposition vient de l'intuition, mais de cette toute première intuition selon laquelle, dans la conscience, A et Non-A sont opposés.

Recommençons à partir du début

A est opposé à Non-A. En C, A = Non-A. Supposons qu'en C, il y ait x (soit, pour éviter la contradiction, une quantité). Alors AR = Non-x, et Non-AR = Non-x. Car x = R et -R, etc. CR = AR, et Cx = Non-AR.

Selon la qualité, C est égal à A ; selon la quantité, il est égal à Non-A (parce que A = Non-x, Cx est = C = Non-A). Dans la représentation, le Moi est limité par le Non-Moi.

1) La représentation, selon sa qualité, est déterminée uniquement par le Moi. La représentation doit donc être référée au Moi, qui est *toujours égal à soi*. Le Moi, dans sa relation à la représentation, est égal à lui-même ; c'est pourquoi il est substance. Mais, dans la représentation, le Moi est susceptible de quantité ; par conséquent, il n'est pas = à lui-même, en ce sens la représentation est accident du Moi.

2) La représentation, du point de vue de la quantité de qualité qu'elle possède, ne se laisse référer qu'au Non-Moi, parce que la représentation est limitée par le Non-Moi.

3) De telles limites doivent être nécessairement *déterminées* si un C, dont l'essence consiste dans la limitation, doit exister ; mais une chose qui détermine *l'existence* d'une autre est appelée cause de celle-ci. Non-A est, par conséquent, cause de C.

4) C, du point de vue de ses limites (les limites de sa qualité), doit être nécessairement référé à Non-A.

5) L'essence de C, en tant que telle, réside dans la limitation, sinon C ne serait pas C, mais A lui-même. Car C ne peut être distingué de A que par la limitation. Si un C doit être, alors ses limites doivent dépendre de Non-A.

[67] 6) Ce qui détermine une autre chose du point de vue de son existence, est appelé la cause de celle-ci. Par conséquent, Non-A est cause de C en tant que tel, soit : en tant que l'essence de C réside dans la limitation.

En C, je distingue une double *essence* : la première, par laquelle je dois le référer à A, la seconde, par laquelle il est effet de Non-A. Dès lors, se pose la question : en quoi cette différence est-elle fondée ?

C est identique et opposé à A. L'identité se fonde sur quelque chose de positif, à savoir la réalité. L'opposition se fonde sur quelque chose de négatif, la non-réalité. Mais en C, cette opposition devient réalité, elle constitue donc l'essence de C, dans la mesure où C est Non-A. Mais c'est toujours le même refrain !

C, en tant que tel, doit – conformément à la définition – être limité, sinon il se contredirait. Ces limites sont donc son essence logique.

C doit être identique à A, non du point de vue de l'illimitation (il est bien, au contraire, à l'opposé), mais du point de vue de la qualité, c'est-à-dire de l'essence réelle (ainsi, il y a une différence entre exister dans la pensée et exister dans l'intuition). L'existence de C dans l'intuition, c'est-à-dire l'existence effectivement sentie d'une représentation, dépend de Non-A. Mais l'existence dans la pensée, la possibilité d'une réunion de A et de Non-A, dépend-elle de A ? Comment est-ce possible ? Il y aurait là, de nouveau, un cercle. Nous prouverons cette possibilité plus tard, car nous ne pouvons le faire dès maintenant. Mais pouvons-nous vraiment différer cette preuve sans tolérer une contradiction ?

1. A, référé à C, n'est plus le A illimité. Il devient limité, non du point de vue de sa qualité – puisque celle-ci est toujours égale à elle-même –, mais en recevant une quantité : c'est ce qu'on appelle un accident. C est, par conséquent, accident de A.

Mais cet A illimitable, et néanmoins limité en C, qu'est-il donc ? Est-ce toujours le même A ? Cela se contredit. Je ne puis confondre le limité et le limitable.

AR est-il ou non limitable ? (AR est positif, déterminé ; il est ce qu'il est, et ne peut être autre.) C est-il limitable ? Oui. En C, ne se trouve donc pas la totalité de AR, mais seulement une partie, plus ou moins grande ou petite. En tant que tel, A est donc limitable dans un troisième terme. À ce terme, il peut communiquer plus ou moins de sa réalité. Par conséquent, A est limitable mais seulement en un troisième terme, C. Ce C a donc une part de réalité qui ne se laisse évaluer qu'en relation au A qui est invariable. En C, A n'est nullement référé à lui-même, [68] mais l'est à AR comme tel et précisément en tant que tel. C'est pourquoi AR est *substance*. Jusqu'ici, c'est exact ; mais reprenons à partir du début.

AR signifie l'égoïté comme telle, ou pour le dire mieux encore : le Moi est illimitable. Est-ce vrai ? L'égoïté est une ; l'égoïté n'est pas non-*égoïté* et vice-versa. Cependant, le Moi peut être plus ou moins égoïté. L'égoïté est donc une propriété. Ainsi, l'égoïté serait une propriété de C. C doit être, dans une certaine mesure, égoïté, ou plus précisément il ne doit nullement être non-égoïté, mais uniquement égoïté. Par conséquent, le Moi comme qualité donne à C sa qualité. Mais le caractère d'*ego* en C est limitable par Non-A.

Bien. *L'égoïté* (comme qualité de C) est limitable par Non-A. Jusque-là, c'est exact.

Le *Moi*, comme réalité illimitable, positive et déterminée (et non comme qualité d'une chose, quelle qu'elle soit), est référé à C (il s'agit de l'égoïté en C). Ainsi cette égoïté – à l'inverse de ce qui est en permanence Non x –, n'est susceptible d'aucune quantité. Mais C, à l'inverse de A, n'est pas quelque chose de permanent mais de mesurable. Du point de vue de la quantité, il est donc plus ou moins Moi. Donc en C, A est plus ou moins. C est donc accident, A substance.

L'accident est bien propriété d'une essence qui est pour soi, et tel est le cas ici. C est *limitation* du A illimité en soi.

Donc A est illimité, mais est-il également illimitable? Il n'est pas illimitable en C, mais en soi. C est limitation; dès lors, se pose la question : qu'est *ce qui est* limité? La réponse est A. Et à la question : qu'est ce qui limite?, la réponse est Non-A. A doit être en relation à Non-A en C.

Mais il nous reste encore à examiner la question relative à la double essence de C. Selon son essence interne, C est A; selon son essence externe, il est limitation. Que signifie ici interne et externe? Dans quelle mesure est-il vrai que C = A? C est *égoïté*, et selon la qualité, il est égal à A. Mais, selon la *quantité*, il n'est pas égal à A, mais opposé. Distinguons clairement la qualité de la quantité. Qu'*est-ce que* C? *Quelle quantité* a-t-il? Chacun comprend la différence entre la question : qu'est-il?, et la question : quelle quantité a-t-il?

L'essence de C, en tant qu'il est C, réside dans la limitation, sans quoi C serait égal à A. Mais arrêtons-nous un instant. Ne puis-je pas dire, à l'inverse, que l'essence de A consiste en l'absence de limitation, sans quoi il serait C? À ce titre, 1) A n'est pas pour C, mais C est pour A. 2) Mais quand cela serait, rien cependant ne peut en résulter; car Non-A ne peut limiter A immédiatement. Par conséquent, Non-A serait bien cause de C, en tant qu'il est C.

[69] C est effet de Non-A. Mais en même temps, C est accident de A. Pour le dire mieux encore : en C, A est limité par Non-A. Par suite, cette limitation est à mettre en relation au A qui est substance. Par conséquent, Non-A agit sur A en tant que A est substance. Quelque chose (un accident en A) est effet de Non-A. Et réciproquement, un effet de Non-A est accident de A et de sa qualité. Par conséquent, un effet de Non-A adopte la qualité de A. En C, A et Non-A se trouvent donc dans un rapport d'action réciproque.

A est également cause.

Plus Non-A limite C, plus la quantité A, en C, est petite. Moins il le limite, plus grande est la quantité A. C'est une proposition stérile, qui ne fait que répéter ce qu'on a déjà dit plus haut.

A se détermine lui-même en C, selon la qualité, donc ce qui est A en C ne peut être autre.

A = A. La qualité C est = A. Si nous posions qu'elle est = Non-A, alors cela contredirait l'hypothèse; par suite, le contraire de cette contradiction est nécessaire. Donc, tout ce qui, en C, est limité, l'est nécessairement.

La qualité C est nécessairement = A (car le contraire contredit les résultats précédents). Mais A = A. Par conséquent, A, en C, est nécessairement A, car le contraire se contredirait.

AR est nécessairement A. A = A. Le contraire se contredit. En C, la qualité est nécessairement A. Par conséquent, tout ce qui est en C, est nécessaire. Qu'en conclure ? Uniquement ceci : en C, A *est* nécessairement. Et comme A, lui-même, est nécessairement A, alors tout C en A est nécessairement A.

x n'est pas nécessairement = x. La mesure n'est, du point de vue de sa nature, ni déterminée ni nécessaire ; elle est, au contraire, contingente. Par conséquent, x est contingent en C, c'est-à-dire que s'il est nécessaire, conformément à l'hypothèse précédente, que x soit effet de Non-A, (car le contraire contredirait l'hypothèse), la détermination de x, en revanche, est contingente.

C est accident de A. A est cause de la qualité en C. A est donc en lui-même cause. Cette faculté d'être en soi-même cause se nomme l'auto-activité. À moins que ce que l'on nomme l'auto-activité soit plutôt la faculté d'agir d'après ses propres règles, règles qui, pour nous, seraient nécessaires. [70] Il semble bien qu'il en soit ainsi.

N. B. Dans la mesure où A est substance, Non-A est cause en A (et non en soi) ; dans la mesure où A est cause, il est cause en Non-A. Il détermine l'effet de Non-A. À dire vrai, cette proposition est totalement stérile.

L'auto-activité signifie la faculté *d'agir en retour sur soi-même*, ou pour le dire autrement, la faculté *d'agir selon les lois de notre propre essence*, à l'exclusion de toute autre loi ; aussi, cette faculté peut-elle être attribuée au Moi. Poursuivons l'analyse.

Premièrement : l'auto-activité serait une action réciproque du Moi avec lui-même. A est cause d'une détermination en soi et cependant, le même A est effet. Mais alors, il ne s'agirait pas *véritablement d'une action réciproque.*

(Remarque : C est lui-même Non-AR. Car AR = Non-x. Mais C est toujours = x. Donc, il reste toujours quelque chose de A qui ne parvient pas en C, à savoir la substance à laquelle C est référé. (Peut-être nous faudrait-il poursuivre l'application au Non-A originaire.)

Deuxièmement : A, conformément à sa réalité, agit nécessairement. Comme action, il n'est que relation à l'action, qui doit être pensée ; il produit l'identité de sa réalité, et agit conformément à sa réalité originaire.

1) Tel est, selon l'usage de la langue, ce qu'on appelle l'auto-activité. 2.) *Dans quel but* vouloir démontrer l'auto-activité de A ? 3) En outre, la *nécessité de la manière d'agir* du Moi doit-elle être mise en lumière de cette manière ? Cette nécessité a déjà été démontrée. Cette

démonstration de la nécessité a-t-elle été effectuée afin de nous aider à comprendre les conséquences de la transformation de A, lorsqu'il est en C, ainsi que la modification en -A ? Il nous faut spéculer sur ce point :

A aurait, en C, de la *réceptivité*. Si C doit être, alors A doit être limité par cette réceptivité. Bien ! Mais la modification d'un Ax en Non-A ne peut être le fait que de A lui-même. Mais pourquoi parler ici de « modifier » ? N'est-il pas, au contraire, uniquement question de regarder d'une certaine manière ? Nous sommes, en effet, spectateurs du théâtre de notre esprit. Donc si un Ax est donné dans la réceptivité, alors il limite bien le A substance et, en tant que tel, il est = Non-A ; mais pourtant ce n'est que Ax qui limite, et non point -A, car *une cause considérée comme réelle relève de la philosophie transcendante*.

N. B. Si Ax est donné dans la réceptivité, alors Ax = Non-A *(parce qu'il limite AS)*. Ainsi ce n'est pas pour comprendre les conséquences de la transformation de A en C, que nous avons démontré la nécessité. Était-ce alors pour avoir quelque chose à relier ? Peut-être.

[71] Essais en vue de futurs développements.

A est limité en C. À partir de là, on peut voir si Non-A a plus ou moins d'efficience, mais on ne peut savoir plus. Les limites sont innombrables, et chacune d'elles représente Non-A comme un Non-A particulier. La limitation se fait de diverses manières ; si tel n'était pas le cas, il y aurait *un seul et même C, et non plusieurs*.

Mais au sein du A qui est en C, il peut y avoir également plusieurs déterminations, qui sont limitées ; ce qui nous donnerait une nouvelle différence de Non-A. *Nous verrons*.

Dans chaque mode de limitation, le *Moi* apparaît comme limité différemment. Ceci aussi est exact. Je pourrais, ici, supposer l'opposition et la distinction des limites ; j'obtiendrais alors les catégories et la pensée en sa totalité.

La possibilité pour A d'être limité a des bornes. Car c'est C qui est limité. *La* démonstration n'est pas tout à fait exacte, mais on réussira bien à en trouver une qui le soit.

Les différents manières d'être limité donnent la matière à la réceptivité, et l'unité réside dans le fait que toutes ces manières doivent être, selon la *qualité*, = A. Mais la diversité est-elle en *une* intuition unique ?

Que la diversité soit dans *une* intuition n'a pas à être démontré. *Chaque* intuition est limitée *différemment*.

Supposons qu'il y ait, en Non-A, des éléments ; ce n'est pas la totalité de ces éléments qui limite, mais bien *chaque élément ;* et le A, comme A, intuitionne le tout ; c'est cela le divers. Pour le dire plus précisément :

Non-A1, Non-A2, Non-A3, etc., *limitent*; toutes ces limites sont, selon leur qualité, A. Ainsi, nous obtiendrions bien la diversité et l'unité.

N. B. C'est bien cela. La limite ne naît que par comparaison. En soi, elle n'est rien. Donc, ce qui doit recevoir la forme de A *doit* être *divers*.

[72] Notre objectif est de parvenir à comprendre la nature de la réceptivité.

En C, A est limité par Non-A, comme on l'a démontré précédemment.

Il y a plusieurs C possibles. Chaque limitation différente donne un C différent. Où s'arrête donc C1 et où commence C2 ? Il s'agit à nouveau d'une limite de la limite. Dans la première limitation, A est limité ; dans la deuxième, c'est C qui est limité. Et pourtant C est A. Mais arrêtons-nous ! C1 est une détermination en A ; C2 en est une autre. Quelle est la limite entre C1 et C2 ? Qu'est ce qui fait cette limite ? Jusqu'à présent, nous n'avons fait qu'opposer Non-A à A, mais nous n'avons encore rien distingué à l'intérieur de A ou de Non-A. En A, nous aurions quelque chose de distinguable, par exemple la détermination A1 serait distincte de la détermination A2. 1) Toute chose est limitée par son opposé ; par conséquent, A1 est limité par A2 et réciproquement.

2) Cependant, A1 et A2 sont, selon la qualité, A. Sans quoi, aucune détermination ne serait possible. Donc, une qualité du Moi doit être déterminée en A1, et cette qualité déterminée du Moi doit être en A1.

C1 est limité par C2. C2 est, comme C1, accident de la substance A, et effet de Non-A. Telle est son essence. Mais outre celle-ci, il doit bien y avoir autre chose qui explique qu'il n'est pas C1. De quoi peut-il s'agir ?

1) Ce qu'est A (accident 2) = Non-1.

2) Ce qu'est Non-A (effet 2) = Non-effet 1. Mais il n'en résulte absolument pas que A et Non-A aient une quelconque efficience. S'il n'y a que l'effet 2 = Non-1, alors il y aura nécessairement l'accident 2 de Non-1.

Cependant C2 doit aussi être = C1, ce qui se contredirait si nous ne nous aidions pas, comme précédemment, d'un troisième terme, à savoir la *quantité*. Donc C2 est opposé à C1 du point de vue de la quantité, mais lui est égal du point de vue de la qualité. C2 est lié à C1 par x.

C1 = Non-C2. Il y a des représentations opposées, et nous sommes en mesure à présent de les opposer. C tire sa *qualité* de A et sa *limitation* de Non-A. Ces représentations sont donc opposées :

a) du point de vue de la limitation,

b) du point de vue de la détermination de A en elles.

A est limitation, c'est une limitation opposée. Qu'est-ce que cela signifie ? Cela ne signifie pas que A soit susceptible d'une mesure plus ou moins grande car le fait d'être plus grand ou plus petit ne constitue pas une opposition, mais une différence; et pourtant nous devons trouver une opposition[1].

[73] Le concept ainsi que l'intuition de la quantité doivent être analysés. a) Toute quantité est limitée à ses deux extrémités. b) Toute quantité remplit une certaine quantité avec de la réalité. c) À chaque quantité, je dois en ajouter une autre, ou plus exactement deux autres, à savoir : une quantité plus grande, en laquelle elle est limitée, et une plus petite qui est limitée en elle, qui est sa mesure. C'est dans la quantité inférieure, je crois, que se trouve la différence : le temps n'est étendu qu'en *une* seule dimension, l'espace en toutes. L'opposition se ferait donc entre *l'unité* et la *totalité*. Il convient, dès lors, de développer d'abord le concept et l'intuition de l'extension, comme ce qui est commun au temps et à l'espace.

Que signifie *extension* ? Ce concept ne présuppose-t-il pas l'espace ? Le temps est, certes, pensé comme étendu, mais n'est ce pas parce qu'on y transfère préalablement l'espace ? *Nous verrons*. Le temps, l'espace, ainsi que l'extension qui leur est commune, sont, sans nul doute, des intuitions. Ils ne peuvent être engendrés que par liaison d'intuitions données, l'intuition de la « quantité » et de la « réalité ». Mais malheureusement, jusqu'à présent je n'ai traité de la quantité que comme concept et absolument pas comme intuition. Pense la « quantité ». Tu le peux à partir du principe d'opposition. Si tu penses la quantité, alors tu obtiens l'illimité. x est une partie de cet illimité. Une partie de cet illimité est remplie par la réalité. Aux deux extrémités se trouve la non-réalité. Si tu limites l'illimité de tous côtés, comme si tu le faisais pour un seul, alors tu obtiens chaque fois une extension illimitée à une dimension : le temps. Si tu limites l'illimité en soi, alors tu obtiens l'espace, c'est-à-dire une extension déterminée à 3 dimensions. À cela, il faudrait ajouter *l'unité* et la pluralité. Mais j'ai déjà intégré l'intuition de l'extension dans l'illimité.

Quand la quantité est illimitée, il s'agit alors de la négation de la quantité. La quantité de réalité est la *mesure*. Dès lors, qu'est-ce-que la *quantité de limitation* ? Est-ce à dire que Q et -Q devraient être pensés comme unis en un troisième terme y ? Qu'est ce que y ? y=Q; par conséquent, Q=0, si nous ne pensons, ou n'intuitionnons pas, un troisième terme. Le terme ne saurait être, à nouveau Q. Il faut, donc, comme nous l'avons fait pour A et Non-A accepter un troisième terme, R.

Y est donc=Q (Q+R). Essayons de clarifier tout cela par des mots ! Auparavant, nous ne comprenions la réalité que par la mesure; maintenant,

1. Le temps et l'espace sont provisoirement étudiés. Ce sont des espèces du genre : extension. Oh non, au contraire il s'agit de choses opposées. L'extension est l'espace. Le temps est une extension de ce qui n'est pas dans l'espace.

nous voulons réaliser la mesure par la réalité. Qu'est-ce-que cela signifie? R est =Q, c'est-à-dire que la mesure est réalité=-Q (non mesuré). [74] C'est donc l'intuition de l'extension, *quantitas substantia*, *inquantitas causa*; qu'est ce que cela signifie? Dans la « réalité », se trouve déjà le concept d'intuition. Donc, l'illimité doit être intuitionné! Il s'agit en fait de l'extension. L'extension ne peut être qu'intuitionnée. Tout ce que l'on exige de la philosophie élémentaire, c'est uniquement qu'elle montre l'impossibilité de toute opération de l'esprit humain sans une telle intuition, comme nous l'avons déjà démontré plus haut à propos de la quantité. On doit donc conclure que sans extension, la quantité se contredit!

Si l'extension n'est pas pensée, alors penser la quantité comme réalité se contredit : ceci est à démontrer.

1) Si l'opération de l'esprit humain : C=A=Non-A ne doit pas être contradictoire, alors il faut penser la quantité comme réalité. Et si cette opération elle-même ne doit pas se contredire, alors il faut penser l'extension.

Ad. 1) Que veut donc dire penser Q comme R? Q=R. A=R, par conséquent, Q=A. Q ne peut être = A, si ce n'est par C. Donc, la mesure doit être représentable; elle doit l'être, par l'intermédiaire de C (pensé comme modification de A), ce que l'on a amplement montré plus haut. Le Moi doit se laisser mesurer. Un C doit pouvoir être représenté comme étant *plus* ou *moins* A. *Qu'*il doive en être ainsi est prouvé; qu'en outre, cela requiert de penser Q comme réalité, est clair. En effet, Q est intuitionné dans le Moi. C'est un *Fait* et donc une réalité. Comment est-ce possible, c'est-à-dire pensable? comment doit-on le penser?, c'est là ce que la philosophie élémentaire étudie. (Remarque en passant : il serait bon, dès maintenant, de te faire un concept tout à fait déterminé de ta tâche. Cela faciliterait grandement ton travail et t'épargnerait maintes recherches et vains scrupules. Quoique la présente étude montre le profit qu'on peut tirer de pareils scrupules.) Donc le point 1 *est démontré.*

2. *Le Moi, en C, est plus ou moins intuitionné.* On devrait partir de ce « plus ou moins », mais je crains qu'il n'y ait un cercle, car, sans extension, le « *plus* ou *moins* » ne peut être compris. Pour pouvoir l'analyser, tu devrais donc au préalable y intégrer l'extension; que signifie donc cette expression de « plus ou moins »? Cela ne renvoie évidemment pas à la qualité, mais bien à la quantité. [75] Mais toute quantité n'est-elle pas une intuition? Pourquoi se tourmenter à vouloir démontrer ton droit à intuitionner le Moi?

L'extension est intuition. Ne pourrais-tu pas la ramener à un concept? Car, pour démontrer une contradiction, il faut qu'il y ait des concepts. La quantité est *quelque chose* (c'est un concept), c'est quelque chose de limitable. Aucune quantité n'est la plus grande, car une quantité encore plus grande est toujours possible. Chaque quantité est limitée des deux côtés. Aucune quantité n'est la plus petite, car, en elle, une quantité plus petite est toujours possible. Donc, un inconditionné suppose sans doute la quantité, et cet inconditionné est un illimité (mais est-ce toujours une extension ?). Chaque mesure est un *continuum*, divisible à l'infini. L'extension est une quantité continue [1] *(quantitas continua).*

De même qu'il reste toujours quelque chose en A qui ne parvient pas en C, de même, il reste toujours quelque chose en Q, qui ne parvient pas en C ; et il doit bien en être ainsi. La quantité peut être analysée. Les propositions analytiques sont toutes formées grâce à la proposition de la contradiction et doivent nous conduire à une proposition synthétique. Mais la synthèse, me semble-t-il, est déjà effectuée puisque nous avons accepté ce concept de quantité.

Aucune mesure n'est la plus grande, aucune n'est la plus petite. Chaque grandeur est par conséquent pensée à partir d'une autre, toute grandeur doit être pensée à partir d'une grandeur illimitée. Mais une mesure qui n'est pas mesure, n'est-ce pas contradictoire ? *Nous verrons.* Il s'agirait de la proposition Q=Non-Q, que nous retrouverions de nouveau. Manifestement, nous sommes entraînés vers la proposition Q=Non-Q, laquelle se contredit. Pour la penser sans contradiction, il faut la penser en deux sens différents. Donc, il faut un troisième terme : mais je ne vois rien qui puisse être pensé comme réalité [2]. Peut-être dois-je revenir à C ? Si Q lui-même est pensé comme réalité, alors il est = Non-Q (parce que R=Non-Q). Mais en C, il est opposé à Non-Q.

[76] Ici se révèle à nous une pensée grandiose : Non-A limite QR de tous côtés ; ce n'est que par là que QR peut rester Q. A ne peut, par conséquent, s'intuitionner que dans une dimension, le temps. En revanche, A agrandit et étend Q de tous côtés. Non-A est, par conséquent, intuitionnable dans l'espace (dans toutes les dimensions possibles).

En y, Q=-Q. R=-Q, et réciproquement. La quantité est le contraire de la réalité, et réciproquement. Par conséquent, y=Q (Q+R). En y, Q=R. Q est réalisé lorsqu'il est considéré comme une essence. Mais puisque R est Non-Q, alors, par là, Q=Non-Q. Mais cependant, Q doit rester Q, et il le reste dans la mesure où il conserve sa *continuité*. Donc en Q, la continuité

1. La grandeur pensée comme réalité (et c'est ainsi qu'il nous faut nécessairement la penser, si elle ne doit pas se contredire elle-même) est une extension illimitée. Toute extension est continue. C'est un illimité limitable de tous côtés.

2. La réalité nous renvoie à la quantité. La quantité nous renvoie à la réalité. N'est-ce pas un cercle ? Cette question doit être étudiée avec précision. Dans la philosophie élémentaire, il ne doit plus y avoir de cercle, car sinon nous ne démontrons pas une chose à partir d'une autre ; mais n'aurait-on pas dû à, l'inverse, commencer par la quantité ?

est *essence* et est nécessaire ; en revanche, les limites sont contingentes. Nous avons là, de nouveau, une proposition des plus intéressantes.

Q est référé à A (la continuité) et à Non-A (les limites). Si on enlève Non-A à Q, il ne restera alors que la continuité. Le Moi est continu. Toute substance est continue.

QR est continuité, Q Non-R est limitation. QR (+R) est une continuité illimitée. (La continuité seule donne-t-elle le temps, alors que la continuité, jointe à la notion de ce qui est limitable donnerait l'espace ? Non, car le temps aussi est limitable ; donc cela ne va pas.) Sans doute, l'extension n'est-elle pas seulement intuition de la continuité. L'extension est là où je peux mesurer en tous lieux ; là où est l'extension, je peux mesurer en tous lieux. Puis-je tirer quelque chose de plus de cette notion d'extension ? Puis-je m'en sortir avec le seul concept, sans m'aider de l'intuition ? En fait, je doute que cela soit suffisant pour déduire le temps et l'espace. A n'est pas dans l'espace, seul Non-A l'est. Non-A n'est dans le temps que grâce à A.

Toute grandeur est continue. Mais on dit aussi que chaque grandeur est soit intensive soit extensive. Qu'est-ce-que cela signifie ? Jusqu'à présent, nous n'avons étudié cela que de manière discursive. La grandeur intensive est la réalité (dans l'intuition), et ne concerne en rien le temps ou l'espace. Le temps ou l'espace sont plus ou moins remplis. La grandeur extensive est grandeur de l'extension, c'est-à-dire là où je puis effectuer des mesures. La grandeur intensive est ce avec quoi je puis remplir une extension plus grande. Les deux sont dans un rapport d'action réciproque. Mais restons prudents !

Ces deux grandeurs sont *continues* ; tel est leur genre. Le fait d'être intensive ou extensive constitue leur différence spécifique. C'est cette différence qu'il nous faudra considérer par la suite. Temps et espace sont avant tout les espèces de la grandeur extensive. Mais pas de précipitation ! [77] Toute grandeur est continue. La grandeur intensive ne se laisse absolument pas prédiquer du sujet, mais seulement de l'objet.

En C, Q=Non-Q. La quantité est représentée comme réalité, elle conserve son essence (c'est-à-dire la continuité), mais perd ses *limites, et devient extension illimitée* ; (cela n'apporte rien à notre question qui portait, en fait, sur la possibilité de trouver une opposition à la limitation). A est continu. Que A soit limité en C par Non-A signifie qu'il est, en tant que tel, non-réalité (car R=Non-Q). Sa réalité s'arrête quelque part. Bien. Mais cela ne nous aide en rien.

A, en C, est continu. A, en C, est limité des deux côtés par Non-A. De même en C, A est accident et Non-A, effet. Si A est limité en C, alors Non-A l'est de la même manière. Mais par quoi Non-A doit-il être limité ? Sans doute par A. Ainsi C, en tant qu'effet de Non-A, c'est-à-dire en tant que matière de la représentation, est limité par A. C'est pourquoi la limite est *forme*. C, en tant qu'accident de A, c'est-à-dire en tant que forme de la représentation, est limité par Non-A. Mais alors se pose cette question : de quelle manière A et Non-A limitent-ils ? De la même manière que A limite (activement), Non-A est limité. De la même manière que Non-A limite (activement), A est limité. Or, l'essence de toute limite n'est que *continuité*. Donc forme et matière sont continues en soi. Mais l'espace et le temps ne doivent-ils pas, tous deux, provenir de A ? En fait, seule la *limite déterminée* de l'espace et du temps provient de Non-A. Par conséquent, nous n'avons pas encore atteint notre but.

En C, Q = Non-Q, par l'intermédiaire de R. Je mets en relation R à Q, ainsi Q est illimité. Je mets en relation R à Non-Q. Mais d'abord que signifie Q? Renvoie-t-il à la pure continuité ou bien aux limites déterminées ? R et Non-R sont en Q. R est continuité, Non-R constitue les limites. Si tu soustrais R de Q, il reste les limites, dont le négatif est l'illimitation. Si tu soustrais Non-R de Q, il reste la continuité, dont le négatif est la non-continuité, c'est-à-dire rien. La *quantitas substantia* est une continuité illimitée, la *quantitas accidens* est une continuité limitée par Non-R *(quantitas causa)*. La quantité devrait donc être référée à quelque chose d'autre, qui lui devrait l'existence (ce serait le temps et l'espace, mais ceux-ci ne sont pas possibles sans quantité, alors comment y arriver ? On devrait penser un troisième terme). La *quantitas accidens* est *quantitas effectus*, quand elle est limitée. Par quoi est-elle limitée ? Elle doit l'être par Non-Q – contraire de la *quantitas substantia* – qui, bien que réalité, est réalité opposée, limitation illimitée. Il s'agirait de l'*infiniment petit*, qui ne serait plus continu parce qu'on ne pourrait prendre aucune mesure supplémentaire en lui ; c'est la *monade* (*quantitas monas*). Celle-ci doit être *causa*, [78] c'est-à-dire que l'infiniment petit doit donner quelque chose dont l'existence n'est possible que par lui. Mais de quoi s'agit-il ? De la *quantitas accidens*. La limite est assurément une monade, un *point*. C'est exact ! Le plus petit mode de la continuité est limité par deux *points*, le plus grand par une boule ou un cube, c'est-à-dire par trois dimensions : mais en quoi cela m'aide-t-il ? En rien. Certes, il est exact que la *quantitas substantia* soit extension illimitée, de même qu'il est exact que la *quantitas accidens* soit extension limitée. Il est également exact que la *quantitas effectus* soit les points limites, et que la *quantitas causa accidentis* soit la monade, le point. Mais je ne vois encore ni temps ni espace.

Appliquons cela à nouveau à A. A2 est illimité[1]. A en C est limité ; il a des points limites, qui sont en Non-A. Non-A est le point. Donc Non-A est composé de monades : qu'en découle-t-il ?

Certes, le Moi, selon sa réalité, est pensé comme illimité, comme non étendu ; néanmoins, il est aussi pensé comme point. Mais pourquoi ? C'est parce qu'il est toujours un et un seul, soit, précisément, substance. Cette remarque ne nous est d'aucune utilité, car le temps et l'espace n'interviennent absolument pas pour distinguer Non-A de A, mais bien pour distinguer Non-A de Non-A. Donc C est accident de A et effet de Non-A. C est limité. On a affirmé que Non-A limite C, ou encore que Non-A limite A en C, ce qui revient au même. Cela nous montre que :

1) La limite de C, en tant qu'accident de A, est engendrée par Non-A. Mais C n'est accident de A qu'en tant que ses points limites sont déterminés. C'est la limite qui donne ces points. (Ainsi Non-A donne le point limite, comme on l'a dit plus haut.)

2) Là où il n'y a ni extension ni continuité, Non-A ne peut donner de points limites. Mais Q est étendu de tous côtés. Non-A ne peut, par conséquent, donner des points à tous les côtés. Un espace *limité* est un accident en A.

C, en tant qu'effet de Non-A, est limité par A (chaque chose est [79] limitée par son contraire). Mais, là où il n'y a pas continuité, A ne peut limiter. Non-A ne donne, quant à lui, que des points. Par conséquent, A ne peut limiter Non-A qu'en deux points. La matière remplit l'espace ; l'effet dure. Mais en ce cas, A ne doit rien limiter (c'est-à-dire ne doit pas déterminer les points limites, qui sont contingents). Par suite, Non-A devrait se limiter lui-même, ce qui se contredit. Dire que Non-A est limite de Non-A se contredit aussi. Par conséquent, Non-A est limite de Non-A en C, c'est-à-dire dans la représentation. Mais alors, Non-A dans la représentation devrait être = A. Il l'est, en effet, en tant qu'accident de A. Donc Non-A se limite lui-même comme accident de A.

Mais je pensais que ce serait comme effet, qu'il serait limité. Soit. Il serait ainsi l'effet de son effet en AR. Donc l'effet premier, la matière, est limité dans l'espace, et l'effet second, l'accident, est limité dans le temps. Mais je crains que nous nous soyons élevé par cette notion « d'effet de l'effet » à la puissance 2 ; ce qui veut dire que le temps, en général, n'est nécessaire que pour penser A comme Non-A, c'est-à-dire pour représenter les formes et la matière.

1. Est-il vrai que A soit représenté comme extension illimitée ? N'est-il pas, en fait, l'exact contraire ? Il est représenté comme monade. Cela pourrait donc aussi donner le temps ; car pour trouver le temps, tu dois continuer le point, ainsi naît la ligne, et ensuite Non-A. La matière est représentée comme une extension illimitée. D'où cela vient-il ?

Résultats

1) Si A en C doit être = Non-A, alors il doit être quantité.

2) Si la quantité ne se contredit pas elle-même ni ne contredit l'hypothèse, alors elle doit être pensée comme substance. Mais la quantité comme substance est continuité illimitée ; comme accident, elle est continuité limitable ; comme effet, elle est une continuité effectivement limitée, dont la cause est le point.

3) C, comme effet de Non-A, est limité par Non-A. En effet, chaque continuité illimitée est, comme substance, limitée. Cela donne donc l'espace. Cette représentation de l'espace illimité, et sa limitation par des points au moyen de Non-A, est, eu égard à la possibilité exigée, à admettre nécessairement.

L'espace est donc nécessaire *a priori*. Il est nécessaire *a priori* que l'effet de Non-A soit dans l'espace. Appelons « effet », la matière : chaque matière est une grandeur étendue, continue. Toute matière doit-elle être un corps mathématique ? Comment et pourquoi ? D'où vient le concept de matière, (remplissement de l'espace) ? Devrait-il être tiré du sens externe ?

En C, se trouve un accident de A et un effet de Non-A. Nous avons jusqu'à présent considéré C comme effet de Non-A et développé ses prédicats. Maintenant il nous faut le considérer [80] comme accident de A ; (ainsi, conformément à ce qu'exige Reinhold*, la réceptivité serait expliquée, et on pourrait, dès lors, aborder la spontanéité. Ceci, toujours du point de vue de l'intuition, à savoir de l'intuition interne. La pensée viendra plus tard). Une telle recherche est-elle possible sans que nous ayons besoin de distinguer les objets de l'intuition externe les uns des autres ? C'est ce qu'on va voir.

[DEUXIÈME PARTIE]

La question est toujours de savoir comment il est possible qu'en C, A=Non-A. Jusqu'à présent, seule la première partie est expliquée : C=Non-A. Maintenant, commence la deuxième partie, à savoir C=A. Ensuite viendra la troisième : comment C peut-il être en même temps=A et Non-A ? Au terme de ces trois parties, la recherche sera terminée.

C=AR. Qu'est-ce-que C ? L'accident de A, nous le savons déjà, est =A ; il est limité en C. A est réalité, réalité permanente. Comment A peut-il être limité ? Cela se contredit. On ne peut, ici, se servir de la quantité. Et pourtant si, peut-être...

A est invariablement Non-Q. Mais en C, A=Q. Comment est-ce possible ? C'est pourtant bien là ce que nous avons établi.

A=Non-Q. En C, A=Q. Qu'est ce que Q en C, lorsqu'il est référé à A ? C'est l'illimité lié aux limites. Mais que signifie ici que l'illimitation soit prédicat de A, et plus encore que signifie l'illimitabilité, en laquelle Non-A=A ? Cela signifie qu'une partie de Non-A ne demeure pas A. La quantité de réalité A est déterminée. Rien n'est étendu. Si une partie de Non-A étendu doit parvenir en C (car tout en C est dans l'espace), alors ce doit être comme point. Par conséquent en C, A=le point. *Bravo !* C est strictement=Q. Par conséquent, A en C=Q. Comment est-ce possible sans contredire A ?

Parce que A, en C, = le point. La proposition est entièrement exacte (et confirmée par l'expérience). Mais P=-Q ; et pourtant la matière doit bien être dans la quantité. Par conséquent, cette limite est remplie par des points. Est-ce avec des points continus ou non continus ? C'est avec des points non continus, car la continuité =A. Or, deux points qui indiquent uniquement les limites sans les tracer en continu, constituent [81] le temps[1]. Donc en C, A est dans le temps. *Ce qu'il fallait démontrer. Il est faux, contrairement à ce qu'on dit couramment, que je pense un temps infini.* À l'éternité, nul ne peut penser. On pense seulement à un point, puis, à nouveau, à un autre point, et ainsi de suite; ou pour le dire mieux encore : A n'est susceptible ni de quantité ni d'extension, ni de continuité, etc. Cependant, il doit être limité en C. Par conséquent, il ne reste que ce qui constitue l'essence de la limitation, à savoir deux points *(le temps)*, soit encore : la limitation sans la quantité. Mais arrêtons-nous ! N'as-tu pas voulu donner, il y a un instant, l'intuition de la quantité au « Moi » ? Non-A est susceptible de quantité, par conséquent, A, en C, l'est aussi; ceci reste encore très mystérieux.

L'intensité est composée de quantité de matière, non dans l'espace, mais dans le temps; (l'extension, de quantité de matière dans l'espace). En un temps = Z, 1 ST est, du point de vue de l'intensité, inférieure à 2 ST. ST = ST. R1 (espace 1) est inférieur à R2. C'est exact. Ainsi l'extension est constituée de quantité d'espaces en lesquels se trouve la matière. Plus il y a d'intensité, moins il y a d'extension, et vice versa.

Il reste encore trois questions : 1) La matière apparaît-elle aussi dans le temps ? (Mais, en fait, je crois que cette question appartient à la partie qui traitera de la pensée; en effet, la matière n'est pas intuitionnée dans le temps, elle est seulement pensée.)

2) Qu'est ce que la sensation de la matière ?

3) Qu'est ce que l'intuition interne, l'intuition des formes ? (Pouvons-nous penser les formes de l'intuition simplement en nous élevant à la puissance supérieure ? En ferons-nous de même pour les formes de la pensée[2]?)

La matière est *dans l'espace*. L'intuition a lieu dans le temps; jusqu'à maintenant, ceci semble exact. Mais comment, en C, Non-A = A ? C'est encore de cela dont il est question. Un effet de Non-A dans l'espace est accident de A dans le temps. Comment est-ce possible ? Je crois que l'accident doit redevenir Non-A ! Cela relève de ce qui sera démontré plus loin. Mais supposons, provisoirement, que l'accident = Non-A; par conséquent, le temps = Non-A. Mais *en tant qu'*accident, il a la matière de Non-A absolu, mais non en tant que forme. [82] Par suite, C est représenté comme Non-A, et comporte des formes : forme nouvelle, celle de la pensée, et forme déjà rencontrée, celle de l'intuition. La matière, pour

1. Deux points qui limitent dans l'espace, donc dans la continuité, forment la ligne. Deux points sans continuité forment le temps.

2. Il y a un Non-A1 absolu, un Non-A2 (formes de l'intuition et de la représentation); il y a un Non-A3, etc. Donc A devient, par la relation réciproque, Non-A1, Non-A2, Non-A3, etc. Mais A est A absolu, il reste donc un A et un Non-A absolus.

l'instant, y est absente : elle n'a rien à faire ici. Nous obtenons donc l'intuition *interne*. Mais la forme de l'intuition interne (en tant qu'accident[1]), est-elle forme de la pensée ? Je crois bien. Donc, se donner l'intuition interne signifie *penser*. (Faire que Non-A2 = A signifie penser.) Dès lors, il faut que Non-A1, 2, 3 soient référés les uns aux autres ; et cela nous conduira aux formes de la pensée. Mais où est la sensation ? Elle ne nous intéresse en rien actuellement ; nous la retrouverons bien par la suite. Les Idées, dès lors, proviendraient de A et de Non-A absolus. C'est ainsi que je vois la fin de l'entreprise, avant même que je n'en discerne le commencement.

Comme nous l'avons rappelé plus haut, le temps ne consiste pas en deux points uniques, mais en une ligne continue. AR = Non-Q0 ; donc lorsqu'il doit être relié à la quantité, il est *égal au point mathématique*. Ce point peut être partout à l'intérieur de la limite de C, il est ainsi continué, et décrit une ligne mathématique. Le temps n'est donc pas une *limitation* du *quantum*, mais une extension du *non-quantum*. L'espace serait le négatif du temps (qui, étendu jusqu'à l'inconditionné, est le temps infini) et serait limité en C par Non-A). Dès lors, temps et espace seraient effectivement opposés l'un à l'autre, et il doit bien en être ainsi, si des réalités opposées doivent être intuitionnées en eux. Dans l'espace, une ligne mathématique est, en *quantitas positiva*, limitation de la deuxième dimension. Ceci relève de la philosophie mathématique.

Résultats

C, comme effet de Non-A, est limité dans l'espace ; comme accident de A, il l'est dans le temps.

C, jusqu'à présent, a été déduit comme intuition externe sensible et n'est pas encore = A. Si tu poses que C, comme intuition externe sensible, est = Non-A, alors ce n'est qu'en C2 que cette intuition pourra être égale à l'intuition interne de l'intuition externe (par conséquent C1 = Non-A, mais en C2 = A) ; [83] ce qui se contredit. Nous devons donc avoir recours au troisième terme x ; mais que doit être cet x, une quantité ou une qualité ? C2 est, sans aucun doute, effet de C1, en tant que C1 est Non-A (c'est-à-dire en tant qu'il est matière), et est également accident de A. C2 est bien, en général, effet de C2, en tant qu'il est matière et forme ; (l'intuition externe est intuitionnée). La représentation est représentée.

1. *N. B.* Le principe de contradiction va jusqu'au monde intelligible, mais non les catégories, en raison de leur liaison aux objets. Dans le monde intelligible, nous avons A opposé à Non-A. Dans le monde intelligible, A est absolument une réalité illimitée (quelle perspective pour l'impératif catégorique !) et Non-A est absolument négation, sans relation de réciprocité à A. L'impératif est la réalité en soi.

Que Non-A (= C2) soit = A, en C2, est à démontrer. Comment ? Peut-on le démontrer à partir de la quantité ? C1 aurait donc une certaine quantité que A n'aurait pas. Il s'agirait sans aucun doute du temps. L'intuition interne intègre dans le temps l'intuition externe, laquelle est dans l'espace. Par suite, l'intuition interne pourrait bien être déjà déduite.

Mais en C2, il y a deux parties très hétérogènes, et en elles, beaucoup de choses à distinguer. Oriente-toi d'abord !

C2 est intuition *interne* d'une intuition externe. Dans une intuition de ce genre, on distingue deux choses, à savoir : l'effet de Non-A et l'accident de A. En C2, les deux sont confondues, et dans une autre opération de notre esprit = D, nous les séparerons et représenterons chacune en particulier (peut-être en E et F, comme on le verra). Il nous faut donc, pour l'instant, les séparer. Dans un cas, CA est opposé à C Non-A, dans l'autre CA = C Non-A. Cela signifie qu'elles sont toutes deux différentes. Elles sont = en C1 et opposées en C2 ; (du moins, je le crois). En C1, elles sont égales à elles-mêmes, mais là n'est pas la question.

Procédons de manière discursive : j'intuitionne en premier lieu une modification de mon esprit dans le temps. Cette modification, je dois la référer à une cause située en dehors de moi (qui n'est pas la chose en soi). Quelque chose a donc modifié mon esprit. *Quelque chose* dans l'espace. Ce quelque chose que je pense dans l'espace, est cause ; il s'agit de ce qu'on appelle l'objet[1].

La modification de mon esprit dans le temps (la sensation interne, dont la matière est modification de moi-même) doit être référée à une cause. Cette cause est une sensation externe (laquelle est elle-même à nouveau effet du Non-A absolu). [84] Donc C (= la sensation interne) doit être référé à Non-A comme cause, et à A comme accident.

Non-A est cause, cela signifie qu'il produit C, en vertu de son essence : la limitation. La sensation interne est limitée par la sensation externe, cela signifie qu'elle ne dure que le temps que dure la sensation externe. On doit, par conséquent, trouver une connexion nécessaire entre ces deux sensations (il s'agira bien sûr du rapport de cause à effet).

Il en résulte que : Non-A absolu produit la sensation externe ; la sensation externe Non-A1 produirait la sensation interne ; la sensation interne produirait l'intuition externe, puisque le concept positif de la réalité de A est transféré à Non-A.

Pensons la connexion nécessaire entre sensation interne et externe à partir d'un troisième terme. Soit : la passivité d'un côté, l'activité de

1. Ce type de connaissance est utilisé par les sciences appliquées : par exemple, la géométrie, la biologie, la médecine. Pour l'histoire, il n'en est pas de même. Une connaissance théorique s'appelle doctrine, doctrine fondamentale, connaissance fondamentale.

l'autre; la sensation interne est *passivité*, réceptivité, affectabilité. Par rapport à elle, la sensation externe a *l'activité*. La passivité de la sensation interne a une *durée ;* donc, de la même manière, l'activité de la sensation externe a une durée. Proposition : la sensation externe, en tant qu'elle est activité, est intuitionnée dans le temps. Chaque sensation a une extension.

C2, la sensation interne, est accident de AR, c'est-à-dire qu'en elle, AR est provisoirement limité dans le temps. AR transfère sur Non-A sa propre réalité, qui est toutefois limitée, à savoir, limitée dans l'espace. La matière dans l'espace est une réalité limitée. Ceci est déduit.

C est accident de A absolu; donc, il est, en tant que tel, réalité, mais réalité limitée. La sensation externe ne se limite pas elle-même (elle n'a pas d'auto-activité), mais elle *est* limitée (par Non-A-absolu, pensé comme cause). Mais Non-A limite dans l'espace. Donc, Non-A réalise la sensation externe en lui transférant sa réalité. La matière dans l'espace, considérée comme accident, est intuitionnée par A absolu. Ce n'est pas encore vraiment clair. Peut-être le concept de l'intuition a-t-il été conclu trop précipitamment ? Comment tout cela peut-il être possible, si C n'est pas du tout accident de A absolu, mais seulement accident de l'intuition interne ? *Orientons-nous.*

La sensation interne (=C2) est une passivité =Non-A : elle doit-être égale à A en C3. Qu'est ce que C3 ?

C2 est cause de C3. C3 est effet de C2, par conséquent il est limité par C2. L'activité est limitée par la passivité. C doit par conséquent être *activité.*

[85] Oh ! C'est tout à fait admirable ! Et en retour, C2 limite à nouveau C1 comme activité. Donc, en C3, A=Non-A, les deux sont activités en C.

Triomphe, triomphe ! C'était tellement simple à trouver.

C3 est donc activité, efficience de A absolu, laquelle est limitée par la passivité[1]. Elle peut être limitée pour un *temps* plus ou moins long; elle peut être limitée de manière plus ou moins intensive[2]. C3=activité limitée : 1) de A, 2) de Non-A.

Ce n'est que maintenant que nous arrivons à l'action réciproque. Jusqu'à maintenant A et Non-A ne pouvaient pas encore être mis en relation.

(Non-A absolu n'est pas dans l'espace; seul Non-A, c'est-à-dire la matière, l'est.)

1. Ce n'est que maintenant que nous arrivons aux intuitions. Jusqu'à présent, il n'y avait que la sensation. Ce n'est qu'en C3 que l'égalité commence.

2. L'Idée apparaîtrait lorsque la spontanéité se limite elle-même. Liberté et loi de la liberté.

Résultats de ce qui précède.

C (=effet de Non-A absolu) n'est pas égal à A : matière.

C1 (=l'effet de C) n'est pas égal à A : *sensation externe*.

C2 (=l'effet de C1), sensation *interne*=passivité.

C3 (=l'effet de C2) : limitation d'une activité A=Non-A; limitation d'une activité Non-A.

Qu'est-ce donc que C3 ? La limitation d'une activité en A. Par conséquent, A est actif, il est cause. C3 est effet et en même temps accident. Mais cette activité (et non sa durée ou son extension, mais bien cette activité en soi) est limitée. Une activité est limitée, du fait qu'elle n'est pas aussi active qu'elle aurait pu l'être, du fait que, dans un même temps, elle n'a pas la même quantité d'effet que l'effet proprement dit. C'est encore assez obscur; mais moins qu'il n'y paraît, car il y a la catégorie de la « force »; *la* « force » est le x, en lequel tout se réunit. Passivité et activité réunies donnent la force, mais comment ? La force n'est pas une quantité, mais peut-être est-ce une quantité de quantité ? La force est peut-être un accident (il en est effectivement ainsi). La force est *la faculté des choses à être cause, et la faculté de produire un effet*. Mais justement qu'est-ce que la faculté ? L'accident, je crois, [86] l'indique. Une réalité peut avoir l'activité comme accident; l'activité peut être considérée comme accident d'une chose, cela signifie que *cette chose a de la force*. La force de la chose est limitée, c'est-à-dire que cette force peut être nulle, plus grande ou moins grande. Mais comment s'effectue la mesure de la force ? La mesure de la force n'est ni le temps, ni l'espace, et est cependant composée des deux. Plus l'effet remplit l'espace, en un temps court, plus il y a de force; moins il remplit d'espace en un temps plus long, moins il y a de force. La force serait, par conséquent, limitée de deux manières : d'une part, par l'extension du temps dans un même espace (alors la force est plus faible), d'autre part, par la diminution de l'espace dans un même temps. Mais on peut penser à un troisième terme, c'est-à-dire penser que peuvent être données une mesure-temps et une mesure-espace : l'effet1 remplit davantage d'espace, l'effet2 remplit moins d'espace. Donc, l'effet1 n'avait-il pas une force plus grande ? Que signifie cependant remplir plus ou moins d'espace ? Ne peut-on rien trouver d'intéressant ici ? Lorsque je compresse une matière (par exemple, une quantité d'air dans une pompe à air) dans un espace plus restreint, cet espace est-il, pour autant, plus rempli ? L'affirmer, n'est-ce-pas aller à l'encontre de l'impénétrabilité de la matière et du vide de l'espace ? Toutes les expériences infirment la thèse d'un espace plus rempli, mais comment comprendre l'influence qu'exerce la pompe à air ? On dit, dans ce cas, que dans l'espace (comme espace), l'air est plus dense; mais cela signifie-t-il qu'il y avait des particules matérielles dans l'espace qui ne se retrouveraient pas dans l'air? Pareil cas n'est évidemment pas possible. Mais ne faudrait-il pas démontrer cette impossibilité?

C2 limite, selon la manière indiquée plus haut, l'activité C3 – la force A–, soit en augmentant le temps en un même espace, soit en incluant l'espace en un même temps; ou plus exactement, il limite A dans le temps; c'est-à-dire que l'activité A consiste à résister à l'influence de Non-A : mais elle ne peut lui résister qu'aussi longtemps qu'elle dure. La durée de réaction A est, par conséquent, limitée par les limites de la durée de l'effet Non-A.

A agit sur Non-A et Non-A agit sur A. Ils se trouvent donc dans un rapport d'action réciproque, ils sont en réaction l'un à l'autre. Mais dire cela ne nous aide en rien. Analysons plutôt l'influence de A sur Non-A.

A est limité par Non-A en C3, et limite en retour Non-A en C3. C3 est une passivité A. Dès lors, comment A agit-il sur lui-même? Il se transforme nécessairement en réalité (parce que A est réalité, et donc un de ses accidents doit l'être également.)

[87] Mais il reste encore une question; comment la force A peut-elle transformer sa passivité en réalité? Cela devrait avoir lieu dans une autre représentation, qui succéderait à la première. Mais oui, c'est cela! C3 doit être référé à C, comme accident (il est, par conséquent, réalité), et également comme effet (et, en tant que tel, il est produit par l'activité de C). L'objet de la sensation interne, l'affection du sujet a donc de la réalité, et par suite sa cause aussi. Sa cause est matière dans l'espace, matière qui remplit l'espace. L'activité Non-A indique une réalité, et cette réalité est la matière dans l'espace. Par conséquent, *activité et passivité* sont déduites; *la matière dans l'espace*, la matière de la sensation externe, le sont également. Dès lors, il ne resterait qu'à déduire la matière de la sensation interne pour ensuite ordonner tout ceci, qui demeure encore passablement confus.

Récapitulation

A = Non-A en C.

C est effet de Non-A et accident de A. Par Non-A, la quantité de l'accident A est limitée dans le temps, et la quantité de l'effet Non-A l'est dans l'espace. Non-A, en tant que tel, ne limite pas.

Non-A ne peut rien effectuer directement en A. Ainsi C, accident de A, n'est pas produit par Non-A.

Soit Ay, Cx et Non-A. Non-A agit seulement dans l'espace, donc E1 (Non-A) est dans l'espace. A n'est pas dans l'espace. Par suite, E1 produit E dans le temps (E2). Donc C, comme effet de Non-A, doit être déterminé dans le temps et l'espace. Non-A (ou du moins E1) a de l'activité, puisqu'il est cause. Si quelque chose doit être produit en A par cette cause, alors A doit pâtir. Mais A comme substance ne pâtit pas. Passivité, réceptivité sont donc accidents de A. La passivité limite une activité. A a, par conséquent, de l'activité. Cette activité détermine en retour Ef en Non-A. À proprement parler, l'activité ne limite pas, elle transfère. Ce qui peut limiter cette activité doit avoir de l'auto-activité, c'est-à-dire de l'activité, donc doit avoir de la réalité, et, à la vérité, de la réalité dans l'espace, puisque il s'agit de Non-A. Cette réalisation s'appelle l'intuition, très précisément, l'intuition interne.

L'interaction A et Non-A s'effectue de la manière suivante : Non-A détruit en A. A réalise en Non-A. Il transfère donc sa propre réalité à ce dernier. Cette réalisation de la matière dans l'espace ne se produit cependant que médiatement. Au préalable, A réalise encore quelque chose, à savoir son intuition interne, c'est-à-dire la limitation de son activité dans le temps. La durée de cette activité n'est pas déterminée par A, mais par Non-A. [88] De quoi s'agit-il ? Il ne peut s'agir de l'*intensité*, comme on l'a expliqué plus haut ; et pourtant, il pourrait quand même bien s'agir de cela. Admettons qu'il s'agisse de l'intensité. L'intensité de la sensation a bien sa place ici. Mais où est la mesure ? Pour l'espace, tu avais l'espace infini ; pour le temps, le temps infini… Mais qu'as-tu pour mesurer la passivité ? Je crois *que j'ai la force*. La force *illimitée* est en AR. Cette force est plus ou moins limitée dans la sensation interne. Plus A doit employer de force pour résister à l'influence, plus il y a de passivité, moins A doit employer de force, moins il y a de passivité. La force A est, certes, active, car ce qui est limité par une passivité, est actif ; (seule la mesure de la force qui est limitée, doit être prise en compte ici). Donc, plus il y a de force en jeu, plus il y a de passivité. Mais cette force est à évaluer d'après la quantité de son activité. Donc, nous devons disposer d'une mesure pour l'activité et non d'une mesure de la force au repos, laquelle n'est évidemment pas mesurable. Non-A est actif comme accident (cela au moins est sûr). Il peut, en un seul et même temps, être plus ou moins actif. De plus, il doit y avoir une mesure qui est transférée à la passivité, à la limitation de l'activité. Une telle mesure, dès lors, doit se trouver en A et non pas en Non-A. Mais A n'est susceptible d'aucune quantité, il est illimitable (par Non-A). *Par conséquent, A se mesure lui-même*. Telle serait assurément l'auto-activité. Cependant, comme on le sait déjà, les limites de cette mesure ne sont nullement déterminées par l'auto-activité, mais bien par la passivité. Donc, il ne reste que la mesure qui ne serait ni le temps ni l'espace. Sa réalité est l'être, l'existence ; une mesure de l'être peut-elle se trouver ? Celui-ci est-il susceptible de plus ou de moins ? Tournons-nous vers l'imagination.

Celle-ci n'est-elle pas quelque chose de telle? La représentation de l'être (à savoir, la représentation empirique) peut être plus ou moins faible ou plus ou moins forte; mais ici, il devrait y avoir, au préalable, une première représentation. En effet, le Moi détermine son propre être. Telle est, en effet, sa caractéristique : il est par lui-même, par sa propre force; plus de force, plus d'être; moins de force, moins d'être. Ce qui signifie: déterminer son être par sa force propre (se déterminer pour soi-même). Mais ici, il nous faut distinguer celui qui détermine et celui qui est déterminé. Le premier est le Moi absolu, le second, le Moi accident. La force du Moi absolu consiste à déterminer son propre être, à produire un accident en lequel cet être soit. Une telle force est bien l'imagination. [89] L'essence absolue est bien une essence qui représente de cette manière [1].

Procédons de manière discursive : qu'est ce que l'imagination pure? Le sujet détermine son propre être dans un accident de sa propre imagination. Se pose donc la question de ce que veut dire déterminer. Le sujet est actif, auto-actif; il est autonome, il a donc une force. Le sujet est pour soi, par son être; il est lui-même cause et effet de son être. Ce qui advient, advient par un être actif; cet être actif est cause de l'être dont il est également effet; cette action signifie se présenter soi-même, se poser soi-même dans l'existence, et la force signifie la force *de présentation.*

Ne pourrait-on pas encore clarifier ce point? Dans la conscience, A est posé comme existant. Par ce poser, le Moi est cause mais il est également effet de son être car s'il ne l'était pas, il ne pourrait se poser; ce qui signifie que le Moi se pose comme Moi; c'est ce qu'on appelle la « présentation » *[Darstellung].* J'aimerais utiliser un autre mot, par exemple le mot position *[Darsetzung].* De toute façon, c'est le *Dar*, qui traduit ce dont il est question. Bien.

La force de présentation [2] n'est-elle pas une faculté? Je ne vois pas pourquoi je ne pourrais pas parler de force ici aussi puisque j'ai déjà démontré A comme substance.

Maintenant passons à l'application. C3, la sensation interne, est une passivité qui limite une activité et qui est limitée par une activité. La présentation consiste à représenter *son Moi*; cette activité est limitée; de là

1. Je ne parviendrais pas au véritable représenter avant d'être arrivé à la spontanéité de l'imagination; c'est en effet, cette force qui, dans l'âme, unit A et Non-A. Avec cette force, tout deviendra plus évident : je crois qu'il n'y a plus qu'un pas à faire. Mais comment ai-je pu poser ensemble le temps et l'espace sans avoir évoqué l'imagination? Je crois que je les ai posés de manière purement logique, car pour penser la quantité, contraint que j'étais par le principe de contradiction, je n'avais pas besoin de l'imagination.

2. Au lieu du don de présentation, on a besoin du don d'exposition. Le philosophe analyse, expose; le poète, le peintre, le sculpteur présentent les produits de leur propre imagination *[Phantasie]*, leurs créations.

naît la sensation interne de cette limitation. [90] Le Moi se présente lui-même dans cette limitation. Dès lors, l'activité qu'il limite est représentée dans le temps, et la cause est représentée comme réalité dans l'espace.

Le fil serait bien noué : mais il n'est que peu débrouillé ! La position du Moi s'appelle présentation, la position du Non-Moi, comme réel, s'appelle *représentation*. Tout ce qui parviendrait à la conscience empirique serait représentation ; la présentation n'advient jamais à la conscience empirique ; mais pourtant, elle seule constitue la conscience pure.

Cependant l'activité, qui est limitée dans la sensation interne, n'est que la faculté de représentation et non la faculté de présentation. Comment la faculté de représentation est-elle limitée ? Elle l'est dans le temps et dans l'espace, et, en plus, en quelque chose que je ne connais pas encore.

À présent, la faculté de représentation est, elle-même, une limitation de la faculté de présentation. Elle n'est pas une espèce de celle-ci, mais bien son exact contraire. (Mais, nous n'avons toujours pas A=Non-A !) La présentation est position du Moi ; la représentation est position du Non-Moi. La méthode de *position* est semblable. L'objet est différent. Donc, essayons ceci :

Soit A, la force présentante, =Non-A (la faculté de représentation en C)[1]. C est certainement le concept ; mais cela fait problème. C=A et=Non-A. Il est différent de A et de Non-A, il leur est rattaché par certains aspects, mais par d'autres, il ne l'est pas. Puis-je dire qu'il est, en quelque sorte, un effet de la faculté de représentation et un accident de la force représentante ; une limitation ? La faculté de représentation se pose donc elle-même des limites, en lesquelles la faculté de présentation est limitée en vue de la représentation. Ce serait donc le concept ou plutôt les concepts qui limiteraient l'expression de la force présentante dans la représentation. C'est tout à fait exact. Le concept est bien quelque chose de tel. Grâce à la *limitation*, j'avance donc vraiment admirablement. A est posé par lui même comme réalité ; Non-A est posé comme réalité par A. D'un côté, l'auto-activité, de l'autre, la dépendance. [91] A est cause de sa propre *existence*. Non-A est effet. D'un côté, la cause, de l'autre, l'effet.

1) Il nous faut poursuivre la démonstration jusqu'à ce que l'on soit conduit à la conscience. Nous devons montrer comment A peut être conscient d'un Non-A ; ce serait la doctrine de la relation inconditionnée. Je conseille d'abord de l'étudier entièrement avant de continuer.

2) Il faut montrer comment A peut être conscient d'un Non-A différent ; ce serait la doctrine de la relation conditionnée, doctrine qui pourrait aisément se diviser en plusieurs parties.

1. C'est la proposition la plus importante.

Je me pose existant, donc j'existe : la proposition est identique. « *Pono me existentem, ergo existo.* » Il ne s'agit pas du *cogito ergo sum* *. Kant se contente de référer plusieurs Non-Moi les uns aux autres. *Moi*, je réfère le Non-Moi absolu au Moi absolu **. En fait, le Moi absolu n'est envisagé que dans la philosophie morale. Tout ceci nous conduirait à une doctrine de la relation transcendantale (inconditionnée) et de la relation conditionnée.

Reprenons à partir du début

Il me vient à l'idée que je pourrais tester tout ceci par des propositions analytiques, jusqu'à ce que je sois poussé vers la proposition synthétique.

1) Principe de toute la doctrine de l'essence : le Moi est donné pour le Moi [1], comme réalité [2]. Tel est le fait de la conscience et le cercle dont on ne peut sortir.

2) Principe de la doctrine de l'essence de la relation. Dans le Moi, le Moi est opposé au Non-Moi.

Propositions analytiques

[92] 1. Le Moi est posé dans le Moi par lui-même. Le Non-Moi n'est pas posé par lui-même, mais par le Moi.

2. Pour le Moi, le Moi est réalité. Pour le Moi, le Non-Moi est négation. Qu'est-ce que cela signifie ? Le Moi et le Non-Moi sont posés, mais tous deux ne le sont pas par *eux-mêmes*.

Dans le Moi, le Moi est opposé au Non-Moi. Il faut distinguer ici le Moi lui-même (le « Moi en lequel ») du « Moi qui est posé ». Le Moi « en lequel » est posé comme réalité ; le « Moi qui est posé » l'est aussi. Le « Moi qui est posé » *est* réalité. Le Non-Moi n'est pas en soi, mais seulement dans le Moi, et il l'est comme opposé au Moi. Il en résulte ceci :

Thèse : Dans le Moi, le Moi est opposé au Non-Moi. Distinguons le « *Moi en lequel* » *du* « *Moi qui* est posé ». Le Moi est posé dans le Moi comme « étant » : donc il *est* par et grâce à cette position. Le Non-Moi lui est opposé ; par conséquent, il est le « Non-étant » ; il est uniquement dans le Moi, mais comme opposé au Moi [3].

Le Moi est en soi. Le Non-Moi n'est pas en soi.
Le Moi est par lui-même. Le Non-Moi n'est pas par lui-même.

1. Le Moi est dans le Moi.
2. Le Moi est le Moi, etc.
3. A est, Non-A n'est pas. En revanche, A est en A et Non-A est en A, ce qui se contredit.

Les deux propositions contradictoires sont les suivantes :

1) Le Non-Moi est. 2) Le Non-Moi n'est pas.

1) L'action par laquelle le Moi pose le Moi est également celle par laquelle il pose le Non-Moi.

2) Mais il pose le Moi comme réalité, le Non-Moi seulement comme négation ; il pose l'un comme être posé, l'autre comme être opposé.

Le Moi se pose lui-même comme existant, il existe par cette position. Il est auto-actif.

Il pose le Non-Moi.

A est posé. Non-A est également posé en A. Il doit donc y avoir quelque chose en A où A et Non-A sont égaux. Nous décidons de le nommer x et d'étudier la nature de cet x [1].

[93] Procédons analytiquement :

x n'est pas = A. x n'est pas opposé à A, sinon il serait Non-A. Il n'est pas = Non-A, il n'est pas opposé à Non-A. C'est ce qu'on appelle *différent* ; x est différent de A et de Non-A.

A est réalité. x n'est pas réalité. Non-A est négation, x n'est pas négation. Par conséquent, x est, à la fois, réalité et négation. Mais réalité et négation se suppriment ; dès lors, x serait = 0.

Ainsi, A et Non-A sont égaux en 0, mais x ne doit pas être = 0, mais doit être quelque chose en A, dans lequel A = Non-A. Par suite, il n'est pas = 0.

Cette contradiction ne se laisse surmonter qu'à partir d'un troisième terme (qui doit être la quantité. Mais d'où la sors-tu ?). En x, il y a un = A et un = Non-A, et cependant, x n'est pas = 0. Le troisième terme devrait donc être tel qu'il n'y ait pas contradiction [2].

Une seule chose peut nous sauver de cette contradiction, c'est la quantité. Mais j'aimerais connaître d'une manière déterminée l'expérimentation grâce à laquelle tu comptes faire apparaître la quantité. En fait, le concept a été donné d'une manière exacte, à savoir x = A et Non-A, et non pas = 0. C'est le concept de quantité, non pas l'intuition, mais bien le *concept*.

Donc en x, il y a plus ou moins A, comme il y a plus ou moins Non-A, et ainsi x n'est pas = 0.

De plus, une partie de x (du fait que A et Non-A se suppriment réciproquement) est égale, non pas à A en totalité ou à Non-A en totalité, mais à une partie de A et de Non-A. Donc x n'est pas = A, n'est pas = Non-A, mais est seulement égal à une partie de A et à une partie de Non-A.

1. Étude de x, de manière analytique et négative, par la comparaison de A et Non-A. Différence.

2. x, d'après l'hypothèse, est nécessairement supérieur à 0.

Par suite, x est *limité* ; il l'est par A et Non-A.

Posons x = x du point de vue de la quantité : si en x, A est inférieur à Non-A, alors Non-A est supérieur à A, et réciproquement. A et Non-A se limitent réciproquement en x. Cela signifie que pour savoir quelle est la quantité de A en x, je dois comparer x à Non-A; de même pour savoir quelle est la quantité de Non-A en x, je dois comparer x à A. Mais A est réalité, Non-A négation. Mais si, de surcroît, x n'est pas = à 0 (ni inférieur), est-il alors = à Non-A ? Mais x, selon l'hypothèse, est nécessairement supérieur à 0. Dès lors, x = une partie de A; (mais A est purement et simplement réalité et n'est pas limité; il est par conséquent indivisible. Et pourtant x, qui est = à une partie de A, est limité). [94] A est posé par lui-même, est toujours égal à lui-même et uniquement à lui-même. A est posé par lui-même et est égal à lui-même. x, du point de vue de ce qu'il est, de par sa réalité, doit nécessairement être égal à cet A. Ainsi, comment x peut-il être selon la réalité ?

A est ce qu'il est, par lui-même, il est ce qu'il est. x n'est quelque chose que par son accord à A, et il n'est rien en dehors de lui. Ainsi, x est réel et ne l'est qu'en tant qu'il s'accorde à A, selon son essence. Il n'est réel que dans sa relation à A (de fait, la relation concerne ici la réalité). Mais A n'est ce qu'il est que par lui-même; il est, pour x, la condition permanente (condition, non de l'être posé comme 0 ou comme inférieur à 0, mais bien condition de la réalité positive).

x n'est en général *quelque chose* (réalité positive, être *posé*), qu'en tant qu'il s'accorde à A (sans A, il est 0 ou inférieur à 0). Mais A est ce qu'il est en soi. Non-A, en relation à x, est la condition nécessaire de l'être réel de x (telle est la dépendance essentielle). Il est le posé ; le x *posable* est, du point de vue de l'essence, A ; mais, d'un autre point de vue, il n'est pas A, car il est limité. Considéré en soi-même, abstraction faite de sa relation à A, son essence réside alors dans la limitation. Or, A n'est limité que par Non-A; donc, son existence, comme x, est nécessairement à référer à Non-A. C'est ce qu'on appelle dépendance de l'être. Non-A est sa cause et x est effet de Non-A. *x est donc le posable* de A et l'effet de B.

Mais cela dit, nous n'avons toujours pas en x, A = Non-A. x est bien lui-même = A, mais en tant que tel, il est opposé à Non-A.

Soit *A*, *x*, *B*.

Distinguons en x, un A2 (son essence) et un Non-A2 (ses limites).

A2 est limité. Non-A2 est égal à la limite.

D'un point de vue analytique, *que sont ces limites ?* Qu'est ce que la quantité ? x = A, A n'est pas 0, par conséquent A1 est supérieur à Non-A1. A2 est supérieur à A1, etc. Chaque quantité peut être plus grande ou plus petite. *Chaque grandeur* est *continue*.

La grandeur réalisée donne assurément l'espace infini. Appliquée à Non-A, ce serait bien le cas.

La grandeur niée donne assurément le point. Appliquée à A, ce serait bien le cas ; mais prouve maintenant que tu dois bien l'appliquer ainsi.

[95] Lions la grandeur à la réalité absolue. La réalité est ce qu'elle est, par elle-même, elle ne peut ni augmenter ni diminuer ; elle ne peut être mesurée ; elle est ce qu'elle est. Comparée à la réalité, la grandeur est un point. Mais aucune grandeur n'est le point [1].

Lions la grandeur à la négation absolue ; nous obtenons alors l'exact contraire, à savoir un continu infini sans limites. Si tu limites la grandeur par la négation, alors tu obtiens un continu limité par des points.

A2 doit être limité. Mais A n'est nullement susceptible de limite, car il n'a aucune quantité. Il est un point.

Non-A2 limite A2. Non-A comme négation est pensé dans l'espace, ses limites sont alors des points. Il limite par des points. Tout cela est à étudier encore plus précisément.

Certes, j'aurais pu le démontrer à partir de l'intuition dans l'espace et le temps ; j'aurais pu démontrer que l'intuition, dans l'espace, est limitation d'une étendue infinie et qu'en revanche, dans le temps, elle est extension d'un infiniment petit, à savoir le point. Que devons-nous prendre comme exemples [2] ?

On a déjà montré ceci [3] :

x est le posable de son posé, A, et effet de sa cause, à savoir Non-A, en ce qu'il est limité par elle. Distinguons en x l'essence = a, de ses limites, Non-a (effet de Non-A absolu).

Non-a limite a, par conséquent, a limite en retour Non-a. Là où est a, ne peut être Non-a. Cela signifie que Non-a repousse la limite 2a. Si tu penses a et Non-a en mouvement, alors a repoussera Non-a et en retour, Non-a repoussera a.

De quel type de limite s'agit-il ? Provisoirement, a repousse Non-a. Mais vers où ? Où est Non-a ? Je crois que Non-a est dans l'espace ; a limiterait donc Non-a dans l'espace. [96] Non-a devient limité en deux endroits par a ; ce qui ramène l'espace illimité à deux côtés, mais ne donne encore aucun espace en lequel Non-a serait compris ; aussi, il semble bien que tu sois encore au niveau de l'intuition *interne*. L'intuition externe donne

1. Si nous réalisons la grandeur, alors nous avons l'extension infinie. Si nous la nions, nous avons le point. Néanmoins, je pense que la limitation est le point et, en ce cas, l'extension du point (du temps) serait la grandeur négative.

2. Faut-il prendre ces exemples au sein des démonstrations de l'école, opposées à la conscience commune ? Il n'y pas de règles établies ici.

3. x est effectivement déjà la représentation.

d'abord un espace. Cela ne marche toujours pas ! Inversement, Non-a repousse a. Mais nous n'avons partout qu'une seule limite. Chaque quantité a deux extrémités, car il y existe toujours une plus grande quantité qui lui est supérieure, ainsi qu'une plus petite. Pour autant, nous n'avons pas encore le concept de limitation.

Chaque grandeur est limitée des deux côtés, car chacune a une grandeur plus grande, qui lui est supérieure, et une plus petite, qui lui est inférieure ; elle doit être distinguée de ces deux grandeurs. Par conséquent, x doit être limité des deux côtés. Non-a détermine les deux limites ; ainsi, nous pouvons limiter en Non-a.

Non-a limite a, et a limite Non-a ; jusque-là, c'est exact.

A limite l'influence de Non-a dans le temps.

Représentation de la passivité : x accident de a ; passivité dans le temps comme affection du sens interne. x est effet de Non-a et est dans le temps.

Matière, ou matière qui affecte.

Les deux extrémités seraient donc sensation externe.

Poursuivons jusqu'à la représentation : nous n'avons pas encore trouvé un bon moyen d'enchaîner le tout. Pour le moment, il nous faut, à partir de l'accident et de l'effet, développer ce que nous pouvons. Un accident de A ne peut être qu'une représentation ; un effet de Non-A ne peut être qu'une passivité. Ainsi nous nous approchons du but.

x est accident de A et effet de Non-A. Cela signifie que certaines choses en x sont en rapport d'action réciproque. Par conséquent, en x, A et Non-A sont en rapport d'action réciproque. L'essence de A consiste à réaliser quelque chose par lui-même. Donc A devrait réaliser quelque chose en Non-A, mais l'essence de Non-A consiste à supprimer et à détruire quelque chose. Non-A devrait donc détruire quelque chose en A. [97] A (en x) doit réaliser Non-a (en x), et Non-a doit détruire a, ce qui se contredit. Par conséquent, on admet un troisième terme : y. y = a et Non-a, mais il n'est pas = 0. Qu'est-ce-que y ? Si y doit être supérieur à 0, alors il doit être = a, il doit être une partie de a, mais non pas accident de a, car a n'est pas accident. Qui sait s'il n'est pas accident d'accident (un posable de la représentation). Non-a est effet de Non-A. Pose Non-A2. En y, il est effet de cet effet et accident[1].

Ceci est exact : je dispose donc maintenant de quelque chose de plus, à savoir la *réalisation* et la *destruction*.

Par suite :

En x, a réalise Non-a : Non-a détruit a, ce qui se contredit. Par conséquent, posons y = a et Non-a. Qu'est ce que y ? y est égal à un effet de a

1. y serait peut-être la sensation en général.

et à un effet de Non-a, puisque a et Non-a sont en rapport d'action réciproque; x est limitation.

Continuons à philosopher, même si ces analyses restent provisoires. x est la *représentation* elle-même. Ainsi A a d'abord une représentation de son état ou de son accident. Il s'agit d'un accident parce qu'il se trouve dans le temps, et parce que, par l'intermédiaire du temps, il est référé à Non-A, comme cause. Mais où se trouve la matière et où se trouve l'image? Deux voies s'ouvrent ici, l'une à partir de A, l'autre à partir de Non-A. Je conseille de les emprunter toutes deux, de manière purement discursive, jusqu'à ce que l'une et l'autre se rencontrent quelque part.

Donc x est accident de A; son essence ne lui vient que de A.

L'essence du Moi consiste en une réalisation. A devrait donc réaliser en x quelque chose de Non-a. Il ne s'agirait donc pas de présentation, mais de représentation. En présentant, le Moi se présente par sa propre force; or, se présenter soi même, Non-A (la négation) ne le peut.

Ce qui doit se représenter doit donc être déterminé. L'influence de Non-A est limitée en x, et ainsi x est lui-même limité. À partir de là, il est peut-être possible de réaliser le temps et l'espace. Mais je ne puis absolument pas le prétendre, sans au préalable déduire l'imagination. Puis-je déduire le temps et l'espace sans l'imagination? Peut-être, mais il me faudrait d'abord démontrer la nécessité de cette déduction.

[98] En x, a = Non-a est égal à un y.

x est limitation : y devrait donc être une espèce particulière de limitation (espace, temps, point).

y = est à la fois effet de a et de Non-a. Ainsi a limiterait, en y, l'influence de la matière dans le temps, et Non-a limiterait l'influence de a dans l'espace. Ainsi exprimé, c'est exact. L'effet de a (l'intuition) est limité dans l'espace, et l'effet de Non-a (la sensation) est limité dans le temps.

Dès lors, il ne nous reste plus qu'à aborder cette question : qu'est ce que l'effet de A et de Non-A? Le A réalise un Non-A dans l'espace (il se représente, grâce à son essence positive et posante). Le Non-A nie quelque chose en A. L'essence de A est activité, son contraire, passivité. Non-A fait donc pâtir A. Mais, comment l'*intuition* d'une matière dans l'espace naît-elle de cette passivité? N'est-ce pas là la question la plus difficile à résoudre? Répondre à cette question serait assurément l'œuvre la plus méritoire de la philosophie élémentaire. Le Moi se pose lui-même, comme étant, et est, par là, auto-actif. Il a la force de présentation, ce qui signifie qu'il peut faire être quelque chose de par sa force propre.

Cela se passe à peu près ainsi : *l'Être que le Moi abstrait de lui-même, il le transfère au Non-Moi*; ce qui, en raison de l'opposition de A et de Non-A, est plausible. La force de présentation en A est = elle-même (A est établi). Cette force doit être limitée en x, ce qui serait contradictoire si elle n'était pas transférée à quelque chose d'autre, c'est-à-dire (étant donné que rien d'autre n'est posé) à Non-A. L'homme projette toujours *hors de lui* tout ce qui est étranger à son Moi, comme l'expérience le montre; par exemple, le malade fiévreux, etc.

Cela dit, il nous faut encore expliquer l'acte de transférer, ce qui nous conduira sans doute au concept.

L'essence originaire du Moi consiste à se présenter lui-même. Tel est son *pouvoir propre*. Il transfère cet acte de présenter à Non-A, ce qui n'est nullement imposé par son essence (car son essence consiste uniquement à se référer à lui-même), mais est commandé par la nécessité de la synthèse.

1) S'il doit y avoir une synthèse, alors il faut démontrer la nécessité de ce transfert.

2) Il faut expliquer la nature de ce transfert.

Non-A doit être = A. La dernière influence de Non-A sur A consistait à le limiter, par la passivité (suppression de son *pouvoir propre*). Ce faisant, il n'est plus du tout = A, mais est égal à Non-A. [99] Le seul accord possible entre A et Non-A se trouve dans l'acte de poser, dans la position; tel est ce qu'il fallait démontrer.

Z est cette position.

En Z, A = Non-A et est opposé à Non-A, donc il faut un troisième terme.

A *se* pose lui-même. A pose Non-A par son propre pouvoir, la *spontanéité*. Cet acte de transférer advient, par conséquent, par la spontanéité; la force de position qui agit avec spontanéité, est l'*imagination*. Par l'imagination, A transfère à Non-A quelque chose qui est en lui.

Mais la *spontanéité* (en tant qu'elle est libre, qu'elle est posée) devient elle-même Non-A (car A est déterminé en lui-même, A = A parce qu'il est A). Si donc, nous posons qu'il y a en Z (l'imagination) quelque chose de légal, tiré de l'essence positive AR, et quelque chose de libre (à projeter sur Non-A), alors nous obtenons le concept de l'imagination transcendantale, qui est d'une part, déterminable selon les lois de AR, et d'autre part, déterminable par une passivité due à Non-A (une influence de Non-A). L'imagination serait = AR, dans sa légalité, et = Non-AR dans sa non-légalité, c'est-à-dire sa liberté et ces lois seraient les concepts. Un produit de cette imagination serait = A (du côté de sa légalité), etc. Il s'agirait du concept de pensée. Par lui, aurait lieu la *conscience*.

Qu'est ce que la *conscience* ? Est-elle relation du Moi au Non-Moi ou opposition ? *C'est ce dernier point qui est exact.* Cette opposition a-t-elle lieu dans un produit de *l'imagination* ?

Résultats :

1) On ne peut pas être conscient d'un objet unique.

2) On ne peut être conscient du Non-Moi sans être conscient du Moi, et inversement.

3) On ne peut être conscient du Moi et du Non-Moi sans les opposer l'un à l'autre.

4) Cette opposition a lieu dans *l'imagination.*

5) De la *conscience* originaire font partie : la sensation externe dans l'espace, la sensation interne dans le temps, leur réalisation et, par le biais de l'imagination, la relation à une loi nécessaire : *l'intuition.*

[100] On ne peut trouver ce que sont ces lois nécessaires, ce qu'est leur nature, que par la relation de plusieurs sensations ou de plusieurs intuitions du Non-Moi les unes aux autres. On obtient ainsi la théorie de la *connaissance.* Le principe de cette théorie est le suivant : dans le Moi, le Moi et le Non-Moi sont posés l'un par l'autre.

Nous sommes arrivés au point où la possibilité de la proposition A=Non-A en x, peut accéder à la conscience d'une représentation. La distinction, la relation, la sensation interne et externe, le temps, l'espace, la réceptivité, la spontanéité, la force de présentation et l'imagination sont expliqués. Mais la *pensée* et *le concept* ne le sont pas encore, pas plus que la différence entre intuition et représentation, pensée *a priori* et *a posteriori.*

Il me semble, pour le moment, que ce dernier point forme une partie à part. Mais nous voulons ici attendre l'enseignement de la chose-même.

1) En A, Non-A doit être opposé à Non-A. 2) Ces Non-A opposés doivent être réunis. Mais ce n'est encore qu'un postulat et il nous faut donc montrer qu'il en est bien ainsi. Une conscience serait-elle possible si la matière n'était donnée qu'à une représentation isolée ? Sans doute, du moins au point où nous en sommes actuellement. Je pourrais tout simplement admettre comme un fait, qu'il y a, en nous, plusieurs représentations de Non-A ; mais cela ne saurait suffire à l'unité d'une doctrine de l'essence. Il nous faut donc le déduire à partir de la dernière proposition de la doctrine générale de l'essence. L'imagination doit tenir de A, une *loi,* par laquelle sa spontanéité à représenter Non-A est déterminée. *N. B.* cette spontanéité n'est spontanéité qu'en ce qui concerne A ; en ce qui concerne Non-A, elle est assujettissement.

1) Une telle *loi* doit *être,* car ce n'est que par elle qu'un produit de l'imagination devient = A.

2) Une telle loi est nécessaire et établie, car elle se trouve dans l'essence établie, non modifiable, de A. Elle possède donc l'unité.

3) Si tout s'accorde *parfaitement* à la loi, alors cela devient la loi-même ; par suite, tout serait = A, mais non = Non-A. Et donc, il faut que la loi, outre son caractère légal, ait un caractère qui soit = Non-A.

4) Il faut laisser quelque chose de libre à l'imagination ; il ne peut s'agir de la loi puisqu'elle est nécessaire, ni de l'application de cette loi, puisqu'elle l'est tout autant. Par conséquent, ce quelque chose ne pourrait être que la diversité des objets auxquels la loi est applicable : il devrait donc y avoir plusieurs objets auxquels la loi serait applicable. [101] La liberté de l'imagination n'existerait donc que dans l'application à *plusieurs* objets.

5) Cependant, l'imagination doit nécessairement être assujettie en toutes ses représentations. Le divers en Non-A doit être soumis à des lois. Par conséquent, cette liberté de l'imagination consisterait dans le fait que plusieurs lois pourraient être appliquées à un seul et même objet, ou bien alors que plusieurs lois différentes des premières (ou bien disposées en un ordre différent) pourraient s'appliquer à un autre objet. Mais en aucun cas, cette possibilité ne peut provenir de A, mais de Non-A, c'est-à-dire d'une diversité en Non-A.

La diversité, c'est-à-dire la différence, est en Non-A. Mais la différence est opposition et égalité. Donc Non-A est opposé à Non-A, ce qui est contradictoire en soi ; car Non-A = Non-A. Par conséquent, il faut poser un troisième terme x, l'espace. Mais dans l'espace, nulle opposition ne se laisse trouver ni penser. Et dans le temps ? Il en est de même, aucune opposition ne se laisse concevoir. Mais le temps et l'espace sont eux-mêmes opposés. Par conséquent, Non-A dans le temps est opposé à Non-A dans l'espace. Chaque Non-A dans l'espace, est également dans le temps. Mais est-ce qu'à l'inverse, un Non-A peut-être uniquement dans le temps et non dans l'espace ?

Posons Non-A en T. S'il est = un accident de A, alors il doit être nécessairement référé à Non-A, comme à sa cause. Mais ce Non-A ne doit pas être dans l'espace ; or, nous ne connaissons rien d'autre que la spontanéité de l'imagination, en tant que spontanéité. Donc, elle est cause de ce Non-A = Z. Donc Z est limitation de A, qui procède d'une passivité dans le temps (une affection est donc produite). A doit agir en retour sur la cause, l'imagination. Mais A n'a aucun effet sur celle-ci, et n'a d'autre forme essentielle que les lois développées à partir de sa propre essence. Ainsi, la matière d'une telle intuition ne pourrait être qu'espace, temps, ou bien alors il s'agirait de la loi, provisoirement postulée plus haut, qui nous permettait de rassembler le divers.

En effet, il y aurait un Non-A en Z, opposé à un Non-A en R.

Mais ce Non-A en Z doit être aussi = Non-A en R. D'où la nécessité d'un troisième terme. Tous deux sont accidents de A. Certes, mais pour l'être, ils doivent être rendus égaux. Une intuition interne *a priori*, dans le temps, serait égale à une intuition externe dans l'espace. Cette égalité ne serait possible que par un concept ; c'est celui déjà connu de nécessité et de contingence. Mais précisément, c'est par ce concept que l'intuition interne dans le temps et l'intuition externe dans l'espace s'opposent à nouveau. Peut-on rendre l'égalité possible grâce au concept de modalité ? Bien ; et en ce cas, il se peut qu'en même temps, le concept de pensée en résulte. [102] Ce qu'on peut exprimer ainsi : intuition interne et intuition externe ne doivent former qu'*un seul* concept et, au demeurant, elles forment, comme sensation, une unité ; et cette unité est précisément un concept.

Laissons cela pour l'instant et occupons-nous avant tout de la distinction des choses externes. Toutes les choses *externes* sont dans l'espace et dans le temps. 1) Des choses peuvent être, au même moment, égales dans le temps. En ce cas, elles ne peuvent être distinguées que par l'espace. L'espace est égal à lui-même ; tout est en un même espace. Comment doit procéder le Moi (l'imagination), pour distinguer pareilles choses ? Une sensation interne, de durée déterminée, doit conduire l'imagination à des objets différents dans l'espace. a) Si la sensation est plus forte, alors le pouvoir propre de l'âme est davantage réprimé dans cet espace-temps. À partir de là, l'imagination compose un corps unique, plus précis, mais elle n'en compose pas plusieurs ! D'où viennent les contours des corps empiriques (lorsqu'ils ne sont déterminés ni mathématiquement, ni *a priori*) ? Peut-être est-ce là quelque chose qui ne peut s'expliquer davantage, qui relève du Non-Moi absolu ? Mais rien de ce qui est représenté n'appartient au Non-Moi absolu. Et pourtant, je crois à la sensation *empirique*, bien évidemment, puisque cette sensation fait partie des lois corporelles.

Mais d'où vient que si je vois mon pupitre et une chaise au même moment, je les distingue et les considère comme deux objets *différents* ? C'est sans nul doute parce que je suis affecté, au même moment, de deux manières différentes ; je ne suis pas conscient des caractères différents de ces affections. Je ne pose pas ces objets comme étant un objet, mais bien comme deux objets, soit parce que je vois un troisième entre eux, soit parce que j'ai vu, par ailleurs, qu'ils sont séparables. En soi, les caractères de ces affections doivent assurément être tout à la fois égaux et opposés, sinon ils ne seraient pas différents. Mais tout cela n'ajoute rien à ma démonstration. Dans chaque corps, je peux penser à des éléments simples, selon la distribution *a priori* de l'espace en lequel ils se trouvent. Mais pourquoi vais-je précisément lier ces éléments en un seul corps et non en plusieurs ?

Comment puis-je arriver à limiter dans l'espace? Que j'évalue le tout précisément de telle grandeur, et non pas plus petit, que je le limite justement à telle surface, et non à une autre, est bien le fait de la sensation. Mais ce tout, je le *pense* comme un *tout* (car à proprement parler je ne l'intuitionne pas comme tel). Le tout, la partie sont des concepts de quantité, mais ne sont pas *uniquement* cela. Le tout mathématique est bien tel, mais est-ce le cas pour le tout réel? *Le tout* est *une substance limitée* dans l'espace ou dans le temps. *Penser* consiste manifestement à opposer et à rendre égal un divers. Par conséquent, je devrais d'abord m'interroger sur la substance.

[103] Envisageons les choses de manière générale.

Non-A est opposé à Non-A (Non-A est ici l'objet d'une sensation externe). Chaque sensation est limitée dans le même espace et dans le même temps (c'est, au demeurant, dans cette limitation que réside son essence), par la sensation matérielle, laquelle n'a pas à être analysée plus avant. Nous ne pouvons pas rechercher les caractères opposés et égaux dans la sensation (dans la mesure où cette sensation est pure affection), car nous ne les connaissons absolument pas, mais nous devons rechercher les caractères de l'intuition.

Où peut-on trouver ici un opposé? Temps et espace sont en soi opposés. Lorsque quelque chose est limité uniquement dans le temps et non dans l'espace, il est bien opposé; mais il n'est pas question de cela ici. Soit : 1) Le même temps et un espace différent. La différence de l'espace est donnée par la sensation, et sur ce point, il n'y a plus matière à philosopher. Soit : 2) le même espace et un temps différent. Rajoute encore la sensation, et tu as une merveilleuse synthèse.

Pour chaque intuition externe, temps, espace et sensation sont requis.

1) Soit un même espace :

À un même temps et à une sensation différente correspondent des objets et des lieux différents dans l'espace.

À une même sensation et un temps différent correspondent des sensations répétées et des moments différents.

2) Soit un même temps :

À un même espace et une sensation différente : cette synthèse est mal composée.

À une même sensation et un espace différent : synthèse également mal composée[1].

1. Cela ne devrait pas être distingué, mais opposé.

Dans l'intuition se trouvent assurément : temps, espace et sensation. Il nous faut les combiner au moyen de l'égalité, de l'opposition et de la différence. Une sensation peut-elle être opposée à une autre ? Il n'est pas question ici du subjectif (agréable ou désagréable).

Il faut que des sensations soient différentes. Nous ne pouvons pas savoir, *a priori*, si elles sont opposées ni ce que cela peut vouloir dire. Par exemple : rugueux, plat, mou, dur sont, empiriquement, des sensations opposées. [104] Mais, *a priori*, on peut seulement montrer qu'elles doivent être telles.

A priori, il est démontrable que dans le Non-Moi, il doit y avoir un divers, parce que sinon une *liberté* de l'imagination (liberté légale *a priori*) ne pourrait s'exercer empiriquement. La diversité est différence, la différence se fonde sur l'opposition. Il semble seulement que cette opposition doive être transférée du Moi au Non-Moi, et n'être pas indépendante de nous ; ce qui pourrait bien nous fournir la loi de la représentativité en général : *tout ce qui doit être accepté empiriquement dans notre faculté de représentation doit avoir quelque chose qui lui soit opposé et qui soit également donné empiriquement.* Il s'agirait donc d'une nouvelle et importante découverte sur la diversité requise de la matière. L'expérience confirme-t-elle cette loi ? Le désagréable est opposé à l'agréable, le tendre au dur, le sec au mouillé ; mais, qu'en est-il de la couleur ? (car celle-ci, en fait, n'a pas d'opposé). La lumière est opposée à l'obscurité, le blanc (contenu en toute couleur) est opposé au noir (sans couleur). Les couleurs sont une analyse optique du blanc ; tout ce qui a un opposé, est simple sensation. Ne pourrait-on pas, à partir de là, également démontrer *a priori* la théorie des couleurs de Newton* ? Mais ne sommes-nous pas ici abusés par l'usage de la langue ? Pareilles choses sont-elles effectivement opposées ? Il semble bien. Le noir est effectivement une image de la nuit en plein jour ; il s'agirait, en quelque sorte, d'une nuit visible. Cependant, dur et tendre ne semblent différents que de manière relative ; en effet, aucun corps n'est absolument tendre. En revanche, dense et liquide sont bien opposés. En ce qui concerne le mouillé et le sec, le sec dépend, à l'évidence, du mouillé ; le sec est le négatif du mouillé. Il y a des objets qui ne permettent pas la sensation du mouillé. Si tout était mouillé, nous n'aurions absolument pas le concept du sec.

Il est facile de démontrer de manière intuitive que nous ne remarquons quelque chose empiriquement que pour autant que nous ressentons son *absence* en d'autres objets[1]. Donc la proposition est certainement exacte,

1. Il est certes, possible qu'il y ait encore plus de choses dans la nature, mais nous ne les ressentons pas. Avec cette proposition, on fournit un nouvel argument capital en faveur de la principale finalité de la philosophie critique. Les sensations doivent être non seulement dans

[105] quand bien même ne serait-elle pas encore démontrée *a priori* de manière rigoureuse. *Qu'à chaque sensation, on doive en opposer une autre* est donc une condition de toute représentabilité *a priori*.

Maintenant, appliquons cette importante proposition aux concepts *a priori*.

Il y a nécessairement des sensations opposées, selon la matière, et tout ce qui est senti doit avoir quelque chose qui lui est opposé.

Temps et espace sont en soi opposés. Mais peux-tu trouver, dans l'espace en soi, ou dans le temps en soi, quelque chose de tout simplement opposé ? Non, l'espace est déterminé *a priori*. Le temps l'est également. Le temps *a posteriori* est limité par des sensations *opposées*, sinon il n'y aurait qu'*une seule* sensation. Plus exactement, le temps est limité par des sensations différentes ; or, en tout ce qui est différent, il y a quelque chose d'opposé.

Mais par quoi l'espace empirique est-il limité ? On doit y trouver également quelque chose d'opposé ; (*N. B.* ne te laisse pas entraîner à croire qu'un espace égal et continu constituerait une substance). 1) L'espace n'est limité qu'en un même temps. Il y a, au même moment, plusieurs sensations opposées, dont la matière est différemment limitée dans l'espace. a) La faculté de sentir est affectée dans un même temps, mais de manière opposée. Il y a des causes différentes dans l'espace. Ces causes doivent toutes être pensées en un même espace, c'est-à-dire l'une à côté de l'autre. L'espace est continu. L'espace vide existe-t-il ? Non, l'espace n'est posé que du fait que quelque chose est posé en lui ; sans remplissement de l'espace, nul espace n'est posé. *L'espace vide* est donc une contradiction [1].

Résultats

1) Le temps est limité par des sensations opposées, en un même espace. Il faut veiller à davantage examiner ce point. La limitation du temps est *modification* ; être dans le temps, c'est *être l'un à la suite de l'autre*.

le temps et dans l'espace, mais également opposées. Ce qui fournit, en même temps, une généalogie *a priori* pour tout concept empirique.

1. Un espace vide entre deux espaces remplis contredit la continuité de l'espace. Cela consisterait à poser quelque part une limite au remplissement (au remplissement, non à l'extension en soi, car celle-ci est donnée comme illimitée dans l'intuition originaire). Cette limite devrait être limitée par une chose réelle, quelle qu'elle soit ; cette limite devrait être, elle-même, limitée à son tour, et ainsi de suite à l'infini ; par conséquent, l'espace illimité est (dans la philosophie théorique) rempli à l'infini.

[106] 2) L'espace est limité par des sensations opposées en un même temps. Ces sensations adviennent au même moment, ou à la suite l'une de l'autre, l'une à l'extérieur de l'autre, ou encore côte à côte.

3) Or, « être *simultané* » et « être successif » sont des concepts opposés ; (la nécessité de les lier devrait, dès lors, être montrée ; la possibilité de cette liaison nous conduirait aux catégories). Mais *où* ces concepts doivent-ils être liés ? Ils ne peuvent l'être dans l'imagination, car c'est précisément pour établir la liberté de celle-ci que nous les avons admis. Ils doivent, dès lors, être liés dans l'entendement. Ceci est donc établi.

« Être-simultané » (=d) s'oppose à « être-successif » (=e), mais les deux sont *égaux* en f. Qu'est-ce que f et que signifie que les deux doivent être égaux ? Cela signifie qu'ils doivent devenir représentation d'*un seul et même Moi*. Je crains qu'il ne nous faille prendre ici un tout autre chemin. Non, ce n'est pas utile. Tous les deux sont accidents du Moi (A). C'est clair, eu égard à ce qu'on a déjà vu plus haut. Par conséquent, en A, l'accident d est opposé à l'accident e. Mais si les deux doivent être accidents de A = A, alors ils doivent avoir quelque chose d'égal. Mais en d, comme en e, il y a quelque chose = Non-a, et, en tant que tels, ils sont opposés.

Néanmoins, en eux, il doit y avoir également quelque chose = a. Ils seraient donc, en cela, égaux à eux-mêmes. Ce raisonnement, entièrement mené à son terme, nous donne le concept général du concept. En effet, ce n'est pas au fait que d signifie : « être simultané » et e : « être successif » qu'il nous faut être attentifs, mais uniquement au fait que tous les deux soient des représentations ; d = la représentation, e = la représentation ; mais cette égalité n'est pas pertinente ici, car ce sont des représentations opposées.

Maintenant, reprenons la démarche rigoureuse de notre raisonnement :

1) Simultanéité et succession sont nécessairement des intuitions opposées, comme il a été démontré plus haut.

2) Mais ces intuitions doivent aussi être *égales*, car elles doivent être = A, par conséquent :

3) Comment doit être le troisième terme, en lequel elles sont égales ? Telle est la question à étudier.

Elles sont inégales dans la sensation ; par l'imagination, elles le demeurent dans la représentation. L'action spontanée de l'imagination agit sur elles de manière opposée. Ceci est déjà contenu dans la proposition selon laquelle chaque *intuition* est nécessairement opposée à une autre. L'intuition n'est que par et dans l'imagination.

Donc, a est opposé à b.

a = b en C. Qu'est ce que C ? On doit s'aider ici de la quantité ; a doit être opposé à b, du point de vue de la quantité ; a est limitation de A, b est limitation de A. [107] Qu'est ce qui peut être limité en A ? Ou pour le dire plus précisément : il doit y avoir, en A, quelque chose qui limite a et b, et en lequel ils seraient à la fois égaux et opposés, précisément du fait qu'ils limitent A de manière opposée. En retour, A les limiterait tous deux, produisant ainsi l'égalité et permettant, par là, que tous deux soient accidents de AR. a) De quelle manière A est-il limité par l'intuition et qu'est-ce qui, en lui, est limité par elle ? Sans doute est-ce la présentation, c'est-à-dire l'essence propre du Moi, qui est limitée par la représentation. Ce qui rejoint notre hypothèse selon laquelle A transfère à Non-A tout ce qu'il perd de réalité. Maintenant, comment une telle limitation, limitant de manière opposée, est-elle possible ? Les deux affections sont passivité. Dans quelle mesure s'agit-il de passivité *opposée* ? C'est là que se trouve le nœud véritable. Examinons la proposition suivante : le Moi transfère la *réalité* originaire et la négation aux choses. Par là, il les réfère les unes aux autres, tout comme il est *lui-même* référé au *Non-Moi*. L'opposé est le Non-A de son opposé, et vice versa. Telle est effectivement l'histoire de l'esprit humain. Le Moi pose toujours originairement une *unité* comme position (par exemple l'humidité, la lumière), et une unité comme négation (par exemple, la sécheresse, l'obscurité). Toutefois, cette remarque n'est peut-être pas juste en sa globalité ; on devrait plutôt dire que chaque affection peut être, selon sa matière, pensée comme *absente*. L'affection est contingente, comme nous l'avons vu précédemment ; ici, il n'est pas question de la pensée. Nous ne remarquerions pas la lumière, elle ne nous affecterait pas, si, elle n'était pas également susceptible de n'être pas perçue : nous serions toujours dans l'obscurité. Nous apprenons à sentir tout ce qui touche les sens uniquement par la possibilité de son absence. À la rigueur, nous concluons aux choses présentes comme nous concluons aux causes des sensations. Aussi la proposition suivante est-elle certainement exacte : rien n'est ressenti qui ne soit parfois également non ressenti. Le non-sentir est condition de tout sentir. Mais le *non-sentir* n'est pas effectivement une sensation, mais est absence d'une autre sensation. L'obscurité peut-elle être sentie ? La couleur noire se laisse bien voir. L'obscurité est-elle = la Non-lumière, ou = 0 lumière ? L'obscurité a-t-elle une quantité ? Je crois que non. La sécheresse a-t-elle une quantité ? Non.

1) Rien ne peut être senti qui ne puisse également ne pas l'être. Toute sensation est limitée, et ne peut l'être que par son contraire qui, malheureusement, ne semble pas être une grandeur négative mais 0. Mais comment pouvons-nous avancer cela ? Pourquoi n'y aurait-il pas ici une grandeur absolument opposée, comme c'était précisément le cas pour le Moi ? Il devrait tout de même être possible de démontrer *a priori* [108] que le contraire d'une sensation matérielle ne peut être une sensation, mais n'en

est que l'absence. La sensation, du point de vue de A, est une grandeur négative. Elle est affection, limitation de la réalité. Son contraire serait la réalité. Mais la réalité est uniquement dans le Moi et ne peut être dans le Non-Moi. Par conséquent, il n'y a dans la sensation aucune grandeur opposée, mais de simples 0.

Retirons-nous un profit de cette proposition ? Je crois que oui, car elle est le principe de toute diversité. Toutefois, est-elle vraiment exacte? La matière ne pourrait-elle pas avoir des propriétés sensibles opposées, qui seraient des grandeurs effectives ? Cela ne semble pas être le cas. Existe-il des oppositions au sein des mathématiques ? Non. Et dans la dynamique ? Il y a des forces qui se combattent. La démonstration précédente ne me semble pas totalement fondée, car nous pourrions tout aussi bien être conduits à des affections opposées. *Le froid*, *le chaud* sont tous deux positifs. La raison se trouve dans notre corps qui exige une certaine température et qui, pour cette raison précisément, ressent passivement ce qui dépasse cette température. Il n'y a pas de chaleur absolue, ni d'humidité absolue. Il semble donc exact qu'aux sensations absolument positives ne soit opposé que le seul 0.

Mais alors, aucune *limitation* n'a lieu. A et 0 ne se limitent pas, seul A a de la quantité.

Composons sensation, espace et temps. Principe : les rapports entre sensation, espace et temps ne sont que des rapports de quantité et non (comme pour le A et Non-A originaires) des rapports de qualité. Tu peux dire qu'il y a 0 sensation, un autre temps, un autre espace mais non les opposer[1].

1) Soit : différentes sensations dans le même temps. Qu'est ce que cela signifie ? L'égalité du temps nous donne l'égalité des sensations ; il s'agit, en dépit des nombreuses sensations discontinues, d'une sensation une et durable. L'égalité du temps est ou bien a) dans un même espace, ou bien b) dans des espaces différents. Mais alors, par quoi l'espace serait-il limité dans l'intuition pure ? Je pense que c'est par la matière intuitionnée. Mais l'égalité du temps n'est déterminée que par l'égalité de la sensation, par conséquent par l'égalité de matière, et donc de l'espace. Ainsi, le cas b serait impossible.

[109] 2) Il n'y a pas de temps absolument égal ni d'espace absolument égal. Dans n'importe quel temps et espace, je puis toujours, à l'évidence,

1. Ne pourrait-on pas établir la proposition suivante : dans la sensation se trouve la continuité (puisque la sensation doit être nécessairement dans le temps et l'espace). Chaque sensation doit être limitée. Elle doit être limitée par une sensation 0. La sensation 0 n'est pas représentable ; seule l'est une autre sensation qui n'est pas 0. Arrêtons là !

penser des temps et des espaces encore plus petits. Comment, dès lors, arriver sur ce point à une consistance ?

3) Dans la sensation, il y a quelque chose d'absolu (conformément à ce qui a été dit précédemment). Peut-on, dès lors, en tirer un espace qui serait absolu pour la sensation (même si ce n'est pas pour *l'entendement*) ?

Une étincelle : le temps a de la continuité. En cette continuité, il y a des sensations différentes. Chaque sensation est limitée par 0. Mais 0 n'est pas une sensation. Donc, chaque sensation est limitée par une autre sensation, laquelle, du point de vue de la première, est 0 ; ce qu'on ne peut ressentir, mais uniquement *conclure*, *penser*. Ainsi aurions-nous ici le point qui nous conduirait vers la nécessité de l'unité synthétique du divers. A est *UN*, unité. Si les représentations, les intuitions, etc., doivent être des modifications de cet A, alors A doit leur transférer son unité. Transférer l'unité signifie penser. Sans pensée, la conscience d'une seule représentation est certes possible, mais non la conscience continue, c'est-à-dire l'unité et la totalité de la conscience.

Il faut montrer que sans les formes de la pensée, les représentations singulières seraient, certes, des représentations, mais ne formerait pas *un* Moi ; chacune serait la représentation d'un A différent. A ne serait, par conséquent, pas = A. Une fois cela montré, nous pourrions obtenir la loi générale de la *pensée*, c'est-à-dire l'identité de la conscience. À partir de là, nous serions à même de passer à cette question : comment l'identité de la conscience doit-elle être possible ?

Reprenons maintenant le tout

1) Rien ne peut être senti qui ne puisse également ne pas l'être.

2) Par conséquent, chaque sensation = x doit-être limitée par une autre qui, du point de vue de la première sensation, est = Non-x.

3) Une telle limitation est possible soit dans le *temps* et *l'espace*, soit dans *l'espace seul*.

4) S'il y avait limitation dans l'espace seul, et non dans le temps, alors les sensations seraient simultanées. Mais les sensations = x et non x ne peuvent être simultanées, sans quoi nous aboutirions à 0. Mais si la quantité les limite, si la sensation « a » a quelque chose = b, et quelque chose = Non-b, alors le positif et le négatif, en elles, s'annulent et dans ce cas, il y aurait non pas deux mais une sensation présente. Si l'on pose a = 2/3 b, et b = 1/3 Non-a, alors il reste Non-a (1/3) et rien d'autre. Par conséquent, deux sensations séparées ne peuvent, comme telles, jamais être simultanées mais seulement successives (elles sont appréhendées

successivement). [110] Par suite, il semble que l'hypothèse se contredise en elle-même. Toute appréhension est successive[1].

Ouvrons une *parenthèse* sur cette synthèse nécessitée par la sensation. J'ai un scrupule : si ce type de nécessité ne devait être caractérisée qu'à partir de l'absence de nécessité de la pensée, alors, comme pensée et nécessité de la pensée ne peuvent être encore expliquées ici, nous tomberions dans un cercle. *Mais voyons*.

La sensation consiste en une affection. Le Moi a de la réceptivité. Chaque affection doit être déterminée, sinon il ne s'agit pas d'une affection ; telle est sa nécessité et même sa nécessité première. La liberté, la spontanéité de l'imagination peuvent, à la place de telle affection, en poser une autre; c'est ce qu'on appelle : « s'imaginer ». Mais alors, il n'y a aucune matière ; ce n'est en effet pas l'imagination active, libre qui donne la matière, mais bien la réceptivité passive.

Nous ne parlons pas ici de la déterminité d'une sensation isolée, mais du rapport nécessaire de plusieurs sensations. Par quoi ce rapport est-il nécessité ? Par la réceptivité ? La réceptivité donne des sensations isolées qui passent par degré, à partir de 0, de 0 à Non-x. Alors un accident, x, et un autre, Non-x, naissent en A; ce qui, s'ils ne pouvaient être réunis par quelque chose en A, donnerait un A=x et un A=Non-x (donc deux Moi). Les accidents x et Non-x ont tous deux en commun des sensations simultanées et successives; il nous faut, pour avancer, trouver une différence spécifique. Essayons : pour les premières sensations, il dépend de l'imagination libre de déterminer A soit en x, puis en Non-x, soit en Non-x, puis en x (la série temporelle est donc produite par la spontanéité). En revanche, pour les secondes, cela ne dépend pas de l'imagination libre, mais A est nécessairement d'abord =x, puis =Non-x. [111] La série temporelle *n'*est donc *pas* produite par la spontanéité. Mais alors par quoi l'est-elle ? Il est difficile, dans cette explication, de se garder du cercle. C'est, en effet, un *Fait* que nous pouvons, par la spontanéité de l'imagination, inverser certaines séries temporelles de la sensation interne, alors que d'autres ne peuvent l'être. Mais rien ne doit être intégré à ma

1. Ne devrait-on pas, préalablement à cette considération, dire quelque chose sur la nécessité de la sensation, par opposition à la liberté de l'imagination productrice ? En effet, ce qu'on ne peut pas sentir différemment, mais qui peut être pensé autrement, nous l'attribuons à l'objet, à la sensation, au Non-Moi ; et son contraire, nous l'attribuons au Moi. Mais se pose alors cette question : comment puis-je savoir si une synthèse est nécessitée par la sensation ou produite par la spontanéité de l'imagination productrice ? Voici la réponse : essaie, si tu peux, de la modifier par l'imagination. Néanmoins, qu'est-ce qu'une synthèse nécessitée par la sensation ? Ce n'est pas la sensation qui opère la synthèse mais le Moi. La contrainte exprimée par la sensation est dans le temps. Le Moi se porte sur plusieurs sensations, il est ou bien actif ou bien affecté, passif. Il reste encore ici des plages d'ombre.

philosophie comme *Fait*, si ce n'est le *Fait* unique et suprême. C'est pourquoi ce prétendu *Fait* devrait se laisser ramener à ce *Fait* unique et suprême. Tel devrait être le cas, à peu de choses près, et la chose serait explicable par les différentes gradations du Non-Moi. Il est manifeste que là où la série temporelle est déterminée, il y a plus de Non-Moi que là où elle est libre. Le processus serait donc le suivant : x et Non-x doivent tous les deux être = A ; ils doivent être limités dans le temps et l'espace (suite de sensations, causalité). Cela se contredit si une chose n'est limitée que dans l'espace et non dans le temps (simultanéité, action réciproque). De même, cela se contredit à nouveau s'il n'est pas quelque chose qui ne soit pas limité dans le temps et aussi, me semble-t-il, dans l'espace (substantialité, permanence).

En A, x = Non-x. Les deux = Non-A[1]. x et Non-x sont donnés par la sensation interne, ce qui se contredit si nous n'admettons pas un troisième terme, lequel est = x et Non-x, donc une quantité. C'est tout d'abord le temps. Dans le temps, ils sont sûrement limités. x limite Non-x et Non-x limite x. Tous deux sont causes de la limitation de l'autre dans le temps, et ainsi A est successivement = x et = Non-x. Dans un temps différent, il est égal aux deux.

Cette démonstration est facile, et par là ne prouve que peu de choses. 1) Elle ne prouve pas encore l'*identité* de la conscience. 2) Elle n'indique pas qu'il est nécessaire que Non-x suive x dans le temps, et ne le précède pas. Elle dit simplement que des sensations différentes doivent être appréhendées successivement. Cette proposition doit maintenant nous conduire à une contradiction que seule une proposition suivante pourra surmonter. Il nous faut encore nous élever dans la démonstration ; et ce, au moyen de l'opposition.

En A, x = Non-x dans le temps, mais successivement. Il est, en effet, impossible que x et Non-x soient simultanés. De cela, nous avons tiré une contradiction claire, car A = A, mais A = x dans le temps « a », et est opposé à A = Non-x dans le temps « b » ; il doit bien en être ainsi.

[112] En A, Ax = A Non-x[2]. Nous ne pouvons trouver ici nulle égalité, nulle unité, si ce n'est celle du temps. Donc « Ax = A Non-x » est dans *un temps*. Mais, A est AR, c'est-à-dire le contraire du temps. Par conséquent, en A, un accident, *un temps*, doit valoir pour quelque chose qui *est égal à lui-même*, et en lequel x et Non-x peuvent être égaux ; il doit donc s'agir de

1. Démonstration de la proposition : toute appréhension de sensations différentes est successive.

2. Démonstration de la proposition : toute appréhension a lieu dans un temps. La substance est le substrat de tout variable que le Moi doit nécessairement être. Déduction de la subsistance.

quelque chose de permanent, dont x et Non-x seraient des accidents. Par là, les concepts de substance et d'accident sont suffisamment expliqués. Ce sans quoi aucune unité, dans les représentations du Moi, ne serait possible est substance. Ce en quoi cette unité est rendue possible est accident de la substance.

Quelle démarche adopter maintenant pour déduire la causalité et l'action réciproque? Si on n'établit pas une distinction au sein de la succession, leur déduction est tout simplement impossible. La question est donc de savoir si nous pouvons atteindre notre but en *descendant* à partir de la substance, ou bien si nous ne pouvons l'atteindre que par une *remontée* progressive, où chaque étape corrige la précédente.

Descendons ! En A, ce qui est variable est uni à ce qui est permanent. S'il m'était permis de m'appuyer sur *la modification et* en général *sur tout ce qui arrive*, alors la déduction serait aisée. Pour l'instant, ce qui est variable est seulement dans le Moi, dans la sensation interne. Dans le Moi, il y a donc deux représentations, celle de la permanence et celle de ce qui est variable. Ces représentations sont-elles *simultanées* ou *successives* ? Cette question pourrait bien nous conduire à quelque chose. Elle contient tout ce dont nous avons besoin, mais il serait bon de la déterminer tout d'abord avec précision. « Les représentations sont simultanées »; cela signifierait que le Moi comprend une substance invariable et est toujours égal à soi, mais qu'il comprend également des accidents variables et n'est donc jamais égal à soi; or, un A qui n'est jamais égal à soi est opposé à A = A; dès lors, l'hypothèse se contredirait et la réunion exigée n'aurait pas lieu.

Dire que « les représentations sont *successives* » signifierait que dans le Moi, il y a représentation d'une permanence en un point du temps « a », mais non en un point « b »; ce qui voudrait dire que dans le Moi, il n'y a pas de représentation d'une permanence en général; ce qui, encore une fois, contredit l'hypothèse. Par conséquent, ces représentations opposées en A ne sont ni *simultanées* ni *successives ;* ainsi, ne sont-elles absolument pas dans le temps. Mais ceci contredirait le concept de la représentation, puisque la représentation doit toujours être dans le temps. [113] Nous sommes parvenus à une étonnante antinomie, à laquelle deux réponses peuvent être apportées : 1) c'est dans l'essence du Moi, qui, assurément, n'est pas dans le temps que se réunissent véritablement ces deux représentations contradictoires. Tel est précisément la pensée. 2) La représentation n'est ni nécessairement simultanée ni successive, mais elle peut être telle ou telle, elle peut aller de « a » à « b », ou de « b » à « a »; nous serions ainsi conduits à la simultanéité et à l'action réciproque[1].

1. L'imagination est ce qui transforme, en vue d'une représentation, le Moi, lequel n'est pas susceptible de quantité ; elle est ce qui transforme le point pour qu'il devienne temps. Par

Donc, en A, la représentation de ce qui est permanent et de ce qui est variable n'est ni simultanée ni successive, ce qui se contredit. Comment surmonter cette contradiction ? Si j'y parviens, je parviendrai certainement au pur concept de la pensée. Conformément à la méthode utilisée jusqu'à maintenant, cette contradiction A = x et Non-x ne saurait être dépassée sans un troisième terme. Les deux sont négatifs (ils sont dans une négation), ils ne sont dans aucun temps ; plus exactement encore, ils ne sont dans aucun temps *déterminé*. AR n'est pas déterminé dans le temps ; par conséquent, ils sont en AR. AR est spontanéité ; par conséquent, ils sont dans la spontanéité. Mais, il s'agit ici d'une autre spontanéité que celle de l'imagination. L'imagination représentante est soumise à la loi selon laquelle elle doit poser ses représentations dans le temps ; donc x et Non-x doivent assurément être posés dans le temps en général. En revanche, la force de présentation ne doit pas être posée dans le temps. Par conséquent, cette force de présentation (l'imagination productrice comme la nomme Kant*), qui est absolue et n'est nécessitée par rien, oblige la force représentante (représentative) à poser x en un point du temps « a », et à poser de même Non-x.

Cet acte, issu de la force de présentation absolue, qui consiste à indiquer, de sa propre autorité, à une image du pouvoir représentant, sa place dans le temps, s'appelle penser. Les conditions du Non-Moi, par lesquelles le pouvoir propre du moi est limité, sont les concepts.

[114] *Ainsi, l'imagination pose, certes, ses représentations successivement, mais non selon un ordre temporel déterminé ; elle est guidée par un pur pouvoir propre*[1]. Cet acte s'appelle penser. Par conséquent, l'imagination se pense comme liaison de l'accident et de la substance (liaison synthétique dans le temps) ; cette réunion est une pure pensée et n'est contenue dans aucune intuition.

J'ai le concept le plus général, mais non le concept particulier de l'action réciproque que je cherche. Il est exact que tout agir du Moi, par l'intermédiaire des concepts, est une *pensée*. Mais qu'est-ce que le concept, et plus particulièrement le concept de *substance*, de *causalité*, d'*action réciproque* ? Je me suis finalement *élevé* alors que je voulais *descendre*, et je n'ai toujours pas la *simultanéité*.

Que signifie donc *être simultané* ? Question légitime, puisque aucune simultanéité n'est possible pour l'appréhension par l'imagination, seule une succession l'est. Est-il utile ici de comparer les représentations de la substance et de l'accident ou doit-on uniquement considérer les différents

conséquent, seul le Moi représentant et, par le biais de celui-ci, le Moi également représentable, sont dans le temps, mais non le Moi *Realitas ou Noumenon*.

1. Résultat : une véritable découverte, mais ce n'est pas celle qui était recherchée !

accidents ? Pour *l'entendement*, tout est simultané (n'est ce pas plutôt pour la raison ?). Pour l'imagination et la sensation, rien n'est simultané. S'il doit y avoir quelque chose de simultané dans la matière, alors cela ne peut être pensé que de la *manière suivante* : la simultanéité ne peut naître que du transfert de la nature du Moi à celle du Non-Moi. La simultanéité n'est, selon mon assertion précédente, qu'une nouvelle négation du Non-Moi, une intégration plus haute dans le Moi. Si l'on doit déduire à partir du Non-Moi, alors il faut le faire à partir du principe de la *succession*.

« Être successif », c'est être variable, c'est-à-dire être accident. C est, dès lors, =x et, par là, =Non-x. L'imagination, ou le pouvoir propre productif de l'âme, c'est-à-dire la force de pensée, ne peut poser Non-x devant x et inversement, mais doit poser les deux dans un espace-temps déterminé. Qu'est-ce qui limite ici le pouvoir de la pensée ? Il s'agit manifestement de quelque chose qui se trouve dans la sensation ; mais qu'est-ce que c'est et de quelle manière limite-t-il ? Le bateau qui descend le courant est actuellement à l'endroit « a ». Puis il va en « b », et non inversement. Pourquoi ne puis-je pas inverser l'appréhension ? Je crois que le bateau est référé à ce qui est *variable*, à savoir le fleuve qui coule. Le bateau est donc le *variable* d'un *variable*. Le fleuve lui-même est simultané [115], je peux commencer son appréhension soit par un côté soit par l'autre. Je ne puis appréhender sa variabilité, son écoulement, que parce que je réfère le fleuve à la rive, c'est-à-dire à quelque chose qui ne s'écoule pas, qui est permanent. Bien.

Je peux indiquer au divers du fleuve une place dans le temps ; cette place peut être celle que je veux. Les parties du fleuve sont simultanées, mais la place du bateau dans le temps est déterminée par une partie du fleuve. La place que j'ai attribuée à une partie, je dois également l'attribuer au bateau. Le fleuve s'écoule, donc il est variable. Mais supposons que je n'appréhende pas son écoulement parce que je ne vois pas la rive. J'appréhende dans le même espace, comme étant une partie de cet espace, un bateau. À l'instant suivant, le bateau se trouve dans le même espace, mais en est une partie différente, et à l'instant d'après, est à nouveau une troisième partie, etc. Le bateau est donc accident de la substance fleuve ; c'est-à-dire que son espace sur le fleuve (fleuve invariable dans l'espace) est variable. Bateau et fleuve se limitent l'un l'autre dans l'espace ; ils se limitent différemment, l'espace est différent tandis que le fleuve et le bateau demeurent. Je ne puis donc appréhender aucune différence de limitation, si je ne pose pas la limitation dans le temps. Le raisonnement est exact, mais je crois qu'il est analytique. Pourquoi devrais-je donc remarquer une différence à l'intérieur de l'espace, différence qui serait ici le *mouvement* ?

Reprenons maintenant à partir du début mais sous un autre angle. Principe.

1) Tout ce qui peut être senti doit aussi pouvoir ne pas l'être.

2) Le Non-sentir n'est pas une sensation, par conséquent son contraire doit pouvoir être senti. *Chaque sensation est donc limitée par une autre qui lui est opposée.* À partir de là, se pose la question : comment des modifications opposées peuvent-elles être toutes deux des accidents de la même substance (comment peuvent-elles être égales à leur substance, qui est conscience) ? Ce n'est possible que par la pensée. Le chemin qui mène à la pensée s'élève par des contradictions à des propositions synthétiques, auxquelles ces contradictions conduisent.

3) Toute sensation est dans le temps. Chaque sensation est, par conséquent, limitée dans le temps par son opposé. L'appréhension du divers est *successive*. Des preuves plus convaincantes ont été apportées plus haut. Deux sensations opposées = x, Non-x ne peuvent être senties en un même temps. Sinon, elles seraient pour nous = 0, ou = x, ou = Non-x. Ainsi sont-elles dans des temps différents, car il ne peut en être autrement.

4) À la sensation interne correspond une *sensation externe* que nous limitons dans l'espace. Dès lors, se pose cette question : des sensations opposées doivent-elles se limiter mutuellement dans l'espace ? [116] a) Selon notre démonstration précédente, chaque sensation doit être limitée dans l'espace. b) Mais ces sensations doivent-elles, en outre, *se* limiter *mutuellement* dans l'espace, c'est-à-dire être dans des espaces différents ? Quelles données avons-nous pour répondre à cette question ? Si elles sont appréhendées simultanément, elles doivent assurément être limitées autrement dans l'espace ; elles doivent donc se limiter réciproquement. Mais ceci n'est guère exact et rien n'en peut en être déduit. Reprenons : ces sensations ne se limitent pas nécessairement mutuellement. c) Mais si tel était le cas, la sensation de la matière isolée, a et Non-a, ne limiterait-elle pas chacune des sensations opposées ? Et ce, quand bien même les sensations seraient dans le même espace ? À moins que cela ne soit dans un espace plus grand ou plus petit ? Peut-être que la matière des sensations plus fortes prend un espace plus grand, et celle des sensations plus faibles un espace plus petit ? Mais, sans limite, un espace plus grand ou plus petit n'existe pas. Ce qui pose des limites ne peut être qu'une autre matière. Ainsi ne pouvons-nous avoir de limites avant d'avoir des objets qui soient simultanés ; il semble, en outre, que nous ne puissions pas avoir l'espace non plus. Par suite, mes déductions précédentes seraient fallacieuses. C'est ce qu'on verra lors de la révision générale. Pour lors, nous ne pouvons expliciter de manière *évidente* la *simultanéité*. Tout est successif. Nous devons donc partir de sensations *successives opposées*.

5) Une sensation Non-a et une autre a, qui est placée en un autre temps, doivent être des accidents d'un *seul et même* A, ce qui se contredit. Par conséquent, on doit prendre un troisième terme = x, dans lequel ces sensations pourraient être égales. Elles ne sont égales que parce qu'elles se limitent dans le temps ; elles sont dans *un temps*.

6) Ce temps unique n'est pas la sensation. Par conséquent, il doit y avoir quelque chose qui est dans *un* temps, une *sensation* qui est égale à elle-même et permanente dans le temps, et que le Moi comprend, tout en conservant son identité. Ce serait la *substance*.

7) En A, doivent se trouver des sensations de ce qui est permanent et de ce qui est modifiable, sensations qui sont opposées entre elles. Ces sensations ne peuvent être ni *successives*, car cela contredit ce qui est permanent, ni *simultanées*, car cela contredit le concept de l'appréhension successive. Par conséquent, il ne s'agit pas de sensations, mais de quelque chose d'autre.

8) Et pourtant, permanent et modifiable sont bien des sensations et ne peuvent que l'être, puisque c'est uniquement par là que des sensations sont maintenues ensemble. Je sens un a, et un x = Non-a ; puis un y = Non-a, puis un z = Non-a, etc. Comment cela arrive-t-il ? D'un point de vue *historique*, cela se passe de cette manière : l'esprit peut toujours par son pouvoir propre, revenir à la sensation a, et peut à chaque instant avoir la sensation a, mais il ne peut, à chaque instant, avoir la sensation x ou y ou z. [117] Donc, c'est bien le pouvoir propre de l'esprit qui en est le fondement. Mais comment peut-on présenter tout cela de manière systématique ?

9) Comme sensations, a et Non-a sont assurément successifs et doivent l'être selon la loi générale de l'appréhension. Néanmoins, ces sensations doivent également être simultanées. Qu'est-ce que cela signifie ? Ou plus exactement : comment peut-on le déduire ? Peut-être est-ce déductible à partir de la relation entre passivité et activité, à partir de la relation entre nature du Non-Moi et du Moi.

(Remarque : on peut peut-être déduire la loi fondamentale de la causalité à partir de la nécessité de sentir, par le pouvoir propre, x, y, z de manière non arbitraire en même temps que l'on continue à sentir ce qui est permanent : « a ».)

10) La contradiction est maintenant celle-ci : a doit être permanent, mais ne l'est pas dans la sensation effective ; donc a ne doit pas être permanent. Comment résoudre cette contradiction ? Devons-nous chercher un prédicat commun ? Ce prédicat serait la sensation, c'est-à-dire que a doit être une sensation permanente = b, mais a ne doit pas être une sensation permanente ; dans les deux cas, il doit y avoir une *sensation*. Cependant, ces sensations sont, en tant que sensations, opposées l'une à l'autre. C'est

bien donc de cette opposition qu'il nous faut partir. Ce qui donne 1) a doit (comme représentation, à laquelle aucune chose dans la sensation ne correspond) être permanent, 2) a doit (comme représentation à laquelle correspond quelque chose dans la sensation) ne pas être permanent. Mais à toute représentation, doit bien correspondre quelque chose dans la sensation, du moins au point où nous en sommes actuellement. À vrai dire, nous sommes sur le point ici de passer à quelque chose de plus important (nous sommes en effet nécessairement poussés vers la *mémoire* dont le pouvoir est pur : *pouvoir propre*, mais dont l'action est empirique). Les concepts de pouvoir *[Könnens]*, de possibilité, ainsi que d'effectivité ne sont pas encore développés; si tel était le cas, alors la déduction serait aisée.

Reprenons

1) La représentation a (la représentation de la substance) doit être permanente. 2) La représentation a ne doit pas être permanente. Peut-être est-ce dans le concept de *représentation* que réside l'ambiguïté. Représenter veut dire transférer la réalité du Moi à un Non-Moi donné par la sensation; ce qui se fait par le biais de l'imagination. Le Non-Moi est donné comme déterminé; le Moi se comporte alors passivement. [118] En ce cas, le Moi est donné; mais le transfert est une action du Moi, action pure qui procède de la nature du Moi, de sa réalité. Le Moi transfère *parce qu'il* transfère. Cette action ne se laisse référer à rien d'autre, elle est tout simplement par elle-même. C'est ce que nous appelons le « pouvoir propre », la spontanéité. *Ce qui pourrait donc vouloir dire ceci* : 1) le pouvoir propre du Moi qui transfère la réalité à a est permanent. 2) Le transfert n'est pas permanent. À cet égard, le *pouvoir propre qu'a le Moi de transférer n'est-il pas, en général, permanent* ? Non. Le pouvoir propre qu'a le Moi *de se présenter* soi-même est permanent, mais le pouvoir propre de transférer, c'est-à-dire de représenter, ne l'est pas. Pour que le Moi représente, une sensation doit lui être donnée. C'est la condition de toute représentation. Par exemple, supposons qu'une sensation soit donnée, mais que le pouvoir propre du Moi *ne* transfère *pas*, alors la matière d'une sensation existe, certes, mais non la représentation; et elle n'existe pas, non à cause du manque de condition externe, mais bien plutôt parce que le Moi ne transfère pas. Aussi n'existe-t-elle pas pour le pouvoir propre du Moi. Donc N1 signifie que la matière de a existe toujours, mais qu'il dépend du pouvoir propre de transférer, à chaque instant, la réalité sur la matière, c'est-à-dire de représenter la matière. N2 signifie qu'on ne représente pas à chaque instant. Mais ici, comment puis-je le savoir? Je crois que cela fait partie de la toute dernière partie de ma philosophie, qui

traite de la relation du Moi représentant au Moi qui se représente ce Moi, ou pour le dire autrement, de la relation du Moi (comme Non-Moi) au Moi absolu, ou encore de la conscience du Moi comme conscience d'un représentant. Dans cette partie, seront développées les catégories de la modalité. En effet, ce qui est permanent est nécessaire, alors que ce qui s'écoule est contingent. La sensation de ce dernier, en un point du temps, est effective alors que la sensation du permanent est possible, etc. Ainsi s'ouvre un nouveau chemin. Dois-je développer ici le concept de la pensée, le concept des concepts, ou me faut-il attendre la troisième partie? Quelques tentatives, dès à présent, ne me nuiront en rien, quand bien même elles n'auraient rien à faire ici.

11) Donc, dans le Moi se trouve un pouvoir propre qui transfère la réalité ou ne la transfère pas, qui représente quelque chose (qui a les conditions externes de la représentation), ou qui ne le représente pas. Et à l'évidence, toutes ces choses représentables pourraient s'accorder dans ce pouvoir propre, du fait même qu'elles ne sont représentées que par lui.

Ce pouvoir propre est-il la *pensée* ? Je ne crois pas; il semble plutôt s'agir de la plus haute condition de la pensée, tirée de la nature présentante du Moi, [119] mais non de la pensée elle-même. *Penser* signifie manifestement poser par le pouvoir propre. Ce pouvoir propre ne peut poser de Non-Moi, en revanche il peut poser le Moi ; il ne peut donc qu'*ordonner* le Non-Moi, le poser dans la série temporelle. Tel serait, en dernière instance, le véritable concept de la pensée.

12) Le Moi pose, réalise quelque chose de permanent. Une représentation (à laquelle correspond quelque chose dans la sensation) bénéficie-t-elle de cette permanence ou bien n'a-t-elle rien de permanent? Si rien ne correspond à la représentation, alors la déduction précédente est fausse. Si tu poses que A ressent au moment « a » quelque chose, puis au moment « b » quelque chose d'opposé, puis au moment « c » à nouveau quelque chose, etc., alors le Moi doit être en mesure de poser également la sensation A (c'est-à-dire la sensation de la *substance*) à tous ces moments. Donc a, b, c ont quelque chose de commun et de différent. Le Moi sent cette différence. Aurait-il pu tout aussi bien sentir ce qui est commun à tous ces moments ? (mais je ne vois guère ce que ces moments auraient en commun, si ce n'est la possibilité d'être senti).

Manifestement, ce qui est permanent n'est pas senti mais seulement *pensé* ; dès lors, seul ce qui est modifiable serait-il senti ? Mais tout ce qui est modifiable est permanent, en cela qu'il a la *possibilité d'être senti*. « La possibilité d'être senti en soi » réalise-t-elle le pouvoir propre et peut-on lui attribuer le concept de substance ? Le concept *matériel* de la substance, de la matière en général, comme Kant l'indique*, pourrait être ce concept.

Néanmoins, faut-il en proposer un autre? Je pense que oui : le concept spirituel de la substance, à savoir la *permanence* en tout temps. Je pense que la difficulté vient de ce que « la possibilité d'être senti » est déjà une abstraction.

13) Quelque chose de permanent *doit* être, ceci est prouvé. Cette permanence ne peut être représentée comme telle que si elle n'est pas, à chaque moment, représentation effective mais bien, à chaque moment, par le pouvoir propre, représentation possible, entièrement dépendante de ce pouvoir. C'est déjà la représentation d'une représentation comme l'est également la pensée effective. Cependant, je crois que tout cela ne nous avance guère et ne nous sera utile que dans la troisième partie, où il nous faudra développer le concept du concept. Ce quelque chose que nous cherchons n'est rien d'autre que *le fait de sentir* lui-même; et lorsque la réalité est transférée, cela devient le sensible, la matière. (Est-ce que je n'arrive pas ici à la troisième partie? *Nous verrons.*) Mais le sensible en général (ou matière) est la substance de toute diversité du Non-Moi. Moi et matière sont opposés. La matière est substance parce que le Moi [120] lui transfère sa substantialité. La matière est en tout temps, invariablement la même, *nil fit, nil perit*, etc., comme Kant, à juste titre, le dit aussi *.

14) Qu'en est-il, dès lors, du pouvoir propre, lorsqu'on ordonne un divers? Il semble qu'ici nul pouvoir propre ne se manifeste; en revanche, le Moi, s'il doit y avoir unité du Moi, doit se représenter quelque chose de permanent et doit représenter la matière comme ce qui est permanent; à moins que le pouvoir propre ne se trouve dans la représentation du fait de sentir en général et du sensible en général. Cette représentation n'est pas *donnée* par la sensation, mais produite par le pouvoir propre au moyen de la réflexion (pour cette raison, elle est concept et non intuition). Pour avoir cette représentation, on a besoin de la réflexion; il semble ici que l'on s'achemine vers la troisième partie. Nous sommes obligés d'avoir quelque chose de permanent (telle est l'histoire de l'esprit non philosophant et la philosophie ne fait que la raconter, elle réfléchit). À cette permanence, nous sommes obligés d'ajouter « le fait de sentir », de le réaliser avec sa forme dans le sensible, c'est-à-dire dans la matière. Cependant, il ne s'agit pas ici de l'œuvre d'art. (Le chemin propre à la philosophie n'est tracé que dans la troisième partie.) Donc on ne doit pas craindre d'objection sur ce point. Mais qu'en est-il du pouvoir propre? Il joue ici : 1) Le rôle de production d'une représentation, qui n'est pas une intuition immédiate, le rôle de production d'un concept. 2) Le pouvoir propre, par, au moyen, et sous la condition du concept, aura à ordonner, à attribuer les places dans le temps. Ainsi la difficulté est totalement supprimée. Toutes les sensations sont

successives et le demeurent. Mais la « substance » n'*est* pas une sensation, c'est un concept.

15) Par conséquent, le pouvoir propre n'attribue pas à la substance sa place dans le temps. Cette place lui est attribuée par la nature de la raison. Notre concept de pensée demeure exact ; l'entendement ne pense pas à partir du concept de substance (qui relève en fait de la troisième partie), mais pense à partir du concept de substantialité (c'est-à-dire substance et accident réunis). La séparation des deux s'opère par réflexion sur les lois de la pensée, par la critique développée dans la troisième partie.

16) Le concept propre de substantialité (selon la raison déduite ci-dessus de la contradiction) est le suivant : quelque chose de permanent est posé comme fondement de tout changement. Cependant, tout dans la sensation est modifiable ; par suite, ce qui est permanent n'est nullement senti, mais pensé. « Ce qui est modifiable est pensé en fonction de ce qui est permanent. » Que signifie ici *en fonction de* ou *dans* ? [121] Cela signifie qu'en toute modification, quelque chose de commun à toutes ces modifications perdure ; il s'agit de la matière ou du sensible en général. La matière est une, seules les formes disparaissent et se transforment ; il en est de même pour le sensible en général ? Dans le sensible en général a lieu une modification. Si le modifiable n'est pas modifié, il s'agit du permanent ; dès lors, la part du modifiable diminue. Ce quelque chose de commun, en tant que tel, est-il effectivement senti comme tel ? *Bien sûr que non !* En effet, ce qu'il y a de commun n'est en aucune sensation particulière, et ne peut l'être. Il s'agit d'une abstraction à partir de l'état du sentir en général. Ce qu'il y a de commun est uniquement pensé. Néanmoins, cette communauté est réalisée par le concept (mais non pas comme sensation qui correspondrait à ce concept). Nous serions ici en présence du *Noumenon*. La matière, en tant que telle, n'est-elle pas un *Noumenon* ? Étudier cette question ne saurait nous nuire.

17) La matière, pensée comme en permanence réalisée est-elle un *Noumenon* ? Rien ne lui correspond dans la sensation, car dans la sensation, rien n'est permanent. *La totalité* de la sensation correspond à la matière. Mais la notion de totalité de la sensation est une pensée. Est-elle pensée dans le temps, à tout moment, par l'imagination ? Oui. La question devient donc la suivante : tout ce à quoi ne correspond aucune intuition est-il est *Noumenon* ? Mais, à proprement parler, jamais une intuition ne correspond vraiment à un concept (même si ce dernier est présenté par l'imagination comme réalisé), pas même le concept de chien, du mouton, etc. Tous les concepts sont-ils donc des *Noumenon* ? Bien sûr que non. Cela sera montré par la suite. Dès lors, en quoi le concept de matière est-il différent de celui du chien ? Ce dernier se fonde sur des sensations

particulières, alors que le concept de matière se fonde sur la sensation en général. Le concept de matière est nécessaire en vue de l'unité du divers en général ; le concept de chien l'est en vue de l'unité d'un divers particulier. Aussi, la distinction n'est-elle pas si grande ici.

Maintenant abordons le concept de causalité

Au sein de ce qui est permanent, les accidents changent. Après a vient Non-a; il lui succède. Qu'est ce que cela signifie ? Le S pensé comme permanent, qui, dans un temps donné était égal à a, est modifié en Non-a. Pourtant, il doit demeurer le même S, et néanmoins, dans la sensation, il ne l'est pas. Il peut être dans le même espace. Ainsi auparavant, dans l'espace, il y avait un a, maintenant il y a Non-a. L'espace est le même et restera le même du fait que j'y ai transféré la permanence. L'appréhension de a et de Non-a [122] est nécessairement successive (conformément au principe). La limite de l'espace est continue : par suite, je ne puis poser a et Non-a en un même temps, c'est-à-dire inverser, par le pouvoir propre, l'appréhension. Ce point n'est pas encore suffisamment établi.

a) Il faut étudier avant tout ce que signifie « être *simultané* » et « être successif ». Mais cette analyse pourrait sans difficulté être précédée de cette autre : d'où vient la différence entre la simultanéité et la succession ?

b) Dans la sensation en soi, rien n'est simultané. Ce qui est permanent et ce qui est *modifiable* sont simultanés, car le premier n'est que pensé et non senti. Nous avons donc là une simultanéité qui procède de la nécessité de l'unité de l'aperception. Pourrait-on en conclure ceci : toute simultanéité est une pure pensée, ainsi que son opposé, la succession, dont il est ici question ?

c) Admettons que toutes deux soient uniquement pensés : qu'est-ce que cela signifie ? Penser signifie bien ici ordonner, non par le pouvoir propre (car cela s'appellerait juger), mais réaliser (comme dans le cas de la substantialité) quelque chose qui n'est pas senti, mais qui, néanmoins, se fonde sur la sensation. Je perçois ici une parfaite analogie ; en effet, de même que la substantialité procédait du sensible en général, de la matière, de même l'action réciproque procède de l'espace, et la causalité du temps ; (cette comparaison, si nous la poursuivons, nous conduira bien à quelque chose). Dans un cas, le sensible en général (la matière) a été réalisé, et l'a été comme quelque chose de permanent. Dans l'autre, ce qui comprend la sensation interne, le temps, devrait donc être pensé et réalisé comme fixé, comme établi en tant que permanence, et non comme dépendant de notre imagination et de notre appréhension. Seulement, je crois que le temps ne se laisse pas réaliser, ni l'espace, fixer. 2) De même que le sensible en général nécessite l'acceptation préalable du temps et de l'espace, de même pour fixer le sensible, il nous faudrait avoir au préalable fixer le temps et l'espace. Et c'est sur cette déduction qu'il faudrait faire reposer la déduction des catégories. 3) L'espace est, selon moi, le concept positif et le temps, le concept négatif. Dès lors, l'espace ne devrait-il pas être fixé antérieurement au temps ? Et pourtant, on pourrait tout aussi bien faire l'inverse, puisque l'espace naît, selon Kant, de la liaison des deux ; mais Kant pourrait bien avoir tort sur ce point *.

[123] d) Que signifie : fixer l'espace et le temps ? (en soi, il est tout à fait certain que quand je veux fixer, ordonner deux choses en une troisième, alors celle-ci doit être elle-même fixée au préalable). Je crois, comme Kant l'indique *, qu'on ne saurait admettre que leur ordre et leur nature dépendent de notre libre arbitre (dans notre imagination non assujettie) ; au contraire, leur ordre et nature dépendent de quelque chose d'extérieur à nous, soit le Non-Moi. Mais quelle sorte d'ordre, ou de nature, peut donc avoir le temps et l'espace en soi ? Les choses qui se trouvent à l'intérieur du temps et de l'espace ont bien un ordre, mais non l'espace et le temps. Par exemple, le temps a *une* dimension (parce que toute sensation doit être successive, parce que deux choses ne peuvent être senties que successivement). Cette raison est subjective. Tu la rends objective. Par là, tu réalises *l'unique* dimension du temps [1]. Celle-ci est, en effet, réalisée de telle manière que tu acceptes que les modifications de la matière (modifications que tu as également réalisées dans le concept de substantialité) remplissent et déterminent cette dimension. Le temps est réalisé, c'est-à-dire qu'il est rempli par le changement de la matière en soi. L'espace est réalisé, c'est-à-dire qu'il est rempli par la matière. Mais la matière n'est appréhendée qu'à partir de ses changements, à partir de la variabilité. Par conséquent, des accidents simultanés de la matière remplissent l'espace et, par là, se limitent. Maintenant, nous allons pouvoir préciser puis déduire ces concepts.

1) Le temps ne doit pas être vide mais rempli, c'est-à-dire que la matière, acceptée comme permanente, doit à tout moment *se transformer* (indépendamment de notre appréhension). Elle doit se trouver en perpétuel

1. Une pensée soudaine ! Plus la représentation accède au Moi pur, à la conscience, plus ce qui était auparavant le Moi devient Non-Moi. Ce rapport peut-il être évalué avec précision ? Je crois qu'il tourne toujours autour de la triade : le Moi, l'intermédiaire, le Non-Moi. Dans l'intuition, le temps est égoïté. Dans le concept, le temps devient non-égoïté. Mais le concept est égoïté (tout ce qui est spontané est égoïté, tout ce qui nécessaire est non-égoïté). Dès lors, dans la philosophie morale, le concept est à nouveau non-égoïté. C'est ainsi que l'on passe de la philosophie théorique à la liberté. Sans la liberté, rien n'est possible. Oh, vous les fatalistes, comme vous semblez embarrassés en ce moment !

écoulement. Cet écoulement doit se poursuivre en *UNE* dimension, en une succession, c'est-à-dire qu'après chaque modification a, il en vient nécessairement une autre b, après celle-ci une autre c, etc.

2) C'est la matière qui doit effectuer cela, et non pas nous. Nous devons donc, par la sensation, être contraints à appréhender non pas a, mais b, et ensuite non pas b, mais c. Donc, parce qu'un a est, alors un Non-a doit suivre, dans la mesure où cet a doit *se modifier*.

[124] Donc, l'existence b présuppose nécessairement une existence a, et une existence c, parce qu'il doit y avoir un changement. Dans chaque série temporelle, je peux avancer et reculer et savoir avec certitude qu'elle est remplie et qu'elle l'est par certaines choses [1].

Avons-nous totalement épuisé le concept de causalité? Je souhaiterais pouvoir conclure de la nature de la cause à celle de l'effet, mais comment y parvenir? Provisoirement, je sais que b ne peut ni être =a, ni =c. Néanmoins, le concept de causalité comprend encore quelque chose d'autre, à savoir la notion de production. Qu'est ce que cela signifie?

1) Une sensation (accident) produit une autre sensation selon sa matière; elle donne la matière. Mais est-il possible que la matière se transforme en sensations? La matière est permanente, elle a toujours été là; donc, ce n'est pas selon sa matière qu'une sensation en produit une autre; serait-ce selon sa forme? Cela signifierait que la forme est dans le temps et dans l'espace. De l'espace, on ne parlera qu'après. Parlons du temps; voici ce qu'il en est ici : la forme détermine la place de la sensation dans le temps. Il doit bien en être ainsi. Mais que signifie ici *déterminer* ? Quand a s'arrête, est-ce que b commence? Oui, mais je crois que ce n'est pas simplement cela, car au moment où a commence, b est déjà déterminé, établi pour l'entendement. Ceci est tout à fait exact.

3) Quelle est l'action de l'esprit à partir de laquelle il procède au remplissement du temps? Sans doute transfère-t-il, mais quoi? Il a déjà transféré l'être à la matière. Le temps lui-même est extension du Moi au Non-Moi, qui doit être pensé comme quantité. L'esprit réalise-t-il le Moi sentant? Le temps est-il vraiment cela? L'esprit comporte une série de sensations. Il transfère et produit à partir de là une série continue du sensible; par suite, le temps réalisé et rempli est une série continue du sensible, à savoir une série continue du modifiable. Mais pourtant, on dit également que la substance est en tout temps. Certes, mais ce n'est pas un temps véritable. Il ne s'agit, pour ainsi dire, que du concept négatif du

1. Il me vient tout à coup à l'esprit que, plus haut, dans la première partie de la philosophie, j'ai déduit à peu près de la même manière; mais à ce moment-là, tout cela n'était pas considéré comme quelque chose d'objectif mais comme subjectif. Dès lors, à un niveau supérieur, quelque chose devient subjectif dès que ce qui était subjectif devient objectif.

temps, car, en elle, il n'y a aucun point, rien de limitable. C'est exact. La substance n'est rendue sensible que parce qu'elle est susceptible de devenir variable. De ce concept résultent toutes les déterminations de la série temporelle. Aucune partie ne peut être dite la plus petite ; la cause agit sans discontinuer. Rien n'est un seul instant égal à lui-même, etc.

De l'espace

[125] L'espace est *rempli*. Qu'est-ce que cela signifie ? La matière, qui est permanente, se trouve en chaque endroit de l'espace. Elle le remplit. C'était déjà le cas par la substantialité. Est-ce que, ce faisant, l'espace vide est nié ? a) La matière est dans l'espace. b) L'espace est étendu de tous côtés, la matière est donc une sphère. Mais l'espace est-il infiniment étendu ? On peut assurément le prouver, mais ici, manifestement, rien ne nous pousse à rechercher ces preuves. Si l'espace est infiniment étendu, la matière permanente l'est-elle aussi ? On ne peut, à partir de la seule considération de la réalisation de la matière, répondre à toutes ces questions. *La matière est dans l'espace*. Nous ne savons actuellement rien de plus.

1) Mais cela dit, la matière dans l'espace peut-être modifiée. Elle est en perpétuel écoulement (conformément à la deuxième proposition). L'espace est étendu de tous côtés. Par conséquent, la matière est modifiable dans chaque partie pensable de l'espace en lequel elle se trouve. Chacune de ses monades est en perpétuel changement. Ceci est exact, d'après ce qu'on a vu plus haut. Mais la matière est-elle vraiment en chaque partie de l'espace ?

2) L'essence de l'espace, c'est à la fois la continuité et le fait d'être étendu de tous côtés. Par conséquent, dire que la matière est dans l'espace veut déjà dire qu'elle le remplit, et qu'elle remplit chacune de ses parties (plus précisément chaque partie à l'intérieur de laquelle elle est posée, car il n'est pas question ici d'espace vide). Dès lors, la matière est dans chacune des parties ; par conséquent, dans chaque partie de l'espace, elle est en un perpétuel écoulement. En chaque partie, elle est cause et effet. (Tout ceci serait exact, s'il m'était permis de présupposer l'impénétrabilité de la matière. Cependant, je crois que cette impénétrabilité résulte de ce qui a été dit, et l'acte particulier du pouvoir propre, en ce qui concerne cette catégorie de la causalité, consiste précisément à poser la matière comme impénétrable, sinon le concept ne serait nullement originaire, mais déduit.) Jusque-là, tout est exact, mais nous n'avons encore rien tenté qui nous permette de comprendre ce qui doit être compris. Chaque monade se trouve en un flux et comprend une série, comme celle déduite plus haut. Dès lors, ne devrions-nous pas affirmer qu'il y a plusieurs temps ? Oui assurément,

et il y aurait là une redoutable contradiction, puisqu'il n'y a qu'un seul temps. Telle serait donc la contradiction susceptible de nous conduire à la proposition suivante et, peut-être aussi, de nous aider à éclaircir le principe de causalité.

Cela doit être établi ainsi :

a) Il y a des monades infinies qui décrivent, de par leur écoulement, une série temporelle nécessaire.

[126] b) Le temps doit être un, ce qui contredit ce qui a été dit antérieurement. Donc, acceptons un troisième terme = x, en lequel ces différentes séries pourraient n'en faire qu'une. Qu'est ce que x ? Nous le savons déjà, car toutes les séries doivent être établies et décrites par et selon *une* loi : une loi contient l'ensemble des séries et l'ensemble des séries forment une loi ; tel est le véritable concept de *l'action réciproque*. Mais, plus fondamentalement, qu'est ce que cela signifie vraiment ?

Qu'est ce que x ? x doit être égal à toutes les séries temporelles, en même temps qu'à une seule série. Cette série est telle qu'à partir de chacun de ses membres résulte toute la série. Toutes les séries temporelles doivent donc résulter à la fois d'une série et de chaque membre de la série. Ce qui signifie qu'une fois une série posée, elles le sont toutes ; et puisqu'une série est posée lorsqu'un seul de ses membres est posé, alors toutes les séries sont posées. Chaque membre de chaque série détermine chaque membre de toutes les séries. C'est un mouvement perpétuel où chaque roue s'engrène en toutes, et toutes en chacune. Bien, mais n'admets-tu pas ici une série à part, une série de séries, laquelle serait une série absolue ? Que puis-je savoir de celle-ci ? Autant que d'une matière absolue. À la vérité, il semble que j'accepte encore ici d'autres séries, à savoir : 1) *une série* inscrite dans l'espace, dont la direction dépend de mon imagination libre. Dans l'espace, les séries temporelles simultanées déterminent a. b., b. c., etc. Une telle série sera à considérer ultérieurement. 2) Une série dans le temps, qui ne dépend pas de cette direction libre, mais dont la succession est nécessairement décrite. Quelle est cette série ? Est-ce une série de plus, ou bien est-ce le concept général de la série ? a) Je ne puis suivre en même temps plusieurs séries ; je ne puis en suivre qu'une. b) Je peux, par le non-assujettissement de l'imagination, passer d'une série à une autre. c) Entre plusieurs séries, je peux choisir celle que je veux. Mais je dois rester dans la série croissante ou décroissante, dans la série où deux membres ne sont pas simultanés ; c'est en cela, seulement, que réside la véritable série de la *causalité*. Le premier membre n'était qu'une succession temporelle. Ici, un membre en limite un autre non seulement dans le temps, [127] mais aussi, en raison de sa propre limitation, dans l'espace. Et c'est, au premier chef, cela qui constitue la causalité.

N. B. Sans l'action réciproque, la causalité n'est pas entièrement compréhensible. Or, comme on le sait, l'action réciproque n'est pas compréhensible sans maîtrise préalable de la causalité. Dès lors, ne nous faut-il pas suivre une autre méthode ?

Il nous faut encore examiner la série N1 :

Dans la série 1, a produit b nécessairement, ce qui signifie : 1) a limite b dans l'espace. Là où a s'arrête, commence b, et inversement. Ceci était déjà déductible de la continuité dans l'espace. 2) a se transforme ; par conséquent, b, c, etc., se transforment aussi (conformément à la proposition précédente), et cela parce qu'à partir de la série temporelle de a, doit se laisser déduire celle de b. Elle doit ne former avec celle-ci qu'une seule série. 3) a, dans cette série, limite-t-il b dans le temps ? a est concomitant à b. Il le produit dans le temps, mais ne le limite pas. Par conséquent, a, b, c se limitent dans l'espace et se produisent dans le temps, ce qui signifie qu'à l'instant où a est pensé, sont aussi pensés b, c, etc. Qu'en était-il dans la série temporelle ? Là, a limitait b dans le temps. Le produisait-il comme phénomène dans l'espace ? Il le produisait comme phénomène dans le temps. Si je pense a, alors je dois nécessairement poser b dans le temps suivant. Mais est-ce aussi valable pour la série temporelle absolue dont on a parlée plus haut ? Peux-tu mettre en série tel effet dans l'espace et tel autre dans le temps ?

Est-il inhérent à la loi de causalité que a produise b également dans l'espace ? Oui certainement ; b ne peut pas ne pas être intuitionné dans l'espace. Mais cela ne résulte pas du tout de l'action réciproque, et donc sa déduction n'est pas vraiment nécessaire ici.

Théorème : *Deux choses ne peuvent être égales entre elles au même moment*, car a produit b, c, d, etc. Si, en effet, d était = b, alors b devrait être = a, et ainsi de suite, ce qui se contredit.

[128] *Ainsi, deux choses ne peuvent être égales* dans le temps. Il n'y a pas d'espace vide. Il n'y a pas de temps vide, etc.

Toutes les catégories sont déduites d'une manière exacte. Maintenant, jetons un regard sur l'ensemble de la démonstration ainsi que sur la méthode !

La contradiction dont nous sommes partis était la suivante : *deux sensations opposées en un temps différent doivent constituer les déterminations d'un seul et même Moi*. Cette contradiction ne pouvait être levée que si ces sensations étaient dans *un* temps ; pour cela, nous avons supposé la substance. Était-ce nécessaire ? Je crois que oui. La substance est la source de toute *relation*. Sans elle, nous ne parvenons pas à la notion d'écoulement, à partir de laquelle la causalité doit être déduite. Nous avons donc supposé cet écoulement et ainsi, nous avons démontré la causalité. Ne pouvions-nous pas, de là, passer à l'espace? Nous ne savions pas que tout était dans un continuel écoulement. Nous ne l'avons appris que par la réalisation d'une série temporelle constante. Donc, la démarche est tout à fait exacte [1].

Conclusion de la deuxième partie

Dans la troisième partie, la faculté de représentation elle-même sera considérée comme Non-Moi. Elle deviendra objet. Mais ici, je ne dispose d'aucune contradiction dont je pourrais partir, si ce n'est peut-être celle-ci : *le Moi est égal au Non-Moi*. Mais qu'est ce qui m'amène à cette contradiction ? La proposition précédente, dont nous sommes partis, était celle-ci : le Non-Moi doit être égal au Moi. (Ce point serait donc résolu.) Mais alors, nous aboutissons à cette conclusion naturelle : le Moi est donc = au Non-Moi. Cette conclusion nous conduirait à un parcours descendant et non à un parcours ascendant. [129] Nous pourrions descendre des concepts aux intuitions, mais je crois que cela reviendrait au même. Cependant, parce que tu souhaites atteindre les *Idées*, il te faut monter et non descendre.

Je peux penser par analogie : dans la partie précédente, je suis parvenu aux concepts de matière permanente, de temps et d'espace remplis. Dans cette partie, je devrais parvenir à l'*Idée* d'une matière, d'un temps et d'un espace absolument limités.

1. Penser signifie attribuer à chaque élément déterminé sa place dans l'espace et le temps, selon ses lois ou selon les concepts de substantialité, causalité et action réciproque, et ce, par la faculté de juger, qui est assujettie. *N.B.* Tout ce qui est sensible est pensé comme accident, cause et effet, et de surcroît, en action réciproque avec tout ce qui se trouve dans l'espace.

[TROISIÈME PARTIE]

MAINTENANT ABORDONS HARDIMENT LA TROISIÈME PARTIE

La sensation externe engendre une passivité, passivité ressentie par la sensation interne. L'imagination réalise ce qui cause l'impression. Elle le représente et, de là, naît une *intuition*. Plusieurs intuitions sont ordonnées par des concepts, en vue de l'unité synthétique de l'aperception. Ce sont des procédures qui sont effectuées avec l'objet de l'intuition externe; les facultés intermédiaires, c'est-à-dire la sensation interne, la force de produire des images et celle d'ordonner ne sont là que pour préciser la réalité de ces intuitions, c'est-à-dire décider de leur admissibilité dans le Moi. On n'a donc absolument pas besoin de continuer à les étudier en elles-mêmes, mais il faut étudier la relation qu'elles entretiennent entre elles. Cela dit, ne peut-on pas penser que la sensation interne livre également des objets et que, par suite, elle doit être étudiée. Certes, la sensation interne livre des objets (donc, du sensible en général), dans l'espace et le temps. Ces objets sont effectivement déjà représentés, parce qu'ils ont été réalisés dans les catégories de substantialité, de causalité et d'action réciproque. C'est pourquoi l'étude de l'influence mutuelle de l'effet (effet réciproque et originaire[1]) serait terminée. [130] Et pourtant, il nous reste encore une question.

1. Je pourrais appeler l'effet originaire : concurrence, si toutefois originaire signifie la même chose qu'universel. La causalité, l'efficience, épuise complètement le *Nexus* qui doit être nommé. La substantialité (la permanence) n'est pas, car seul est permanent ce qui est variable dans sa variabilité même. Cette stabilisation de ce qui est variable devrait être exprimée; comment peut-on l'appeler? Rendre stable, être stable (lorsque ce terme est utilisé de manière active), rendre continu, établir, rendre constant? La constance, la fixation? Tenir, arrêter? C'est un terme suggestif que le verbe « arrêter ». Et pourtant ici, il n'exprime rien. Arrêter l'écoulement des choses? Mais cela, à dire vrai, n'est pas possible

1) Ce que le pouvoir propre réalise doit déjà être intuitionné. Cependant, matière, espace et temps ne sont-ils pas des intuitions internes et non des intuitions externes ? Non, la matière qui demeure, le temps qui est rempli, et l'espace ne sont nullement des intuitions mais des concepts. Mais alors, que doit être l'intuition ? Elle réside en chaque sensation singulière. Mais la sensation, en général, n'est pas une intuition, mais un concept né de la réflexion. Plus précisément encore, ce n'est pas tout à fait un concept mais, à proprement parler, une image-pensée du mode de sentir, que l'imagination produit par la spontanéité ; c'est donc un schème. Il en est de même du temps (qui consiste à ordonner dans la succession) et de l'espace (qui consiste à ordonner dans la contiguïté).

La sensibilité est quelque chose d'efficient.

Le temps est formé d'une série dont les éléments se succèdent ; c'est une ligne droite tracée à partir d'un point.

L'espace est formé de séries dont les éléments sont contigus en trois dimensions.

Il s'agit donc d'intuitions internes qui, parce qu'elles ne sont pas données par la passivité, sont produites par *l'activité* de l'imagination. Donc, 1) en aucun cas, elles ne sont données. 2) Cependant, leur intuition ne dépend pas du libre arbitre (sans réflexion, on ne prend pas non plus conscience de ces intuitions) ; au contraire, ces intuitions sont nécessitées par l'unité de la synthèse de l'aperception.

Ce dernier point relève de la déduction des catégories de la *Relation*. Nous faut-il, en plus, élucider le concept du concept ? Je doute que cela soit nécessaire. Il nous faut plutôt rechercher *les degrés de la pensée*.

L'imagination fournit aussi quelque chose, à savoir la manière dont elle procède envers les formes de la sensibilité, *les formes du temps et de l'espace* en général ; (l'expression « forme » est remarquable en ce qu'elle renvoie à quelque chose de tout à fait universel (contenu en toutes choses) et, néanmoins, *ne renvoie à aucune chose existant en particulier*). L'imagination *réalise* quelque chose qui *n'est donné* dans aucune sensation. Elle crée. Parvenus à ce point, ne pourrions-nous pas descendre jusqu'à la faculté de désirer où, là aussi, quelque chose qui n'est contenu dans aucune sensation, doit être réalisé ?

Les degrés de la pensée ne sont nullement les relations des choses entre elles, mais bien relations des choses à notre entendement. Ces relations forment un ordre, non dans la sensation, le temps ou l'espace, mais dans

car le cours des choses continue. Cependant, il est retenu par quelque chose de stable, il est arrêté (il est comparé à ce quelque chose de stable). Donc, on a ce qui est constant et ce qui rend constant, l'efficience et l'effet, ce qui agit et ce qui subit, la cause originaire et l'effet originaire.

l'entendement. Les relations des choses entre elles doivent déjà avoir été effectuées, avant qu'on ne puisse expliquer celles des choses à l'entendement. Mais pour ce faire, il faut avoir l'intuition interne de soi-même; cette intuition est donnée, par le biais des premières intuitions, à l'imagination productrice. [131] Ces relations doivent elles-mêmes être référées à quelque chose, mais à quoi? Sans doute, au pouvoir propre de l'imagination productrice elle-même. Testons cette possibilité.

La spontanéité produit elle-même des intuitions (la différence entre les intuitions doit résider dans un assujettissement* plus ou moins grand du pouvoir propre, en cet acte). Ce qui est effectif est référé à une sensation externe; ce qui est possible, à une sensation interne (sans sensation externe); ce qui est nécessaire est référé aux deux, en leur liaison même; (il en est bien ainsi). Ce qui s'accorde aux conditions de la sensation interne et externe est effectif. Ce qui s'accorde aux conditions de la sensation interne (la sensibilité, le temps, l'espace) est possible. Il nous reste la possibilité même de la pensée, qui doit également s'accorder aux conditions de la sensation interne. Ce qui s'accorde aux conditions de la pensée est nécessaire. Non, ce n'est pas tout à fait exact. Ce dont le contraire est possible est contingent.

Une idée d'importance: la nécessité relève de la déduction d'un b à partir d'un a. Il s'agit donc de tout autre chose que de la réunion du divers dans la sensation; il s'agit d'une réunion des représentations elles-mêmes. Une déduction des degrés de la pensée doit donc commencer ainsi: ces trois catégories se trouvent dans le Moi; par suite, ne sommes-nous pas conduit à un Moi triple? Comment le Moi réunit-il ces trois catégories? Y a-t-il là une contradiction? La suppression de cette contradiction nous donnerait la déduction la plus grandiose.

La pensée est elle-même quelque chose = Non A. Par là, l'aperception est possible. Le Moi est dans le Moi. Cette explication, qui tente de préciser comment ce Moi peut à nouveau être représenté, pourrait bien nous conduire aux *Idées*.

Essayons de comprendre à partir de l'ensemble de la série.

Le Non-Moi doit être = au Moi. Pour cela, il lui faut la quantité. Il y a quelque chose, x, qui est une partie de A et de Non-A. Ceci est un résumé de la deuxième partie. 1) Tout ce qui est senti peut aussi ne pas l'être (*N. B.* ceci doit être mis en évidence, non à partir de la conscience pure, mais à partir de la possibilité de la conscience empirique). 2) Le non-sentir n'est pas senti, par conséquent l'absence d'une sensation ne se laisse conclure qu'à partir de la présence d'une autre sensation, qui lui est, dans une certaine mesure, opposée. Il y a un divers. 3) Mais, ce divers doit être intégré dans une conscience, ce qui est possible par quelque chose qui est commun à tout ce divers, et que le Moi produit lui-même, par la réalisation, dans la sensation. Le Moi produit la réalité dans la sensation, c'est-à-dire produit une matière permanente, une constance dans la suite. Le Moi est donc efficient. [132] Par là, tout dans l'espace, comme matière, devient constant au sein d'une connexion; tel est l'effet originaire [1].

La matière est stable; elle subsiste grâce à cette stabilité. Concevoir veut dire orienter, placer quelque chose à la place où il doit être, le détourner de celle qui ne lui convient pas. L'entendement est le pouvoir de poser les choses à leur place, il est donc ce qui est stable, ce qui est susceptible de stabilité. La matière a de l'efficience : elle agit à partir de l'effet, et on doit la considérer à la fois comme l'agissant et l'agi. Tout est effet originaire. S'arrêter signifie cesser d'avoir du mouvement. Sommes-nous parvenus enfin à ce que nous exigions ? Non-A est-il maintenant = A ? Notre raisonnement nous a conduit à l'unité, l'identité, parce que tout se rattache à la matière permanente. Le Moi est réalité et réalité identique et, en tant que tel, maintenant Non-A = A.

Mais y a-t-il encore des déterminations supplémentaires dans le Moi ? Dans le Moi, le Non-A doit-il aussi être égal à A ? Oui, bien sûr. Mais nous verrons cela plus tard. Reprenons : le Moi et le Non-Moi sont désormais *égaux* selon l'identité ; (avons-nous dépassé l'étape précédente, c'est-à-dire le moment où nous n'avions pas encore abstrait la diversité ?). Mais nous avons toujours *deux termes*, nous sommes toujours confrontés à une dualité. Ne devrait-on pas également trouver une identité numérique ? Je crois que parvenir à celle-ci est la plus haute tâche de la philosophie. Elle n'est possible que si les choses sont des déterminations *adéquates* à notre Moi pur. Que la justice règne; tel est le cas pour Dieu (cela donne un spinozisme, mais c'est un spinozisme tout autre que le spinozisme théorique, spéculatif; c'est un spinozisme moral) *.

Le Moi représente le Non-Moi comme identité, non pas comme identique au Moi, mais comme identique en soi. C'est là une partie de la question relative à la liaison, à la relation de la représentation au Non-Moi. [133] La deuxième partie concernait la relation de la représentation au Moi. Selon la première partie, la représentation était :

1. Une idée en passant : je dois faire accéder la nature – la nature matérielle, non raisonnable – à la justice. Là où je trouve déjà cette nature comme juste, là où elle correspond à mon concept nécessaire, alors je présuppose que cette nature est raisonnable, je présuppose donc des êtres effectivement raisonnables à l'extérieur de moi, êtres qui ne peuvent se manifester que de cette manière. Tu peux voir ici la base du droit de contrainte, la base de la morale, etc. Si quelque chose devient raisonnable et juste, alors qu'il ne l'était pas auparavant, il devient libre. De là découle aussi le droit des enfants, de l'éducation du peuple, ainsi que le droit de se dresser contre des princes injustes. Ils sont injustes quand ils ne traitent pas avec raison quelque chose qui, selon toute vraisemblance, pourrait devenir raisonnable.

1) Effet du Non-Moi (ce qui était possible par la position d'un Non-Moi substantiel), 2) accident du Moi ; or, c'est ce qui nous reste à expliquer.

En effet, ce que signifie ici : « la représentation est accident du Moi » demeure encore imprécis. Dire que la variabilité était accident de la matière signifiait que la matière était modifiée; or, cela ne saurait valoir pour le Moi, car le Moi n'est pas modifié. 1) Il *n'est* pas modifié par quelque chose d'autre. 2) Mais, ne peut-il se modifier lui-même par l'auto-activité? Il ne peut se modifier en tant que Moi pur. Il est ce qu'il est; dès qu'il devient autre chose, il n'est plus le Moi. Qu'est-il alors? Une représentation de lui-même. Mais nous aurions dû déduire d'abord comment le Moi (comme Moi pur) se représente lui-même comme empirique, comme Non-Moi ; ce qui donnerait alors un Non-Moi dans le Moi, ce dont nous avions besoin pour notre proposition. Tout ceci paraît exact. La représentation du Non-Moi, lorsque le Non-Moi en soi est déjà identité, ne se laisse pas référer immédiatement au Moi, qui lui est totalement opposé. Mais dans le Moi, ce qui est possible se laisse, effectivement, référer à ce qui, dans le Moi pur, est nécessaire. Ainsi, avec cette ultime recherche, la théorie de la *conscience* d'un Non-Moi ou analyse du « je pense », serait terminée.

L'aspect matériel de la proposition paraît exact. Dès lors, que nous faut-il étudier? L'aspect formel, ou le chemin pour le trouver?

1) Non-A (y compris comme substance) est toujours opposé à A. On doit thématiser ici une contradiction.

a) Le Moi, l'imagination productrice, a conféré réalité et même substantialité au Non-Moi. Oh non, ce n'est pas tout à fait cela. Nous avons seulement montré, à ce moment-là, que le Non-Moi, pour être pensé comme identité, devait avoir réalité et substantialité. Arrêtons-nous! Nous avons démontré que réalité et substantialité ne sont pas appréhendées comme telles[1]; [134] par conséquent, ces propriétés ne procèdent pas de l'appréhension, mais de quelque chose d'autre, c'est-à-dire de la spontanéité de l'égoïté. Jusqu'à présent, c'est uniquement par l'argumentation, qui repose sur le principe de non-contradiction, qu'on a montré qu'il devait en être ainsi, à condition que la présupposition soit exacte, même si elle ne peut être davantage démontrée. Mais, on n'a pas encore vu *de quelle manière* le Moi transfère ses concepts. Nous ne pouvons penser autrement que nous *pensons*. Une intuition, si elle est, en dernière instance, purement intellectuelle peut-elle être donnée comme susbtrat de cette pensée?

Pour le dire de manière plus précise : on a montré que la spontanéité transfère de tels concepts; que le Moi doive posséder cette spontanéité est seulement conclu. La recherche est donc maintenant la suivante : *comment* le Moi, qui est simple, peut-il néanmoins produire ces concepts? La

1. Cela dit contre Enésidème*.

réponse à cette question nous montrera que quelque chose de *nécessaire* doit être. La *nécessité* deviendra donc la forme de l'unité de tous les concepts *a priori*.

2) Il nous faut donc penser un troisième terme (= x), en lequel la réunion de Non-A (comme substance) à A, soit pensable (c'est à dire non-contradictoire, car tout dépend de cette proposition de la contradiction).

x = Non-A (comme substance) et = A (x est, comme nous le savons si nous nous situons du point de vue historique*, le sujet pensant, le Moi, qui est à nouveau représenté ou pensé). Le Moi n'est pas effectivement que pensant, mais il est représentant en général. Ses sensations sont effectives, ses synthèses possibles (par le biais de l'imagination), et sa pensée nécessaire.

3) Pour penser x de cette manière, il nous faut donc un troisième terme, tout comme nous disposions plus haut la quantité. Quel est ce troisième terme ? D'un point de vue historique, peut-il s'agir, en quelque sorte, de la représentabilité ? Parce que tout comme Non-A, x est représentable, il est donc, en tant que tel = Non-A. C'est exact, mais alors dans quelle mesure est-il = A ? Je crois que c'est parce qu'il est nécessaire ; il est quelque chose tout simplement parce qu'il est, comme c'était le cas pour le A absolu. A est ce qu'il est et parce qu'il est.

Par conséquent, en x, le prédicat est *représentable*, il est le *medius terminus*, le degré, la différence spécifique. Les degrés sont le « possible », « l'effectif », le « nécessaire ». C'est exact, mais ce n'est que déduit.

1) Mais pourquoi le *medius terminus* est-il *représentable* ? Il ne s'agit pas de réalité, car ici, A et Non-A sont précisément opposés dans la réalité. Néanmoins, ils doivent en même temps être égaux du point de vue de la réalité. Donc, la réalité de Non-A est une réalité transférée, la réalité de A, une réalité qui transfère. [135] Transférer la réalité, c'est ce qu'on appelle *représenter*. A représente ; Non-A est représenté. A doit devenir = Non-A ; ce qui n'est possible que si le Moi représentant est aussi représenté. Bien ; nous aurions donc ici l'égalité entre A, le représentant, et Non-A, le représenté. De là naîtrait cette contradiction : que représente donc à nouveau le Moi représentant ? Réponse : lui-même. Cette contradiction lèverait toutes les contradictions précédentes. (A se représente *lui-même* comme il se présente *lui-même*.) La théorie de la représentation serait achevée. Nous reviendrions à notre cercle. Mais ce faisant, nul passage vers le champ de la philosophie pratique ne s'offre à nous. Il nous faut donc revenir en arrière et nous interroger sur la notion de « représentation de la présentation » ; ce qui pourrait nous conduire aux *Idées*, aux *Idées* comme passage de la philosophie théorique à la philosophie pratique.

2) Thèse : A (le représentant de Non-A) est représentable. Conformément à notre méthode, cette thèse devrait être ramenée à une contradiction ne se laissant surmonter que par un nouveau *Fait* synthétique : les degrés de la pensée.

Cette contradiction est toute trouvée, car *représentant* et *représenté* se contredisent eux-mêmes. Pouvons-nous, comme précédemment, avoir recours à la *quantité* ? Les degrés de la pensée sont, à vrai dire, une sorte de quantité de pensée. *L'Unité* est *effectivité*; la *pluralité*, *possibilité*; la *totalité*, *nécessité*.

3) Pourquoi *représentant* et *représenté* se contredisent-ils ? Le premier est réalité, activité, le second négation, passivité; ce qui nous conduit à la *limitation* (de la représentation), donc à une quantité. La réalité de l'acte de représenter consiste à transférer toute réalité; la réalité de la négation est le contraire, c'est-à-dire consiste à se laisser transférer toute la réalité que l'on possède. La réalité de la limitation consisterait donc à transférer une partie de la réalité, et non toute la réalité. Ainsi, dans la limitation, il y a bien une quantité, une mesure de la quantité transférée, et une mesure de ce qui est transféré. Restons un instant sur ce point. Qu'est ce qui est limité dans la représentation ? La représentation de la représentation.

4) La représentation de la représentation est limitée, c'est-à-dire que sa réalité ne provient ni entièrement du transfert, ni totalement d'elle-même. En elle, il y a quelque chose de transféré et quelque chose de non-transféré. (Ici, il y a malheureusement une ambiguïté, car ce qui est transféré peut être considéré comme venant de A mais aussi de Non-A. Pourtant, ce n'est que médiatement que la réalité vient de Non-A. C'est pourquoi nous sommes en droit ici de continuer l'analyse générale.)

Néanmoins, je redoute ici de tomber sur une ambiguïté encore plus grande; en effet, la représentation de la représentation peut être soit représentation de quelque chose de matériel, soit représentation de quelque chose de non matériel.

[136] Mais en fait, cette remarque ne nous concerne pas vraiment ici, car pour l'instant, nous ne parlons que de ce qui est matériel.

a) Dans la représentation de la représentation, il y a quelque chose qui n'est pas transféré, à savoir le représenté, ou matière de la représentation. Cette matière de la représentation est déjà réalisée, mais non par la représentation de la représentation. Il s'agit donc d'une réalité que la représentation possède initialement.

b) Plus précisément, la *représentation* est représentée; il y a ici trois moments : la représentation comme objet, le représentant comme sujet, et la représentation de la représentation. Nous ne répondons donc pas à la question : qu'est ce qui est dans la représentation, mais bien plutôt à cette autre : qu'est-ce qui est dans la représentation de la représentation ? Cette représentation de la représentation doit être limitée. Elle n'est ni entièrement réalité, ni entièrement non-réalité de la représentation.

1) Toute représentation n'est engendrée que par la *spontanéité* de l'imagination et donc, la représentation de la représentation l'est également. La spontanéité (du A, du Moi pur) lui confère sa réalité *comme représentation* ; elle lui confère son essence, son existence. La spontanéité se rapporte à A, comme l'effet à la cause ; et cela, conformément à son essence, c'est-à-dire du fait qu'elle est une représentation, qu'elle a de la réalité. Aussi pourrais-je parler de la *matière* de la représentation comme telle, si toute la matière n'était pas dans l'espace. Mais arrêtons-nous ! La représentation est dans le temps. Par conséquent, la spontanéité ne lui indique pas sa place, mais uniquement sa réalité en général dans le temps. Maintenant, nous commençons à y voir plus clair ; nous obtenons, en effet, une réalisation *dans le temps* (et pas seulement un ordre, comme plus haut), réalisation dont il n'avait pas encore été question auparavant. Donc, en tant que telle, cette représentation reçoit sa réalité [1].

2. L'objet de cette représentation est une représentation donnée, établie, totalement déterminée qui (en cette fonction) ne dépend plus du tout de la spontanéité. Il y a là de la réalité ; cette réalité ne détermine pas l'être mais seulement les limites, c'est-à-dire les formes, de cette deuxième représentation. [137] Dès lors, la représentation N2 se rapporte-t-elle à son objet (objet de la représentation N1), comme l'accident à la substance ? (Il devrait bien en être ainsi, si ce premier rapport est donné exactement ; ce qui nous ouvre, par là même, d'intéressantes perspectives sur le système de notre esprit ; ici, en effet, nous avons effectivement affaire à un renversement : là où le Moi, devenu Non-Moi, est représenté, le Non-Moi se trouve à la place du Moi *. Quelle utilité pour la philosophie morale !)

Tout ceci n'est pas encore tout à fait compréhensible. Il faut y ajouter une forme de l'intuition. Substance et accident ne sont ni dans le temps ni dans l'espace ; en revanche, nous avons vu qu'ils sont de la sensibilité qui a été fixée ; c'est pourquoi il nous faudrait ici fixer la pensabilité ; il s'agirait de la nécessité. *Mais voyons*. Ce que je souhaitais atteindre, c'était *l'effectivité*. Ce rapport, une fois posé, serait celui de l'effet originaire. Mais qu'est ce que cela signifie ?

1. Je dois sentir le contraire de chaque réalité, comme je dois également sentir le contraire d'une réalité de la sensation interne. Dès lors, la sensation interne n'est produite que par la spontanéité ; par conséquent, son contraire l'est également. Mais la spontanéité signifie penser ; par suite, à partir de chaque sensation interne, on peut aussi penser le contraire, c'est-à-dire qu'on peut penser que ce contraire est possible. *NB*. On peut penser que ce contraire est possible dans un même temps, car la spontanéité ne produit la sensation que dans le temps.

La représentation N1 détermine la représentation N2, selon sa forme. Mais où la détermine-t-elle ? (Elle ne la détermine pas dans le temps, car c'est son existence qui est déterminée dans le temps.) Il s'agit d'une forme déterminée de la spontanéité. Il faut que la représentation soit représentée comme quelque chose de réel, comme quelque chose d'ordonné dans le temps et dans l'espace. Elle doit donc être fixée dans la *spontanéité de la pensée* ; c'est pourquoi il ne s'agit plus de spontanéité, mais de légalité *(validité objective et réalité)*. Quel rapport a, dès lors, N2 à N1 ? Si l'existence de N1 est posée, alors la forme de N2 est posée, si N2 est posé, alors N1 doit être posé.

Nous devons étudier encore plus précisément le rapport entre les deux représentations pour ne pas arriver, avant l'heure, dans le champ de la *nécessité*.

Il y a un rapport. a) L'existence de N1 est la condition de l'existence de N2. Donc, la représentation N1 est condition, la représentation N2 est conditionnée. Par conséquent, la représentation N1 est forme de la représentation N2, comme nous l'avons déjà affirmé. La représentation N2 est donc dépendante de la représentation N1, non du point de vue de son existence mais de ses limites. En quoi consiste cette dépendance ? Je crois qu'il s'agit de la dépendance de la représentation envers l'objet. Mais, cela semble impossible ; et pourtant, nous avons dit plus haut que la *passivité* se rapporte à la réceptivité comme l'effet à la cause. Néanmoins, puisque cette représentation n'est nullement produite par une *passivité*, alors il ne saurait en être de même ici. [138] C'est, en effet, beaucoup plus la représentation N1 qui est passive. Elle l'est, parce qu'elle est représentée par la spontanéité. Si quelque chose a lieu dans la représentation N1, alors il sera réalisé (c'est du moins ce que je crois). C'est-à-dire qu'en N1, l'objet matériel est déjà réalisé par l'imagination. Ensuite, N1 est à nouveau représentée, c'est-à-dire qu'une certaine réalité est transférée à cette représentation. En quoi consiste cette réalité ? Ce n'est pas une réalité matérielle, car celle-ci se trouve déjà dans cette représentation. Est-ce une réalité dans le temps ? L'objet de N1 est déjà déterminé dans le temps, par la représentation N1 elle-même. La représentation N1 consiste à déterminer cet objet dans le temps. Consiste-t-elle également à le déterminer dans la sensation ? L'objet de N1 est déterminé dans la sensation, c'est-à-dire qu'il fait partie du sensible en général, il est accident de la substance qui subsiste. Donc, il est dans l'espace. Mais le temps lui-même est une forme de la sensation interne. La représentation N1 est-elle déterminée dans la sensation interne, dans la conscience, par l'intermédiaire de la représentation N2 ? La représentation N1 est déterminée dans le temps, c'est-à-dire déterminée médiatement, dans la mesure où toute sensation dans l'espace doit être aussi dans le temps. Mais dès lors, sa représentation pourrait être déterminée *immédiatement* dans le temps, comme forme de la conscience. *Nous verrons*. La représentation N2 est produite dans le temps par la spontanéité; par conséquent, la représentation N1 est également produite comme *objet* de la représentation de N2. La place dans le temps est déterminée exclusivement par la spontanéité. Est-ce vrai ? La *place* en tant que telle n'est nullement déterminée, seul *l'Être* dans la sensation interne l'est. Par conséquent, rien du temps, y compris dans la représentation N1, ne peut être inexact. Donc, a) 1 recevrait, par la spontanéité, la réalité en 2, dans la sensation interne ou dans la conscience, dans la pensée; mais pour être plus précis, il faudrait plutôt dire : « il est pensé » ! Est-ce cela que j'appelle la sensation interne ? La spontanéité n'est pas sensation, la sensation est *passive*. La représentation N2 est indéniablement produite par la spontanéité; il n'y a aucun doute sur ce point. La représentation N2 consiste à réaliser la représentation N1 ; par conséquent, la représentation N1 est réalisée *par* la spontanéité, mais aussi *dans* la spontanéité. Ce qui signifie qu'elle est réalisée dans une forme. La représentation N1 *est* déjà réalisée par les catégories de la relation, dans les formes de l'intuition (temps et espace). Il nous reste donc plus qu'à considérer la forme de la pensée, c'est-à-dire la catégorie. La représentation N1 est également réalisée *dans* la *spontanéité*. Mais qu'est ce que cela signifie ? Cette détermination n'est peut-être pas la plus urgente ici. Cela voudrait dire que la représentation est posée dans les catégories à une place déterminée, selon qu'elle est à penser comme substance, accident, cause, etc. Mais je ne comprends pas qu'elle soit déjà pensée comme la représentation N1 et non comme objet de la représentation N2. En quoi consiste la réalisation qui a lieu par la représentation N2 ? Il n'est pas question de la *déterminer*, puisque elle est déjà déterminée. Elle n'est spontanée que *comme* représentation. Elle est admise dans la conscience (cela est dit d'un point de vue historique).

[139] *Digression*. Que signifie donc la *conscience* ? Quelles sont ses conditions ? La conscience est spontanéité de la spontanéité, *pensée* d'une intuition interne[1]. Sans la pensée, il n'y a pas de conscience; (*penser* est synthèse du Moi et du Non-Moi dans une représentation). Aucune pensée n'est sans spontanéité, aucune intuition non plus. *Penser* une intuition relève, par conséquent, de la spontanéité de la spontanéité, et elle seule est conscience.

Ainsi, la réalité qui est transférée, lors de la représentation de la représentation, est réalité de la *conscience*. Cependant, tout ceci n'est encore qu'historique et relève plutôt de la devinette.

1. Remarque : la proposition de la conscience est celle-ci : je rattache à mon Moi un Non-Moi.

Reprenons

1) Seule la spontanéité transfère la réalité. Elle *représente*. Elle seule représente aussi une représentation. Par conséquent, la représentation de la représentation est engendrée comme représentation, conformément à son essence et son être, par la spontanéité et seulement par la spontanéité. Puis-je dire que la spontanéité se rapporte à la représentation, comme la cause à l'effet ? Comme ici, il est question de la pensée pure, je puis fort bien faire abstraction du temps. La spontanéité seule n'est-elle pas la cause originaire de toute *œuvre* possible ? Je le crois. L'imagination ne se trouve soumise ici à aucune condition, même pas à celles des catégories qui ne valent que conditionnées. Je ne puis penser la représentation N2 sans la spontanéité. Mais je peux penser la spontanéité sans cette représentation, car la spontanéité est libre. Quel est donc ce rapport particulier ? C'est le rapport de causalité ; mais nous ne l'avons pas encore défini précisément ; nous pouvons, néanmoins l'utiliser provisoirement. La force de création n'est-elle assujettie à aucune loi ? Elle n'est assujettie à aucune loi, si ce n'est celle de la non-contradiction, parce qu'elle est une force du Moi identique. Le principe de contradiction est la loi de la spontanéité pure et rien d'autre. Fort bien. Telle est la réalité que possède la représentation de la représentation… [Phrase inachevée.]

2) La représentation qui est représentée est donnée comme totalement déterminée et établie (déterminée dans les concepts de *Relation*). Elle a de la réalité. En étant représentée, elle reçoit la forme de la spontanéité en son ensemble. Telle est la réalité qui lui est transférée. Comment se rapporte-t-elle à la spontanéité ? La représentation N1 devient un accident de la faculté spontanée, c'est-à-dire de la force de penser. C'est seulement maintenant que je puis dire : je pense x, y, z. [140] La conscience serait ainsi analysée.

3) La représentation N1 se donne comme totalement *déterminée* (et là rien n'est spontané). Mais la représentation N2 doit-elle lui transférer la spontanéité ? Ceci se contredit. Comment peut-on lever cette contradiction ?

La contradiction se trouve entre les termes suivants : *déterminé* et spontané, non déterminé et libre ; cette contradiction est levée par l'expression « déterminé par soi-même ». Si la représentation N1 est déterminée et néanmoins représentée par la spontanéité, alors la représentation doit être déterminée par la spontanéité, c'est-à-dire qu'elle est nécessaire. Dans la sensation seule, elle est effective, et dans l'imagination seule, elle est *possible*.

Le problème de toute ma déduction, c'est qu'on ne voit pas comment Non-A, comme substance douée de causalité et d'influence originaire, peut être égal à A. J'ai dit précédemment que le représentant doit être représentable, et pour l'instant, je n'ai représenté que la représentation.

Maintenant, de quoi est-il question exactement ? Non-A, le représenté, doit être égal, dans la représentabilité, à A, le représentant. Nous avons déjà suffisamment expliqué comment Non-A peut être représenté ; il nous reste plus qu'à examiner cette question : comment le représentant peut-il être représenté ? Elle seule nous conduira à notre but.

1) Toute représentation advient par spontanéité ; elle est produite, *comme telle*, par la spontanéité, dans la mesure où la réalité est transférée. (N'y a-t-il pas une différence entre la représentation du représentant et la représentation du pur représenté ? N'y a-t-il pas dans cette dernière, une contrainte parce qu'une passivité la précède ? Pour le savoir, il faut continuer l'analyse.) La représentation du pur représenté, en tant qu'elle est représentation, est aussi produite par la spontanéité. C'est la réalité *transférée*.

2) Le représentant a déjà transféré la spontanéité, et par elle, a transféré la réalité sur quelque chose de matériel. Il s'agit de la réalité que le représentant a en lui-même. Par conséquent, on réfère la spontanéité à la spontanéité. La réalité est transférée à la réalité. Le représentant est totalement et pleinement déterminé en N1. S'il doit être représenté, alors il faut qu'il le soit comme déterminé.

3) Mais le représentant peut, en général, être représenté comme représentant, selon ses conditions. Il peut être représenté comme représentant quelque chose de déterminé. Le premier (le représentant) donnerait la possibilité ; le deuxième (le représentant se représentant quelque chose de déterminé) donnerait l'effectivité ; réunis, ils donneraient la nécessité. Ainsi, avec la seule représentation du représentant comme telle, nous ne parviendrons à rien. Comment procéder ? De la manière suivante : 1) Le représentant est représenté ; 2) Le représentant, comme représentant quelque chose de déterminé, [141] est représenté. Qu'est ce qui est possible ? Est possible ce qui peut être admis dans la conscience. Qu'est ce qui est effectif ? Est effectif ce qui est donné par la sensation, etc. Qu'est ce qui est nécessaire ? Est nécessaire ce qui rend la conscience possible.

La question est celle-ci : comment Non-A (pensé) et A peuvent-ils être égaux et sont-ils encore opposés, comme ils l'étaient jusqu'à présent ? La réponse est qu'ils peuvent tous deux être pensés. Peuvent-ils l'être simultanément et être ainsi *réunis* en *un* concept ? (il s'agirait, à dire vrai, du concept de *nécessaire*). Telle est la question. 1) Que Non-A puisse être pensé est démontré. Mais nous n'avons pas encore expliqué comment A est représenté, et donc aussi pensé ; cela dit, il est aisé de le faire. 2) Est-il question ici d'être *représenté* en général, ou bien d'être *pensé* en particulier ? Je crois qu'il s'agit d'être *pensé*. L'intuition ne livre aucun passage de A à Non-A, parce qu'elle n'engendre aucune conscience. 3) Que signifie *simultané* ? Je crois qu'on peut l'expliquer par un *concept*. Cependant *A et Non-A* restent différents, car tout ce qui est nécessaire en Non-A n'est *qu'hypothétiquement* nécessaire, alors que ce qui est en A est *absolument* nécessaire. Non-A (comme nous le savons) est déjà pensé et il n'est donc question ici que de Non-A en tant que pensé; avant qu'il soit pensé, il n'est même pas égal à lui-même, il n'a même pas l'identité. Ici se pose la question de l'égalité de Non-A à A. Il n'est ainsi question que de la pensée. Mais que signifie *penser* ? C'est ce qui, à proprement parler, n'est pas encore expliqué et ne peut, semble-t-il, l'être. Cependant, on sait quand même qu'en ce qui concerne Non-A, penser signifie le déterminer dans le temps et l'espace, par l'auto-activité. En revanche, en ce qui concerne A, penser signifie évidemment autre chose, car A n'est ni dans le temps ni dans l'espace. Donc, *il nous faut déterminer le rapport de A à Non-A dans la représentation*; (ce qui se fait au moyen des concepts de possible, d'effectif et de nécessaire). A ne peut évidemment pas être pensé autrement qu'en rapport à Non-A. Tout cela est exact. Mais me faut-il alors admettre l'intuition ? Non. Le Moi ne s'intuitionne pas lui-même si ce n'est par l'intuition intellectuelle, dans le « je suis ». Dans le « je me pense », il ne s'intuitionne absolument pas, mais se pense. La sensation interne se fonde toujours sur la sensation externe. Une intuition pure n'est produite que par spontanéité, par conséquent elle est pensée. Tous les éléments sont à peu près réunis, seul le chemin à suivre demeure problématique.

1) A doit être = Non-A, comme pensé. Cela n'est possible que dans la pensée. Par conséquent :

a) A doit pouvoir être pensé.

b) A doit pouvoir être pensé pensant Non-A. Où se trouve ici la modalité ? *Nous verrons.*

[142] Ad. a) A est intuitionné *intellectuellement*, mais nous n'en savons pas davantage. Tout au plus savons-nous, pour l'instant, *que A pense Non-A*. A ne peut donc pas être pensé autrement que comme pensant Non-A; le point a tombe donc de lui-même, il ne nous reste qu'à envisager le point b.

1) Toute pensée advient par la spontanéité. Par conséquent, il en est de même pour la pensée du Moi pensant. « Quelque chose de pensant est pensé » signifie que quelque chose est représenté par la spontanéité, comme agissant avec spontanéité, c'est-à-dire que ce quelque chose parvient à la conscience (la conscience de soi). Voici la preuve que sans représentation du Non-Moi, aucune conscience du Moi n'est possible; ainsi, nous sommes parvenus au même point que Kant*.

2) Le Moi est pensé en tant qu'il pense le Non-Moi, c'est-à-dire qu'une réalité est transférée à la pensée du Non-Moi. Ce serait la réalité de *l'agir* (la

réalité de la spontanéité). Le Moi dans la pensée est représenté comme *agissant*. Que faire maintenant de cet agir ? Il s'agirait de la catégorie de la causalité et de la substantialité réunies; mais à proprement parler, nous n'avons pas encore le concept de l'agir, et nous devrions au préalable le déduire; ce qui serait d'un grand intérêt pour la philosophie morale, pour représenter le « je suis parce que je suis » précisément comme loi de l'agir.

3) Le Moi *pensant* est pensé. La pensée advient par la spontanéité. Le Moi est pensé avec spontanéité; il nous faudrait donc utiliser ici les catégories qui s'accordent à la spontanéité. Mais d'où vient donc le concept de spontanéité ? S'il nous est permis de l'utiliser, alors nous possédons tout. Il ne s'agit pas du concept négatif de la passivité; c'est bien plutôt la passivité qui est le négatif de la spontanéité. Mais si tel est le cas, toute notre philosophie s'enfermerait dans un cercle. C'est pourquoi, nous avons essayé de déduire le concept de spontanéité de la proposition analytique « je suis parce que je suis ». La spontanéité serait donc un concept de l'absolu. Mais sur ce point, il nous faut rester très prudent. Il y a et il reste bien un cercle, et on doit le reconnaître sincèrement.

4) La catégorie de substance, de cause, de cause indépendante, s'accorde à la spontanéité. La cause est tout simplement parce qu'elle est. Cette catégorie référée à la pensée *[Gedanke]* pourrait bien donner les modalités. La question est donc la suivante : dans quelle mesure le Moi est-il pensé comme cause indépendante, comme cause première de la pensée ?

5) Tout ce qui, dans la pensée, est produit par la spontanéité, est pensé comme produit par elle. Donc, le Moi y est considéré comme cause première, indépendante. [143] Par suite, le Moi lui-même, considéré comme première cause indépendante est, du point de vue de A, nécessaire. Les concepts *a priori* sont *nécessaires*.

6) Le Moi ne se considère pas comme cause indépendante de ce qui, dans la pensée (dans Non-A pensé), n'est pas produit ou pensé par la spontanéité. Par conséquent, ce qui est pensé dans Non-A n'est pas nécessaire mais est, du point de vue de A, *contingent*.

7) Le Moi est donc déterminé (déterminé dans la conscience) non par la spontanéité, mais par la *passivité* ; on peut dire d'un tel Moi déterminé *qu'il est effectif*. Mais ici, nous n'aboutissons pas véritablement à l'explication de la possibilité et donc cela ne nous conduit donc à rien.

Il est tout à fait exact que le Moi doit être pensé en relation au Non-Moi représenté. Mais se pose la question de savoir si le Moi doit être pensé comme purement *pensant* ou bien comme *représentant* en général, c'est-à-dire comme intuitionnant, et donc comme *passif* ? Manifestement, il doit être également passif si l'on veut parvenir à quelque chose qui soit *effectif*. Bien.

Thèse : le Moi comme représentant le Non-Moi doit être *pensé*. La pensée advient par la spontanéité, elle ordonne un rapport au moyen des catégories. Jusque-là, c'est exact. Les catégories de la relation sont la substance, etc. Cela aussi est exact. Mais il nous reste encore quelques questions.

Si le Moi (comme représentant) doit être pensé, ne faut-il pas qu'il soit, d'abord, *intuitionné* en tant que tel ? Il semble bien qu'il en soit ainsi. Mais qu'est-ce qu'une intuition du Moi ? Elle n'est pas produite par la passivité ; elle l'est donc par la spontanéité. Aucune sensation ne lui correspond. Elle n'est pas dans l'espace. Mais est-elle dans le temps ? En fait, elle devrait y être. Mais aucune sensation ne lui correspond, et seule la sensation est dans le temps. Dès lors, *comment* le Moi doit-il être intuitionné ? *Doit-il l'être comme sensible ou comme pensant ?* Nous aurions donc : 1) l'intuition du Moi sensible. 2) L'intuition du Moi pensant. 3) La pensée du Moi sensible, qui se donnerait dans la catégorie de l'effectif. 4) La pensée du Moi pensant (serait-ce la catégorie du nécessaire ?) Mais alors, où est le possible ? Serait-ce le Moi comme simplement intuitionnant, sans sensation ? Quelle confusion !

À vrai dire, il y a trois degrés. 1) Le Moi est pensé comme simplement intuitionnant (par la spontanéité), abstraction faite de savoir s'il est senti ou non. Là serait le possible ; (mais sur ce point, pourtant, on dit bien : *se penser* comme quelque chose) ; 2) Le Moi est pensé comme sentant et intuitionnant. Là serait l'effectif. 3) Il est pensé comme pensant. Là serait le nécessaire. Mais il règne toujours une certaine confusion.

1) Le Moi peut-il être intuitionné ? Intellectuellement bien sûr, mais on ne parle pas de cela ici. Peut-il être intuitionné comme *représentant* ? Peut-être intellectuellement ? Que signifie *intuitionner intellectuellement* ? Comment le distinguer de la pensée ?

[144] Le Moi *se présentant lui-même est intuitionné intellectuellement*, c'est-à-dire que l'intuitionné est en même temps l'intuition. Il n'y a là aucune passivité. Une action est intuitionnée, et cette action est l'intuition. Des déterminations dans le Moi pur, par exemple la loi morale, sont intuitionnées. Non, ce n'est pas encore tout à fait cela. Lorsque cette intuition intellectuelle est *pensée*, elle s'appelle *Idée*. Le Moi devrait-il être intuitionné dans la représentation ? Dans la mesure où le Moi est *actif* dans la représentation, s'il était intuitionné en tant que tel, alors cette intuition serait *intellectuelle*. Mais il reste cette question : pareille intuition est-elle possible, c'est-à-dire parvient-elle à la conscience ou n'est-elle que pensée, donc conclue ? Par exemple, le « je suis » parvient-il à la conscience ? Oui, mais ce n'est pas à la conscience empirique mais à la conscience pure ; il est lui-même conscience pure. Si on veut démontrer cela d'une manière ou

d'une autre, alors on est contraint de redescendre vers la conscience empirique. Par exemple, « *Cogito ergo sum* » est empirique ; « *Sum* » est pur, mais « *Cogito ergo sum* » est empirique. Mais de quelle manière veux-tu le prouver à quelqu'un qui nierait cette conscience pure ? Cela ne peut être démontré, tant à nous même qu'à n'importe qui d'autre, que par cette conscience elle-même. Celui qui ne l'a pas est perdu pour la philosophie. Maintenant, passons à l'intuition du représentant par la spontanéité : cette intuition parvient-elle à la conscience ? Suis-je conscient de cette action comme action ? Absolument pas. Il n'y a pas *d'intuition* du Moi spontané et celui-ci n'est que *pensé*. Il y a seulement intuition du Moi passif sensible. Celle-ci parvient-elle à la conscience ? Y a-t-il une intuition qui parvienne à la conscience ? (sans penser, vraisemblablement pas). Les intuitions sont donc toutes uniquement pensées. On peut se demander si une intuition du Moi actif est pensable. Le *concept* du Moi actif est nécessairement. Mais faut-il qu'une intuition corresponde à ce concept ? Un concept sans intuition est vide, dit Kant*. Qu'en résulte-t-il pour le cas présent ? Le Moi, en tant que tel, n'est absolument pas intuitionné (empiriquement), mais il est seulement *pensé*. Il intuitionne, mais n'est pas intuitionné. Ici la confusion initiale se dissipe.

Le Moi est pensé comme sentant : comme représentant avec spontanéité quelque chose de senti : effectif.

Le moi est pensé comme représentant avec spontanéité quelque chose de senti : possible, nécessaire.

[145] *Thèse* : le Moi, comme représentant le Non-Moi, est *pensé*. Il doit être pensé pour que soit pensée la possibilité de la conscience (mais à proprement parler, ce n'est pas le Moi mais le rapport du Non-Moi au Moi représentant qui doit être pensé).

Analyse : intuition et concept appartiennent à la représentation. Par conséquent, le Moi devrait être pensé comme intuitionnant et comme pensant. Sensation et spontanéité appartiennent à l'intuition. Par conséquent, le Moi devrait être pensé comme passif et comme actif. Tout cela devrait être pensé en relation au Non-Moi.

Pour pouvoir effectuer la synthèse, il faudrait développer ces propositions analytiques jusqu'à ce qu'on parvienne à des contradictions, qui, à leur tour, ne pourraient être résorbées que par une synthèse. Mais dans quel ordre peut-on le faire ? Sans aucun doute, dans un ordre analytique. Commencerons-nous par l'intuition ou par le concept ? Il faut commencer par l'intuition. Bien.

Synthèse 1 : le Moi doit être pensé comme intuitionnant. Le Moi intuitionne par la spontanéité, il transfère une réalité par spontanéité. Une telle spontanéité doit être pensée, c'est-à-dire qu'elle doit être *ordonnée* par la spontanéité. Mais la spontanéité n'est pas ordonnée, elle est libre; quelque chose de libre doit donc être ordonné par quelque chose de libre; ce qui se contredit.

Cette contradiction ne peut être levée que si l'on soumet la spontanéité à certaines lois, à l'intérieur desquelles elle serait limitée (nous aurions donc une quantité de spontanéité). Mais la spontanéité ne peut être limitée que par elle-même, car elle ne peut se contredire elle-même. La spontanéité ordonne donc la spontanéité à l'intérieur de cette limite, au moyen du concept de *possibilité*. Mais arrêtons-nous! Ici, il est question de la spontanéité de *l'intuition*. Peut-on vraiment parler de contradiction? Tout ce qui ne se contredit pas est-il possible? Oui, et l'intuition est précisément examinée par la pensée à partir de la proposition de la contradiction. Donc, cela est exact[1]. L'intuition ne peut transférer, en même temps, réalité et négation. Telle est son unique loi. (Ce qui tombe sous les conditions de la spontanéité de l'intuition est possible.) Là réside la contradiction.

[146] *Synthèse* II: le Moi doit être pensé comme sensible, comme passif.

Revenons à la première synthèse. Dois-je parler ici de la possibilité de la pensée, donc du Moi pur, ou de la possibilité des choses, donc de la possibilité de *l'intuition*? C'est ce dernier point que j'aborderai ici, mais il ne faut pas ignorer que nous avons là deux possibilités (il nous faut soigneusement le noter, car cela permet de répondre aux contradictions que recèleraient la liberté et la moralité, c'est-à-dire de répondre aux contradictions que relève Enésidème contre l'impératif catégorique).

Donc reprenons.

Synthèse I: le Moi doit-il être pensé, déterminé, ordonné comme intuitionnant? Ou bien est-ce l'intuition qui doit être pensée? C'est l'intuition qui doit être pensée. Mais le chemin n'est pas vraiment encore tracé. La réceptivité et la spontanéité font partie de l'intuition[2].

J'ai procédé à une étude honnête, mais l'indétermination de cette étude provoque des confusions multiples. *Qu*'est ce qui doit être pensé en tant que tel? Le Moi et le Non-Moi unis, c'est-à-dire le Moi représentant le Non-Moi. Cette union est pensée à partir d'un certain concept x. Ce concept x, dont l'objet est le Moi représentant le Non-Moi, est l'objet de notre réflexion. Ainsi, la confusion venait de ce que je ne savais pas exactement sur quoi je devais véritablement réfléchir.

1. Mauvaise déduction : dans le représentable, tout ce qui ne se contredit pas n'est pas, pour autant, possible. Il faut en plus que cela ne contredise pas la sensibilité. Il est impossible que quelque chose (qui est dans la sensation) soit sans cause.

2. Une chose qui n'est ni dans le temps ni dans l'espace ni dans la sensation, à laquelle ne s'applique aucune forme de la pensée et qui se contredit, est impossible.

Donc :

A = Non-A (comme pensé) en x ; x est un concept en lequel les deux sont pensés en même temps ; ce concept est un concept du Moi qui se représente le Non-Moi ; le Moi ne se borne pas seulement à penser le Non-Moi, car le Non-Moi n'est pas à penser comme seulement pensable. En revanche, c'est le cas pour le Moi. Mais là n'est pas la question.

Donc revenons à notre étude : quelle sorte de concept est x ? D'un point de vue historique, c'est le concept de la conscience. Ce qui constitue la condition négative de la conscience est possible ; ce qui constitue sa condition positive est nécessaire ; et ce qui constitue sa condition limitative est effectif. Il en est bien ainsi, et par là, notre chemin est ouvert. De plus, x est ici la conscience *effective* ; cette conscience effective est référée à quelque chose d'autre, à la réalité et à la négation (je ne sais pas encore par quelle catégorie), [147] et cela donne le concept du possible et du nécessaire.

Alors qu'est ce que x ? En x, une réalité et une négation sont limitées. Ceci est une certitude. Que sont cette réalité et cette négation ? La spontanéité et la passivité. Approfondissons ce point.

Par x, le représentable et le représenté, A et Non-A, sont pensés synthétiquement au moyen de l'ensemble des catégories. La difficulté est la suivante : dans le représenté, plusieurs choses sont mêlées. Posons donc, tout de suite, que *le pensant et le pensé sont pensés synthétiquement en x*. S'ils se contredisent, c'est parce que l'un est uniquement auto-activité, alors que l'autre n'est, en tant que tel, que passivité. Ces deux choses doivent être réunies en une troisième ; il s'agirait donc d'une *passivité que l'on se cause à soi-même*, d'une réaction à soi. Ce serait une détermination, une affection de l'auto-activité par elle-même, c'est-à-dire la conscience, le « Je pense ».

Le pensant et le pensé sont égaux en x ; x est conscience, cela ne fait aucun doute. Mais je souhaite caractériser le *medius terminus* [1] par lequel la conscience est possible. Ce *medius* ne doit pas résider en chacun des termes ; il ne doit donc pas être développé, par analyse, à partir d'eux ; car nous reviendrions à la seule auto-activité. Mais ce *médius*, me semble-t-il, doit être rajouté de manière synthétique, en raison de la contrainte induite par la proposition de la contradiction. Mais où se situe donc la contradiction ? Si elle est découverte, alors tout l'est. Pensant et pensé sont réalité, les deux sont substance, mais les deux ne sont pas auto-activité. Dès lors, l'auto-activité, c'est A, qui est intelligence [2], et non pas Non-

1. Agir effectif, pratique. – Pouvoir possible, liberté. – Loi nécessaire, impératif.

2. Remarque : il y a deux sortes de possibilités, l'une, absolue, l'autre, hypothétique ; de même, il y a deux sortes de nécessités. Mais il n'y a qu'une effectivité ; il convenait de bien le préciser.

A. Mais d'où le sais-tu? L'intelligence est ce dont la conscience est capable. Mais comment peux-tu déjà le savoir? Que le pensant soit égal au pensé est contradictoire. A est cause, Non-A effet et non l'inverse. A est conscient de Non-A; Non-A n'est pas conscient de A. C'est exact. Mais je ne sais pas si nous en sommes déjà là.

A exerce une spontanéité sur la spontanéité. Sur cette spontanéité, Non-A n'exerce aucune passivité nouvelle. Là, il y a une différence. Je me donne beaucoup de mal, peut-être en vain puisque, par l'intuition intellectuelle, j'ai déjà la spontanéité, l'auto-activité. [148] Mais je ne puis user de cette intuition intellectuelle ici. La question est, au fond, celle de Kant: comment le Moi peut-il prescrire une loi au Non-Moi*? Réponse : parce qu'il le produit; mais nous n'en sommes pas encore là. Et pourquoi donc? Qui peut m'empêcher de conclure ma philosophie théorique sur cette proposition?

Pensant et pensé, penser et être pensé, sont opposés. En quoi? Sans doute le sont-ils par une catégorie, mais laquelle? D'une certaine manière, ils sont opposés comme le sont la réalité et la négation. Il est assurément prédiqué quelque chose de A, dont le contraire l'est de Non-A. En effet, *penser* signifie, pour l'instant, mettre en ordre dans le temps, l'espace et la sensibilité. Non-A n'ordonne A ni dans le temps, ni dans l'espace; il est pure négation; il devrait donc être une grandeur opposée; tel serait Non-A, c'est-à-dire en fait A, en tant qu'il se trouve disséminé dans le temps, l'espace et la sensibilité; ce dernier point est également vrai. Cependant, si A devait ordonner par x, alors il devrait s'ordonner lui-même, donc agir sur lui-même (c'est très obscur!). *A se pense lui-même.* Non-A est pensé et ne se pense pas lui-même. Ce point est également exact. Mais où sommes nous à présent? Nous sommes arrivés à la conscience.

Le pensant et ce qui est pensé sont différents, comme le sont la spontanéité et la passivité. Mais le pensant, en x, doit aussi être pensé. Par suite, il se pense lui-même, et ce qui est pensé comme substance est une *intelligence* (substance); c'est une conscience (accident).

Qualité : penser.
Négation : ne pas penser.
Limitation : se penser soi-même.

Relation

Substantialité : l'intelligence a la conscience. Causalité : agir et pâtir. Action réciproque : nécessité, loi.

En x, A se pense lui-même comme pensant *quelque chose* de déterminé, *d'effectif*; x est le concept du « se penser soi-même » comme représentant. C'est assurément un concept synthétique. Maintenant, il nous faut montrer comment Non-A et A sont réunis par lui.

1) A se pense lui-même comme pensant Non-A. Il pense, par conséquent, Non-A, comme réuni à lui-même par la pensée. Il se peut bien qu'il y ait là une *relation*. Il se pense comme cause du concept de Non-A et pense Non-A comme cause de la matière du concept : [149] il s'agirait d'une *action réciproque*. A se pense comme étant en action réciproque avec Non-A, par le biais du concept et de la matière. Il pense donc Non-A comme effectif.

2) A se pense lui-même comme *pensant* Non-A. Mais tout cela n'est pas suffisant, car trop unilatéral. On doit entreprendre ici une synthèse générale de toutes les synthèses. Il faut considérer le Moi selon toutes les catégories, et considérer le Non-moi en soi. Une fois ces deux termes réunis synthétiquement, on pourra montrer ce qui découle de leur relation.

En x, donc, le Moi représentant le Non-Moi doit être pensé. À ce titre, il convient de se demander :

1) Comment le Moi représente-t-il le Non-Moi ?

2) Comment ce faisant, le Moi se représente-t-il lui-même ?

3) Comment Moi et Non-Moi sont-ils réunis en x ?

Ad. 1) Le Non-Moi est *senti* par le biais de l'impression qu'il exerce (matière de la sensation) ; il est *intuitionné* dans le temps et dans l'espace ; il est pensé par des concepts.

Ad. 2) Le Moi est *passif* ; il transfère la réalité ; que fait-il lorsqu'il pense ? *Il ordonne* cette réalité au sein de certaines réalités générales qu'il a, au préalable, formées, et qu'il a transférées sur les choses en général.

Ad. 3) x serait, en ce cas, le concept de ce qui est commun au Moi et au Non-Moi, un concept synthétique. En sentant, le Moi est effet, Non-A, cause. Ce serait la causalité. À quoi nous sert-elle ici ? Le transfert de la réalité par l'intuition appartient à l'être effectif. Ici, il y a effectivement un tel x effectif, et les deux, Moi et Non-Moi, ont de *l'effectivité*, de la réalité. A a de la réalité en lui-même, Non-A a de la réalité par transfert, du moins si on présuppose une impression donnée. Ce serait donc exactement ce que je cherchais plus haut, à savoir la pensée Non-A par ce qui est pensé A. Dans la sensation, A n'est que *passif* ; il est contingent, accident et non essence de A ; par conséquent, A et Non-A sont contingents, possibles ; x ordonne ce qui est effectif, ordonne les réalités, en pensant par concepts. Des réalités doivent être données, réalités qui sont produites, déterminées par le Moi. Plus précisément, elles ne sont déterminées que par la pensée. Mais la réalité, en général, est transférée dans l'intuition. Une réalité qui est ce qu'elle est pour elle-même, qui a son fondement en elle-même, s'appelle *nécessaire*. Pas mal ! Mais comment le Moi est-il, à proprement parler, pensé ? Il n'est pas pensé seul, mais en liaison à Non-A, il est pensé comme représentant Non-A. Donc, le mieux serait de penser *la représentation* elle-même et non le *représentant*. C'est de là que vient l'erreur. Si je pense seulement le représentant en soi, indépendamment du représenté, alors j'obtiens l'intelligence, la liberté, l'absolue nécessité. [150] Mais le possible, l'effectif, l'hypothétiquement nécessaire ne valent que des choses ; aussi bien, tout cela ne concerne peut-être pas x. Procédons donc de manière différente : entre l'intelligence, la liberté, la nécessité absolue, d'une part, l'effectivité, la possibilité, la nécessité hypothétique, d'autre part (le premier groupe concernant la réalité absolue, le second la négation absolue), quel est le moyen terme synthétique de limitation ? Comment le trouver ? Il s'agit peut-être de la finalité, ou plus précisément de la force, de l'agir, de la loi. C'est ici que résident mes *erreurs* ; en effet, comme précédemment, je suis parvenu à un terme trop élevé.

Il convient donc de refaire une ultime tentative avec le concept de *représentation*. S'agit-il d'une contradiction synthétique ? Non-A est identique à lui-même, et donc *en tant que tel*, est égal à A ; mais en même temps, il n'est pas identique *à* A. On doit donc chercher une identité entre A et Non-A, et celle-ci ne semble résider que dans le fait que tous deux sont représentables. Dès lors, A devrait-il être *représentable* ?

Cependant : 1) Parvenons-nous, à partir de là, nécessairement au concept le plus haut ? Nous avons manifestement ici trois choses : 1) Le Moi (à l'opposé du Non-Moi) est en soi pensable comme intelligence, douée de liberté et d'absolue nécessité.

2) Le Non-Moi (à l'opposé du Moi) est en soi pensable comme possible, effectif, hypothétiquement nécessaire.

3) Réunis synthétiquement, tous deux sont pensables comme *agissant* avec une force, conformément à des lois. Mais se pose la question de la méthode à suivre : où commencerons-nous la synthèse ? Je crois qu'il faut commencer par le terme intermédiaire ; ce terme serait le x, posé problématiquement par notre synthèse, laquelle a été tout à l'heure abandonnée, sans doute, à juste titre. Cet x, référé au Non-Moi, donnerait les modalités de la pensée ; au Moi, les déterminations de l'intelligence. Il s'agirait encore de philosophie théorique ; mais elle toucherait à son terme et le passage vers la philosophie pratique serait aisé [1].

Mais comment doit s'effectuer cette résolution synthétique ? Il s'agit de la nécessaire *troisième* partie de la philosophie théorique. La première partie traite de la liaison, par intuition, d'un Non-A et d'un A ; la deuxième traite de la liaison, par concepts, d'un divers Non-A avec lui-même ; la

1. Chaque sensation est possible, certaines intuitions sont possibles. Sensation et intuition (c'est-à-dire une intuition donnée) sont effectives. Le concept est nécessaire.

troisième enfin de la liaison, par les Idées, d'un Non-A pensé avec le A pensé. [151] Ces *Idées*, dans notre système, ne sont pas des chimères contradictoires et vides comme dans la *Critique de la raison pure* *, et ne doivent pas l'être.

Reprenons à partir du début

Non-A est, par concepts, identique à lui-même; mais il n'est pas encore identique à A, ce qui est cependant exigé par notre problème. A doit être = Non-A, qui est ce qui est pensé par concepts. À cela s'ajoute nécessairement un x, et la question est donc : qu'est-ce-que x ? A est ici le pensant, et Non-A le pensé; tous deux sont précisément opposés l'un à l'autre mais ils doivent être réunis synthétiquement par x.

x est par conséquent = au pensant et = au pensé.

x est opposé au pensant et opposé au pensé.

En x, le pensant devient réalité, et le pensé, négation; réalité et négation sont limitées par la quantité.

Jusqu'à présent, la synthèse est exacte.

x est par conséquent une partie du pensant et une partie du pensé.

1) x est = Non-A en relation à A, il *est* pensé.

2) x est = A en relation à Non-A. Il pense.

Par conséquent, *le Moi pensant le Non-Moi* est pensé en x (cela est exact et clairement expliqué). Le A pensant le Non-A, est *pensé* en x, c'est-à-dire une réalité lui est transférée et il est *ordonné* du point de vue de la réalité et en elle.

A) *Que signifie penser le Moi pensant le Non-A ?* Et qu'est ce qui est exigé pour ce faire ?

Analyse (orientation).

1) Ce qui doit être pensé, doit avoir de la réalité. Il faut que le Moi pensant le Non-Moi (*N. B.* non en tant qu'il présente, mais en tant qu'il pense, non en tant qu'il se pense lui-même, mais en tant qu'il pense le *Non-Moi*)[1] 1) soit réalisé, comme le Non-Moi est réalisé dans l'intuition. Comment est-ce que cela arrive ? Nous aborderons ce point plus loin.

[152] 2) Ce qui doit être pensé doit être référé à certains concepts. Est-ce que cela exige les catégories, les formes de pensée ? Mais quelles sont-elles ? Comment les trouver ? Nous aborderons ce point plus loin.

3) Ce qui doit être pensé doit être ordonné selon ces concepts établis. Par suite, le Moi pensant le Non-Moi est à ordonner selon de tels concepts.

1. C'est là qu'on trouve la raison des attaques kantiennes contre l'utilisation transcendante des formes de pensées pures. On voulait référer ces pensées pures au Moi en tant qu'il pense en général; mais là n'est pas la question, car cela n'a lieu qu'en tant qu'il pense le Non-Moi **.

Si le Moi pensant le Non-Moi est ordonné, alors 1) le Non-Moi est en même temps ordonné. 2) Pour le Moi, en tant que s'ordonnant lui-même, nous obtenons en même temps un ordre à son activité ; par là, la tâche serait accomplie.

Analyse de l'analyse.

Ad. 1) Sans doute est-ce là la question la plus difficile, si elle est résolue, alors le travail principal sera accompli. *La réalité doit être transférée à A pensant Non-A*. D'où vient cette réalité ? Elle vient de A, et, je crois, du A présentant. Serait-ce la légalité ? *Nous verrons*. Ici se posent différentes questions : a) d'où doit-on tirer cette réalité ? Est ce de A, le présentant, ou de A, le pensant, ou encore de Non-A ? b) Dans quelle mesure la réalité doit-elle être transférée au A pensant le Non-A ? Est-ce seulement en tant qu'il est pensant ou en tant qu'il est représentant en général, selon ses fonctions particulières ? De cette question dépend cette autre : *Que signifie donc à proprement parler, réaliser, établir le pensant dans sa fonction de penser ?* Si nous répondions à cette question, alors les deux autres trouveraient facilement une réponse. D'un point de vue historique, il faut tout soumettre à la loi de ce qui est identique à soi-même ; il s'agirait donc de la loi du A présentant, c'est-à-dire la loi de la contradiction. Mais ici, je ne m'interroge pas sur le contenu de la loi, mais sur sa forme. Cette loi est elle-même une forme, et c'est pourquoi c'est la loi la plus haute. Je suis ce que je suis (non-contradiction). Je suis *ce que* je suis (loi du fondement, nécessité absolue). Tout ceci est superbe, mais reste encore confus.

Que veut dire réaliser le Moi pensant dans sa fonction de penser le Non-A ? Est-ce que cela signifie lui transférer quelque chose qui n'est pas en lui ? Tout transfert s'effectuait, jusqu'alors, par l'imagination productrice ; ici, cela ne devrait pas être le cas ; le transfert proviendrait du moi présentant ; c'est bien cela. Est transféré ce qui peut être transféré. Toute pensée en tant que pensée advient par la spontanéité, par conséquent la pensée de Non-A aussi. La pensée de la pensée a également lieu par spontanéité ; donc la spontanéité est transférée à la spontanéité. C'est en soi la conscience. Mais ici, il est question d'une réalisation. Toute réalité est déterminée. La spontanéité est, par conséquent, déterminée, établie par la spontanéité, c'est-à-dire la spontanéité se détermine elle-même, se donne à elle-même une loi, soit ici : la loi de la pensée, en un mot l'autonomie.

[153] Est-ce exact ? Il semble bien. Ainsi, d'un point de vue théorique, il s'agirait de la loi de non-contradiction, d'un point de vue pratique, de l'impératif catégorique.

L'autonomie de la spontanéité serait auto-légalité. Mais ici se pose une autre question qu'il convient de traiter par souci de précision, et afin de ne pas croire que nous nous serions trompés là où nous ne nous trompons pas. Qu'avons-nous cherché ici ? Un concept ? Un schème transcendantal ? Ou est-ce autre chose encore ?

Une deuxième question se pose également : n'avons-nous pas enfreint notre propre loi et n'avons-nous pas réalisé le Moi, non seulement comme pensant Non-A, mais comme *pensant* en général ? Cette question est légitime. Car l'autonomie ne convient qu'à la *pensée pure*, à la pure spontanéité qui n'est limitée par aucune sensation. Le concept est donc la légalité et non l'auto-légalité, il est *nomos* et non autonomie. Mais nous aborderons ce point plus tard. À présent, revenons à la première question : cherchons-nous un concept ou plutôt un schème ? Le Non-Moi était déjà réalisé dans l'intuition, par *l'acte de poser* dans l'espace et le temps, et par l'acte de *remplir* en général. Puis le Non-Moi a été établi dans des concepts. Temps et espace devaient également s'y trouver. Temps et espace nous donnaient également le schème, et ce par l'union de la continuité et de la sensibilité (dont résultait alors la continuité de l'espace et du temps dans la sensation). D'un côté, nous avions la possibilité de sentir en général, de l'autre, la possibilité de penser en général ; d'un côté, le temps et l'espace, de l'autre la réceptivité et la spontanéité. C'est de cette opposition que naîtraient les schèmes. Mais il n'est question ici que du schème du schématisme en général. Dès lors, une autre question plus urgente se pose à nous : précédemment, nous nous sommes servis, pour le schématisme, de l'imagination, avons-nous le droit de l'utiliser à nouveau ici [1] ? Je pense que oui, car il n'existe pas d'autre faculté active. Nous n'obtenons la faculté de désirer que dans la philosophie pratique. Chaque concept particulier devra avoir un schème, de même que le concept qui synthétise ces concepts particuliers (la *Relation*, la substantialité, la causalité). Ce que nous cherchons, c'est donc le schème et le concept. [154] Nous devons prendre garde à ne pas les confondre. Il convient de mener ces études à partir d'un ordre systématique et ne pas les simplifier, car elles constituent la partie la plus importante, dont toutes les autres dépendent.

Le Moi comme pensant le Non-Moi est réalisé. 1) *C'est le procédé du schématisme*. Je me sers de mon imagination pour synthétiser le procédé par lequel le Moi pense le Non-Moi en général (le procédé est *discursif*, dit Kant*). Le Moi ramène à l'identité un divers, qui est constitué de choses

1. Il semble qu'il doit y avoir une triple synthèse. En x, Non-A est possible, x lui-même est effectif, A est nécessaire. Car le schème, appliqué à Non-A, dans la possibilité (la présupposition), est nécessaire, etc. ; appliqué à A, dans la nécessité nécessaire, il est pratiquement effectif, possible. Cela ouvre à la philosophie pratique des perspectives grandioses. Appliqué à x, dans l'effectivité, il est nécessaire (nécessaire en soi), il est effectif, il est dans l'effectivité, c'est-à-dire que c'est une loi, etc. Ne te laisse pas troubler par ce qui vient d'être dit. On peut peut-être le dire autrement.

différentes; il cherche en quoi ce divers peut-être ramené à l'identité. Il s'agit donc de soumettre ce qui est différent à une seule notion, de l'assujettir à une norme. Le divers peut être déterminé de différentes manières, mais il doit s'accorder à une norme. Penser le Non-A en général consiste à placer ce qui n'est pas dépendant (et ce qui n'a pas de règle) *sous une règle*[1]. *L'acte de donner la règle* est le concept; nous ne parlons pas ici de la possibilité de recevoir une règle qui se trouve dans les choses, mais bien de l'acte de donner la règle. Mais qu'est-ce que la règle elle-même? *Donner* la règle n'est pas *penser*. Il n'en est question que dans la relation à A. Mais ne sommes-nous pas descendu à un concept inférieur? N'avons-nous pas déjà dit cela auparavant, lorsque nous parlions des catégories? Sans doute n'aurions-nous pas dû le faire à ce moment-là. C'est ce que nous allons voir, si toutefois nous parvenons à poursuivre cette étude.

Ad. 2) La *régulation* de Non-A, qui s'effectue lorsqu'on pense à partir de A, doit-elle être référée aux concepts, aux catégories? D'où prenons-nous ces catégories? Comment les trouvons-nous? Antérieurement, avec les catégories de la pensée, nous fixions l'espace, le temps, la sensibilité; de la même manière, nous fixons ici la spontanéité, la réceptivité, la capacité de penser. Dans la notion de régulation, il y a tout ce qui est exigé : une règle, la capacité de penser, la régulation, l'action, la spontanéité, ainsi que ce qui est à réguler : la réceptivité. Examinons les schèmes : rassembler le divers et obéir à une règle présuppose l'agir, l'activité, l'agilité, l'activité. Ce qui est rassemblé doit être en soi divers, différent, sans règle; il doit donc être reçu. Enfin, il doit y avoir la règle. Donc, nous aurions les trois concepts : la règle, la réceptivité, l'activité, comme catégories auxquelles il faudrait référer toute pensée du Non-Moi. Grâce à ces concepts, le Moi pensant le Non-Moi est pensé par le Moi, c'est-à-dire par lui-même.

Ad. 3) Le Moi pensant le Non-Moi est à ordonner non pas comme un quelconque « en soi », mais comme ce qui est différent, en ses différentes fonctions de pensée. Il est à distinguer par le Moi absolu. Le *Moi* dans la pensée du Non-Moi n'est donc pas égal à lui-même. [155] A n'est pas = A, ce qui contredit la dernière proposition et conduit aux *Idées*. Le Moi dans la pensée du Non-Moi ordonne, de manière active et selon des règles, ce qui est reçu; il est donc actif, en possession d'une règle, et, en même temps, réceptif; nous disposons maintenant de prédicats pour le sujet pensant, comme nous avions obtenu, lors de la synthèse précédente, des prédicats pour l'objet pensé; il s'agissait, alors, de ce qui était modifiable au sein même de la permanence. Les modifications étaient pensées à partir des notions d'efficience et d'effet originaire.

1. Régulation.

Proposition synthétique : En x, le Moi est actif; il ordonne, selon des règles, ce qui est reçu.

B) C'est ainsi que le Moi est pensé en relation à la pensée du Non-Moi. En effet, en tant que le Moi est pensé comme *réceptif*, le Non-Moi est *effectif* parce que, par là, le Moi est *pensé* comme purement passif. Le Non-Moi doit donc, à l'opposé, être pensé comme actif, comme cause de la passivité.

Ne vaudrait-il pas mieux, en un premier temps, terminer la synthèse générale par le concept, la régulation (en x), et ainsi la référer au Moi et au Non-Moi, avant que de déterminer, analytiquement, les degrés du concept de régulation? Ceci n'était pas faisable auparavant, ce qui s'explique aisément, car, dans la synthèse, ne se trouvait que le Non-Moi, et non le Moi.

Le Moi (A absolu) réalise le A pensant le Non-A. A est pensé *(cogitatum)* par le transfert du concept (régulation). Penser, c'est donner la règle ; ce qui donne la règle est le pensant. Il y a là, sans aucun doute, une limitation. C'est-à-dire le A-*cogitatum* est limité des deux côtés : 1) En recevant la règle. 2) En recevant ce qui est à réguler. Ainsi, un concept est à référer à la négation et à la réalité. Mais la difficulté réside dans le fait que A est limité de *deux* côtés ; en effet, il pâtit, à la fois du fait de Non-A et de A absolu. Cependant, par rapport à Non-A, il est également actif car il soumet Non-A à une règle. Mais quelle est la catégorie que j'applique ici ?

Ce qui est à réguler (et qui, de ce point de vue, est seulement passif) est Non-A ; ce qui donne la règle est A-*cogitatum* (la faculté de juger). Mais d'où vient la règle ? La règle vient du A absolu. Par conséquent Non-A est régulable, x régulant, A ce qui donne la règle. Que voulons-nous dire par là ? Non-A est à ordonner ; x ordonne. A est l'ordre, il donne la loi. Non-A est conditionné, x conditionnant, A inconditionné.

Peut-on justifier ces désignations ? Dans la pensée, il en est bien ainsi ; mais qu'en est-il dans le *jugement* ? Considérons ce terme de « juger ». Si Non-A doit être jugé, alors il doit être *déterminé* ; le jugement ne vaut qu'à condition qu'existe une certaine détermination. Il est conditionné par Non-A, mais la forme par laquelle on juge est en soi inconditionnée ; [156] le jugement relie le conditionné à la condition et est donc conditionnant. Cette expression ne vaut rien ; j'en souhaitais une meilleure.

« Régulation », « régulant » : Il ne s'agit pas ici de modifier la manière d'être de ce qui est donné, mais bien de l'ordonner, de le soumettre à un concept.

Nous avons donc : 1) Un membre déterminé, une grandeur, une dimension. 2) Une règle, une forme qui accompagne cette dimension. 3) A sait et réunit ; il est celui qui, eu égard à sa connaissance des deux, place 1 sous 2.

Nous ne sommes pas du tout là où nous croyions.

Penser le Non-Moi, est-ce effectivement et seulement donner une règle ? Ce n'est pas tout à fait vrai. Font partie de cette pensée : l'acte de rassembler, de donner une loi, de placer sous une loi. Seul ce dernier acte correspondrait à ce que j'appelle une régulation. Mais il n'est pas du tout question de cela ; cette distinction, que nous effectuons ici doit être réservée à une synthèse plus haute. Donc en x, le Moi est *actif*, il ordonne ce qui est reçu, conformément à des règles ; le Moi a *de la spontanéité, de la réceptivité et une règle*.

B) x est égal au pensant et au pensé ; il possède spontanéité et réceptivité.

x est opposé au pensant et au pensé, pour la raison citée plus haut.

En x, le pensant et le pensé sont limités par la règle.

C) x, en tant qu'égal à Non-A, est opposé à A ; et, en tant qu'opposé à A, il est égal à Non-A, par le biais de la règle.

x est opposé à Non-A : il est *actif*, de par la spontanéité et, en tant que tel, Non-A est passif, il est effet.

x est passif, de par sa réceptivité, et en tant que tel, Non-A est actif, il est cause.

x donne la règle à Non-A, et Non-A, la condition à x ; en tant que tels, ils sont tous deux en interaction.

x est opposé à A : A est actif et, en tant que tel, x est passif (il est pensé), il est accident.

x est actif ; il est représentation de Non-A et, en tant que tel, A est passif : substance.

A donne la règle et x juge selon cette règle : action réciproque.

[157] On peut peut-être tirer quelque chose de la liaison synthétique de ces membres ; aussi, ne nous laissons pas décourager mais procédons plus scrupuleusement.

Proposition : En tant que x (régulation) est égal à A, il est opposé à Non-A, et réciproquement.

A est actif par rapport à x (et en tant que tel, x est passif). x doit donc, en tant que tel, être actif et passif par rapport à Non-A. Cela ne donne rien.

Cette synthèse est une pédanterie. Elle aboutit à des propositions équivalentes ; elle est déjà terminée.

Recherchons à nouveau une synthèse plus générale, à partir d'un substrat plus exact de la régulation.

Dans la régulation, on trouve un acte de rassembler, une règle, une mise en ordre sous cette règle ; tel est le concept complet de la régulation. Ce qui est rassemblé et ordonné sous la règle (qui donc s'y accorde effectivement), c'est Non-A. Ce qui ordonne et rassemble, c'est x, l'entendement. Ce qui donne la règle est A, la raison. Assignons à chacun ses catégories, en les référant à la régulation (qui est sans doute également limitation), et indiquons ainsi la négation et la réalité. À ce titre, on peut se demander si la raison donne uniquement la règle sous laquelle on ordonne, ou si elle donne également la règle de l'acte d'ordonner et de rassembler. L'acte de rassembler possède-t-il donc une règle? Oui, bien sûr. Mais ne nous égarons-nous pas à nouveau?

La question est seulement de savoir comment il faut mettre en relation. Je pense que le terme intermédiaire doit être référé à l'un des termes, puis à l'autre, et enfin aux deux. Donc :

1) Le terme intermédiaire est rapporté à Non-A. Il est *régulé*, il est par conséquent passif. Quelle catégorie peut-on appliquer ici? Toutes! Négation, pluralité peuvent être appliquées dans la mesure où la notion d'ordre leur est inhérente; de même que les catégories de nécessaire, de possible, d'effectif.

Cela ne veut rien dire.

2) Le terme intermédiaire est rapporté à A, il en est dépendant; par conséquent, il est accident. Cela ne donne rien; je crains que toute la démarche ne soit fausse. Reprenons donc là où nous avions initialement commencé :

x est actif, il a une règle, il est réceptif.

Il est référé à Non-A, mais au moyen de quelles catégories? Je pense que c'est au moyen de l'opposition.

Essayons avec A : x est réceptif et, en tant que tel, accident de A. Par conséquent *A est substance*.

x est actif. Mais A ne peut être passif. Par conséquent, nous obtenons de l'activité d'activité. La *substance auto-active* est dépendante en x.

x est actif selon une règle qui se trouve en A. A se donne donc à lui-même une règle. *Il s'agit de l'intelligence.*

[158] Soit x par rapport à Non-A : x comme accident de A est réceptif : Non-A est donc, en tant que tel, cause de quelque chose en A. Cela nous donne *l'effectif* et le non-effectif.

x comme détermination d'une auto-activité est, par rapport à Non-A, actif. En tant que tel, Non-A est possible.

x est actif selon une règle qu'il tient de lui-même. Si Non-A s'accorde à cette règle, x est nécessaire; s'il ne s'y accorde pas, alors x est contingent. Le contingent est effectif ou non. Dès lors, qu'est ce que le possible? Ici, nous ne trouvons pas d'opposition; cependant, nous avons bien une synthèse qui sous-entend une relation à autre chose.

Tout cela reste encore très obscur

Reprenons la série de manière détaillée et explicite.

Ce qu'est la *réalité* du Moi pensant le Non-Moi (représentant en général) a été indiqué ; il s'agit de la *régulation* dans le sens le plus évident du mot, c'est-à-dire qu'il s'agit d'une action ; et il doit bien en être ainsi, car le Moi est toujours actif. Les catégories, au moyen desquelles le Moi devient déterminé dans cette réalité, forment une *règle* qui est la réalisation de ce qui est pensable ; nous obtenons donc une spontanéité, comme réalisation de l'ordre, et une réceptivité, comme réalisation de ce qui est reçu.

1) Ceci doit maintenant être référé médiatement à Non-A par le sujet de la représentation de x (et non de Non-A). Je mets en relation la réceptivité du Moi au Non-Moi ; elle est uniquement passive et la sensation est effet de Non-A, qui est cause. En tant que tel, Non-A est *effectif* ; ici, de la même manière que précédemment, la réalité a été transférée au Non-Moi, afin de pouvoir penser une impression sur la réceptivité. Là où rien n'est donné, rien n'est effectif.

2) Je réfère la spontanéité de la pensée et de l'intuition à Non-A. Ici, la spontanéité n'est pas cause d'une détermination de Non-A en soi ; elle le soumet uniquement à la règle. La détermination de Non-A et la règle qui lui convient sont totalement *indépendantes* l'une de l'autre (elles sont, en tout cas, considérées comme telles). Néanmoins, elles s'accordent, et doivent s'accorder, si Non-A doit pouvoir être pensé. En tant que tel, Non-A est pensable, il peut être pensé, placé sous la règle, il obéit à la règle ; et c'est ce qu'on appelle *possible*. Ce qui n'est pas pensable est impossible.

[159] *Théorèmes*

1) En soi, certaines choses peuvent n'être pas ressenties parce qu'elles ne tombent pas sous les conditions de la sensibilité (qui doit ressentir une chose et son contraire), ni sous celles de l'appréhension successive. Pareilles choses n'accèdent pas à la conscience.

2) Certaines choses sont sensibles, mais non pensables ; de telles choses n'accèdent pas à la conscience. C'est pourquoi nous n'avons aucune connaissance de la chose en soi.

3) Enfin, je réfère la *règle de la pensée* à Non-A. Non-A *doit* correspondre à la règle, s'il doit être pensé et possible ; quelque chose, qui répond à cette règle, est donné par la sensation. Ce quelque chose est déterminé et devait précisément l'être de cette manière s'il devait être pensé. Il est donc *nécessairement* déterminé. De cela, il découle que tout *effectif* est *nécessaire*. Cette proposition est assurément exacte dans la

philosophie théorique. Je puis, certes, ne pas comprendre la nécessité d'une chose parce que je n'en saisis pas encore la connexion avec la règle; néanmoins, qu'elle doive être soumise à une règle, et nécessairement déterminée par elle, est évident. Mais qu'en est-il du contingent? Il s'agirait d'un *possible* qui n'est pas effectif. Mais sur ce point, aucun chemin ne se dessine, pour le moment.

1) Je réfère la réceptivité du Moi pensant à Non-A[1] (qui est déjà réalisé dans l'intuition). La détermination, dans la réceptivité, se rapporte au Non-A pensé, comme l'effet à la cause. Et Non-A est, en tant que tel, effectif. Il est déjà réalisé par l'intuition; cela signifie qu'il est posé dans le temps et dans l'espace comme remplissant les deux. C'est une réalité mathématique, mais non pas encore un rapport *dynamique* entre A et Non-A. C'est pourtant celui-ci que nous visons ici; c'est donc avec raison que nous avons appliqué la catégorie de causalité. [160] Non-A, comme cause de ce qui est représenté en A, *est représenté comme agissant* ou encore comme *effectif*. L'effectivité ne se laisse indiquer qu'à partir de la causalité. Le rapport mathématique produit quelque chose de seulement *possible*, mais non d'*effectif*.

2) Je réfère la spontanéité du Moi pensant à Non-A. Non-A est cause d'une détermination de la réceptivité du Moi, il est, pour l'instant, cause indépendante du Moi. Dans cette mesure, on ne trouve que de la passivité dans le Moi et aucune spontanéité. Pourtant, il doit y avoir de la spontanéité. Avec quoi peut-elle être mise en relation? Elle ne saurait, au moyen de la causalité, l'être à la *production* d'une détermination en Non-A, mais elle doit l'être à l'acte d'ordonner Non-A sous une règle. Or Non-A est donné[2], ainsi que la règle. La spontanéité est le membre intermédiaire qui effectue la comparaison et qui trouve la règle, qui est ou non valable. Tout ce qui est effectif doit-il s'accorder à la règle? Qu'est ce qui en découlerait? Est effectif ce qui s'accorde à la sensation, mais je ne sais pas encore si cela s'accorde également aux conditions de la pensée. Pourtant, si ce qui est effectif doit être pensé, alors il faut bien que cela soit

1. Cette pensée a lieu au moyen des catégories de la relation.

2. La relation à la règle nous donnerait-t-elle la possibilité ? Il semble que la règle se comporte par rapport à ce qui est permanent comme les déterminations empiriques par rapport aux déterminations contingentes. Mais cela, encore une fois, n'est pas tout à fait vrai. En effet, une détermination empirique qui ne convient pas à la règle est impossible. En outre, la spontanéité est l'affaire de l'imagination, tout comme le possible est le concept de l'imagination.

en accord avec les conditions de la pensée, et non pas simplement senti [1/2]. Quel est le rôle de la spontanéité ? Elle peut effectuer ou non la comparaison. Mais pour ce faire, elle a aussi ses règles. De plus, où situer les fictions, c'est-à-dire le fait de penser la possibilité de ce qui n'est pas effectif? [161] Ces fictions n'ont pas à être évoquées ici ; elles le seront lorsqu'on abordera la relation au Moi absolu. La fantaisie peut, certes, penser de telles choses comme pensables, mais non les penser comme possibles dans une sensation donnée. Or, c'est ce dont il est *question présentement*. La *spontanéité* n'est en relation ici qu'à la pensée du *Non-Moi* qui n'est donné que par la sensation. *Ce dont il est question maintenant, c'est de la possibilité d'une sensation, qui doit être donnée.* Soyons plus précis encore : c'est de là que venait notre proposition selon laquelle tout ce qui est effectif est nécessaire. Mais cette proposition est transcendante, absolue, car beaucoup de choses effectives sont *contingentes*.

2) La spontanéité est mise en relation à Non-A. Elle l'est dans la pensée, mais l'est-elle également dans la sensation ou l'intuition ? Là est la question. Mais alors, nous n'aurions pas dû parler de Moi *pensant*, mais de Moi représentant. Le canon serait celui-ci : *ce qui s'accorde aux conditions de la spontanéité est possible*.

Quelles sont les conditions de la spontanéité ? Que fait-elle ? Dans l'intuition, elle pose dans le temps et l'espace et ainsi les remplit ; elle impose également ce principe : les sensations sont successives et leur contraire peut être senti. En ce qui concerne les concepts, elle les place sous des règles ; tout cela n'est possible que pour autant que le Non-A, considéré comme indépendant, s'accorde à ces règles, et tombe sous ces conditions. Comme nous l'avons dit précédemment, ce qui est en accord avec la matière de la sensation est effectivité ; ce qui est en accord avec la *forme* de la sensation est possibilité. La question n'est pas ici de savoir comment *possible* et *effectif* se rapportent l'un à l'autre, car *possible et effectif* sont des pures formes de la pensée, des abstractions.

1. Seule la possibilité de sentir le contraire et l'appréhension successive appartiennent à la sensibilité. Mais, en fait, ces déterminations ne font-elles pas également partie de la possibilité ? L'effectivité est accord avec la matière de la sensation. La possibilité est accord avec la forme de la sensation et de la pensée. C'est un *canon* important.

2. Il n'en résulterait pas que telle ou telle chose effective ne soit pas possible mais seulement que l'explication d'un certain nombre de choses effectives n'est pas possible. Le *canon* : tout ce qui est effectif est possible signifie que tout ce qui est effectif est sensible, et non pas que tout ce qui est effectif est pensable, explicable. Certaines choses effectives ne sont ni explicables ni pensables, et c'est pourquoi on parle d'erreur des sens ; par exemple, le coucher du soleil est sensible mais n'est pas pensable. Il a la possibilité d'être senti mais non pensé ; à l'inverse, on ne peut sentir l'obscurité, etc.

Est-ce que cela signifie qu'ici l'explication n'aurait été donnée que d'un point de vue analytique, comme toutes les explications kantiennes *? Ne devait-on pas procéder d'une manière synthétique, par l'application d'une catégorie ? Quelle catégorie est à appliquer ici ? La spontanéité donne des formes, et Non-A obéit à ces formes. Quel est donc ce rapport ? Ce n'est pas le rapport de substantialité. Peut-être est-ce celui de l'action réciproque ? Mais non, il ne s'agit pas de cela non plus. Un rapport dynamique ne peut nullement être appliqué ici. Cependant, le Moi pensant Non-A, doit être référé à Non-A, par le Moi pensant. La spontanéité ici n'est ni cause ni effet de Non-A. L'accord entre les deux se trouve-t-il dans le rapport de la substantialité à l'accidentalité, ou bien s'agit-il d'une action réciproque ?

[162] Il y a quelque chose en A qui est, nécessairement, en Non-A ; et réciproquement, il y a un Non-A nécessairement en A. Il s'agit donc bien de la catégorie d'*action réciproque*. Non-A est admis comme déterminé et en même temps comme indépendant ; A aussi. Les deux doivent s'accorder ; de cet accord découle un autre concept. L'espace posé en Non-A est aussi posé en A et réciproquement. Mais il ne s'agit encore que d'un rapport idéal et non *réel*. Certes, mais ce rapport est néanmoins réalisé par le concept de *possibilité*. Des formes en A sont *transférées* en Non-A. Le concept idéal de causalité n'a été *réalisé* que par celui d'effectivité. Cette déduction est encore quelque peu obscure. 1) La spontanéité est indépendante de Non-A. 2) Non-A, réalisé et effectif, est considéré nécessairement comme indépendant de la spontanéité. 3) Les deux propositions doivent s'accorder. Quelque chose de posé en A, doit aussi l'être en Non-A, et réciproquement. Ils sont donc référés l'un à l'autre par le A absolu. Cette comparaison, cette relation réciproque est effectuée par A pensant Non-A, à travers x ; cette comparaison est nécessaire. Il s'agit donc bien du mode, du schème de l'action originaire. Dans cette mesure, Non-A signifie ce qui est *possible*[1]. L'expression n'est pas encore très claire. La relation procède (selon une règle, c'est-à-dire selon un concept qui présente la réalité fixée) du A absolu. C'est le concept de la *possibilité*. Dès lors, ce concept est bien déduit synthétiquement.

3)[2] En x, A met en relation la règle à Non-A. 1) La règle est la règle, donc elle est établie. 2) Non-A se conforme à la règle dont il est, en soi, indépendant. (*N. B.* la règle n'est pas la forme, mais est la règle de la relation.) Ce n'est pas Non-A qui obéit à la règle, mais une certaine

1. Ce qui, en A, ne serait pas conforme à la forme serait impossible ; et il est inutile de se demander d'où pourrait bien venir un tel impossible.

2. On ne doit jamais oublier que Non-A est considéré comme subsistant indépendamment du Moi pensant. De plus, on a considéré que le A absolu pense Non-A par x. Cette règle a été observée (sans qu'on le sache vraiment) pour l'étude de l'effectivité.

connexion entre Aa et Non-Ab. Une telle connexion est en accord à la règle établie, c'est-à-dire que cette connexion existe selon une règle ou bien alors n'existe pas du tout.

[163] A pense, selon une règle, une connexion en Non-A. 1) Le A absolu pense x en établissant une connexion avec Non-A, conformément à cette règle. Cette connexion doit être fixée par un concept, selon un certain schème.

2) Quel doit être ce schème et d'où vient-il ? Quelle est la règle, et quelle est la connexion à Non-A ? Cette connexion n'est pas donnée par la sensation ; seuls Non-Aa et Non-Ab sont donnés. La connexion n'est donc effectuée que par la pensée, au moyen de la règle. Donc la règle est ce qui est permanent, ce qui est établi pour effectuer la connexion. Ce ne sont pas Non-Aa et Non-Ab qui sont établis. Entre la règle et la connexion, qui doit être soumise à la règle, se situe le schème de la substance pour l'accident.

Ce rapport est réalisé, établi par un concept. 1) La connexion en Non-A est dépendante de la règle. 2) La règle n'est pas dépendante de la connexion. La règle est établie en soi ; la connexion ne l'est pas. Ainsi, la connexion dépend idéalement de la règle, mais non la règle de la connexion. Ce rapport doit être lui-même réalisé et modifié à partir d'une règle, et cela par A absolu ; c'est-à-dire que le fait d'établir une connexion entre deux termes doit être réalisé ; donc la règle doit lui être transférée ; la connexion, au même titre que sa règle, devient alors *nécessaire*. Néanmoins, en soi, les termes au sein de cette connexion ne sont pas nécessaires mais contingents. C'est encore obscur !

C'est précisément à partir de ce transfert d'une catégorie à x et à Non-A que naît le concept synthétique. Ainsi, reprenons.

3) Le Moi lie, ordonne Non-Ab et Non-Aa selon une règle. Dans cet acte de lier et d'ordonner, il y a : 1) Un Non-Aa et Non-Ab donnés à la sensation. 2) La règle. 3) La connexion entre -Aa et -Ab, connexion qui doit être conforme à la règle, et cela par réflexion. La règle fixe la connexion, et non la connexion, la règle. Ce rapport réalise le A absolu en y transférant le concept de substance. La règle est ce qui est permanent ; la connexion entre Non-Aa à Non-Ab est, en elle, ce qui est contingent. Jusqu'ici, tout est exact. Mais maintenant, nous devons former un concept synthétique. La règle a été transférée à la connexion, par la pensée de la connexion, conformément à la règle, [164] c'est-à-dire lorsque cette pensée est à nouveau pensée et ainsi réalisée ; cette règle est précisément transférée et réalisée par la pensée de la pensée. La connexion est donc en soi considérée comme la *règle*, et Non-Aa et Non-Ab en soi, lorsqu'ils sont pensés en dehors de cette connexion, sont considérés comme contingents ; ce qui veut

dire que la connexion est *nécessaire*, mais les éléments de cette connexion sont contingents.

Toute cette déduction est une synthèse de A et de Non-A selon les catégories de la *Relation*.

Globalement, la synthèse serait terminée; mais elle n'est pas encore claire; je crois que cela vient de l'absence d'une synthèse plus générale.

Reprenons ce que nous avons vu pour la proposition A = Non-A en x :

En x, le A pensant le Non-A, est pensé. x est, par conséquent, opposé à Non-A, en tant qu'il est égal à A, et réciproquement.

x, en relation à Non-A, est actif. En relation à A, il est passif.

A ne peut penser Non-A que par x. Par suite, x est pensé lui-même comme Non-A; et tel est le cas pour la déduction des catégories, c'est-à-dire celles du *possible, de l'effectif, du nécessaire*. Tout ce qui est en x est transféré à Non-A, réalisé en Non-A. Cette observation, si on l'avait faite auparavant, aurait grandement facilité la déduction des catégories de la nécessité. Non-A est *nécessaire* car x, en tant qu'il prescrit la règle, est nécessaire. La *possibilité*, et non l'effectivité, est le *medius terminus*.

Quelle application faut-il faire de la catégorie de *l'effectivité* ? Non-A est pensé par x. Dès lors, x est passif des deux côtés; de ce fait, il n'y a plus guère de difficulté en ce qui concerne cette catégorie; elle est déduite exactement.

Mais qu'en est-il lorsque A est pensé par x? A est nécessairement toujours actif, dès lors, x doit-il devenir actif? *Nous verrons*.

Non-A est maintenant aussi nécessaire que A (effectif et possible n'ont pas leur place ici). En x, par conséquent, A = Non-A. Tel était ce qui était exigé; par là, la contradiction précédente serait levée.

Mais une nouvelle contradiction apparaît : en effet, A est opposé à A, ce qui contredit la proposition A = A. Les questions sont donc les suivantes : 1) Cette contradiction fait-elle encore partie de la philosophie théorique? Je crois que oui, car la conscience n'est pas encore déduite. En ce qui concerne la conscience, « l'identité du représenté » a été démontrée, [165] « l'identité de la représentation » également. Mais l'identité du représentant est encore à expliquer. 2) Avons-nous besoin de construire cette contradiction ou bien pouvons-nous continuer tranquillement notre synthèse? Réfléchissons plutôt sur cette dernière.

Par A, x a été référé à Non-A, grâce aux catégories du possible, de l'effectif et du nécessaire; ou plutôt A a été référé, par x, à Non-A. Inversement, Non-A ne peut-il pas, et ne doit-il pas être référer à A par x? Je ne comprends pas encore le pourquoi et le comment d'une telle relation. En outre, subsiste encore cette question : si x était régulation, alors qu'était Non-A? C'est ce qui était à réguler. Mais dans tous les cas de figure, la synthèse par x est terminée. Donc, ne nous faut-il pas construire la contradiction ?

A comme pensé = Non-A comme pensé. Par conséquent, A = Non-A. Ce qui était à démontrer. Mais A comme pensé est opposé à A comme pensant, ce qui contredit la proposition A = A. Il faut par conséquent procéder à une nouvelle synthèse par x. Qu'est ce que x ?

x = Aa et = Ap.

x opposé à Aa et à Ap.

x = Aa, en tant qu'opposé à Ap, et = Ap, en tant qu'opposé à Aa. Qu'est ce que x ?

Aa et Ap sont opposés comme l'actif au passif, comme l'activité à la passivité. Ici, se trouve le terme intermédiaire, à savoir l'auto-activité, c'est-à-dire l'activité revenant sur elle-même ; de cette activité revenant sur soi, il résulte une passivité. La passivité est agissante et l'agissant est passif.

x est *auto-activité*. À partir de là, des catégories doivent être formées synthétiquement. Comment ? Et avec quoi peut-on mettre en relation cette auto-activité ? Il nous faudrait au préalable une triple activité spontanée. Or, nous n'avons que la *passivité et l'activité.*

Aa = Ap, car tous les deux sont actifs : Unité.

Aa est opposé à Ap, car le premier est libre dans sa relation à Ap, alors que le deuxième se trouve soumis à la règle dans sa relation à Aa : Nécessité.

Ils sont réunis en x, parce que la règle est donnée à soi-même, c'est donc l'autonomie, *une loi.*

La loi est le *médius terminus* Elle doit être référée aux deux termes, et donc par là, activité et passivité sont référées l'une à l'autre.

La loi qui est référée à Ap, et qui, pour cette raison, est pensée comme réalisée, est la manière d'agir de Ap eu égard à Non-A. Cette loi est *déterminée nécessairement*, elle est nécessité absolue, à la différence de la nécessité qui régit les choses, laquelle n'est qu'une nécessité hypothétique. [166] La loi référée à Aa est l'activité de Aa, activité *absolument libre.* C'est la spontanéité absolue, totalement indépendante de Non-A.

Aa est référé à Ap, au moyen de la loi ; Ap se trouve soumis à la règle, alors que Aa n'est soumis qu'à la règle qu'il se donne lui-même. Mais puisque Ap doit être une règle, alors Aa a l'autonomie et Ap l'hétéronomie. Tout cela ne veut pas dire grand-chose.

Aa est opposé à Ap, ce qui contredit la proposition A = A. Mais la synthèse est très insuffisante si nous n'y intégrons pas la spontanéité, la réceptivité et la règle de Ap.

x est auto-activité, action sur soi-même, cela est certain. À présent, nous faut-il référer x d'abord à Aa et à Ap, ou alors nous faut-il *examiner* Ap, comme nous l'avons fait pour la catégorie précédente ? Testons cette dernière proposition.

1) Ap en soi a de la *spontanéité*, par rapport à Non-A ; en tant que tel, Non-A est possible (en tant qu'il s'accorde aux lois de la spontanéité)[1]. Mais il n'est pas question ici de la relation à Non-A. Il n'est question que des *formes* de l'intuition et des concepts que produit la spontanéité. Elle les produit tout simplement à partir d'elle-même, au moyen de la catégorie de l'auto-activité ; c'est-à-dire qu'en les produisant, elle n'a d'autre loi que le A = A ; elle doit donc être égale à elle-même. Cela réalisé donne la notion de possibilité *absolue* ; tout ce qui ne se contredit pas lui-même est absolument possible à penser, mais ne doit pas être pensé comme Non-A.

2) Ap a de la réceptivité, c'est-à-dire a le pouvoir d'être affecté.

Comment devons-nous effectuer cette synthèse ? Aa est spontané uniquement dans la pensée de Ap, *sinon, il n'est pas spontané*. Mais Ap pense Non-A. Il doit, dès lors, en résulter quelque chose pour Non-A. C'est exact. Il en résulte les *Idées* de *l'*absolu. Mais je suis sur le mauvais chemin. La question porte exclusivement sur la règle de la mise en relation. Par la mise en relation à Non-A, *surgiront* les formes des déductions qui présupposent la possibilité de toute déduction, et donc présupposent quelque chose d'inconditionné en Non-A. La question est celle-ci : devons-nous référer d'abord Ap à Aa ou alors Aa à Ap ? Plutôt que de faire des essais, il serait préférable d'avoir une règle. En fait, tout ceci n'est au fond qu'une partie de la synthèse précédente, [167] grâce à laquelle nous obtenions, en Ap, la spontanéité, la réceptivité, et une règle. Nous obtenons donc bien quelque chose et nous pouvons maintenant effectuer la mise en relation. Donc Ap est référé à Aa, par x, *voir* ce que nous avons dit précédemment.

1) Ap a la spontanéité. En Aà, cette spontanéité est pensée avec spontanéité, parce que toute pensée advient par la spontanéité, c'est-à-dire que la spontanéité est *réalisée*. Or, une spontanéité qui se pense elle-même comme spontanéité, se pense avec une spontanéité absolue, et s'appelle intelligence. A est intelligence. Il est temps, désormais, de développer la conscience.

2) Ap a la réceptivité. Celle-ci est *pensée*, établie, réalisée, *par l'auto-activité*. A détermine lui-même sa réceptivité, la délimite, la place sous une règle qu'il se donne lui-même. Qu'est-ce-que A, si cette réceptivité est

1. Mais qu'est ce que cela veut dire ? Ap est-il donc spontané ? Non. Donc, on ne peut nullement l'appliquer ici. Seul le Moi est considéré comme indépendant.

établie par la spontanéité ? Est-ce une intelligence limitée par elle-même ? Il s'agirait bien de la nécessité. Non-A pose un absolu, effectivement limité (principe de la limitation absolue). A est une *intelligence qui donne la loi à* l'effectivité, à Non-A. Ici, en effet, il n'est pas question de loi *pour soi*, mais de *loi qui se dirige vers autre chose*.

Ne te laisse pas troubler par le fait que la réceptivité n'est pas l'activité spontanée. Elle est déterminée, en cette catégorie, par l'activité spontanée; mais puisque ses modifications ne peuvent être déterminées par l'activité spontanée (car, dans ce cas-là, il n'y aurait pas de réceptivité), c'est sa limite qui, en revanche, peut l'être. Ainsi, pour A, la limite de Non-A est déterminée. Mais l'expression « légiférant » est-elle correcte ? Je crois que oui, car il est question d'une loi conditionnée (conditionnée par le concept de l'effectivité).

3) Ap possède la règle nécessaire pour établir la connexion entre -Aa et -Ab. Si cette règle est pensée comme déterminée par l'auto-activité, alors cela signifie que A s'est donné lui-même la règle. [168] La règle ne dépend de rien, si ce n'est de l'essence de A. Elle est tout simplement nécessaire pour A; A est une *intelligence qui est nécessairement déterminée*. Ainsi l'intelligence comme intelligence possède en elle-même une loi, sans laquelle elle ne serait pas *intelligence*, c'est-à-dire pouvoir *représentant*. Il n'est pas encore question ici de la présentation[1].

Avons-nous correctement déduit en N1 ? x est *auto-activité* ; c'est déjà *l'intelligence*, car *l'intelligence* est bien le concept principal, qui résulte de la synthèse, et dont nous cherchons les *prédicats*. Donc, reprenons.

1) Ap a de la spontanéité. La spontanéité est ici déterminée par la spontanéité, c'est-à-dire qu'elle ne dépend de rien, sauf de la spontanéité; c'est la *liberté*. Le Moi, comme intelligence, est *libre*, c'est-à-dire indépendant de la réceptivité. Il peut penser des choses qu'aucune réceptivité ne lui donne ni ne peut lui donner. Il est libre jusqu'à la contradiction, qui est surmontée par la troisième catégorie, celle de la nécessité absolue.

Maintenant Aa est référé à Ap.

1) A comme intelligence a la liberté, il est indépendant de la réceptivité. Ap est, par conséquent, pensé comme quelque chose qui peut se penser indépendamment de la réceptivité et de ses conditions; il est pensé comme quelque chose qui se trouve à l'intérieur des limites de la spontanéité de A. Mais la spontanéité de A n'a d'autre loi que A = A. Par conséquent, elle peut penser tout ce qui ne se contredit pas; c'est *l'absolument possible*.

1. On ne doit pas oublier qu'il ne s'agit que des modalités de l'intelligence. A, comme intelligence, a l'autonomie.

L'absolument possible n'est que *pour* le Moi pensant, et non en soi. En outre, il y a, pour le Moi pensant, quelque chose d'absolument impossible, à savoir ce qui s'oppose à la proposition A = A. D'où :

2) A, comme intelligence, est *légiférant*, il légifère sur la limite de l'effectivité. Ap ne peut donc penser ce qui est effectif autrement que comme limité; et pour Ap, il existe une limite absolue de tout ce qui est effectif, conformément aux déterminations de son effectivité. [169] De cela résultent les *Idées* d'un Monde absolu, d'une cause première, etc., ainsi que les antinomies[1].

3) A, comme intelligence, est tout simplement déterminé; il possède une loi, sans laquelle il ne serait pas intelligence. Ap doit penser, par conséquent, quelque chose d'absolument nécessaire, extérieur à lui, c'est-à-dire en Non-A.

Dès lors, A = A et Non-A = A, et la proposition Non-A = An en A est déduite de manière satisfaisante. *Une conscience d'un Non-Moi est possible*. Tout ceci ne vaut qu'en tant qu'A est *intelligence*[2]. Mais A n'est pas qu'intelligence.

Pourquoi ces *Idées* n'ont-elle aucune validité? Qu'est-ce qui nous pousse toujours plus loin ? Ici s'ouvre un nouveau champ, et de la justesse avec laquelle nous l'aborderons dépendra le travail futur.

Dans la toute première proposition : A est opposé à Non-A, nous avions un A absolu et un Non-A absolu. Maintenant, nous n'avons plus qu'un A intelligent et un Non-A intelligible. Ils ne sont pas, en tant que tels, opposés. Cependant, cette proposition de l'opposition n'est pas encore, loin s'en faut, épuisée; en fait, elle n'a été utilisée ici que formellement, de telle sorte que puisse s'y rattacher ce que l'on vient de dire.

A est exclusivement déterminé ici en relation à Non-A, comme intelligence libre – négativement –, indépendante, légiférante, comme posant en Non-A quelque chose de nécessaire. A n'est pas déterminé comme passif par Non-A, mais est déterminé par lui-même. Néanmoins, il est déterminé en relation à Non-A. Qu'est ce que cela signifie? Cela signifie qu'il est déterminé comme une intelligence, laquelle présuppose quelque chose d'intelligible. Donc, il n'est pas indépendant. Et pourtant, selon la première proposition : A est *ce qu*'il est, A est ce qu'il est parce qu'il est.

1. Mais il ne reste qu'un Non-Moi absolu qui ne peut absolument pas devenir le Moi et qui ne dépend pas de nous. Ce qui contredit ces Idées et nous conduit à une antinomie. C'est cela qui est fondamentalement la source du conflit du Moi pur et du Moi intelligent. Le Moi, en effet, ne peut pas se représenter lui-même comme intelligence, comme un tout inconditionné, parce que l'expérience ne peut jamais être totalement achevée; et pourtant, il devrait le pouvoir.

2. En tant qu'il exerce sa spontanéité sur lui-même, comme essence représentant le Non-A.

Doit-il être déterminable en soi ? Jusqu'à maintenant, toute la philosophie contredit cette proposition. On devrait donc opposer le résultat de la philosophie à cette proposition, et de là naîtrait peut-être la philosophie pratique.

[170] *A, comme intelligence, est lui-même un-Non-A et, par conséquent, est opposé à A.* Si cela se laissait démontrer, nous aurions réussi. Mais l'intelligence est son propre sujet et son propre prédicat. Je suis intelligence signifie «*je* suis *je*». Mais il ne doit pas en être ainsi; la personnalité ne dépend que de la philosophie pratique. Donc, la proposition A=Non-A est effectivement expliquée, mais n'est pas expliqué le : «*je* suis *je*». Car l'intelligence n'est pas référée à elle-même, mais à quelque chose d'intelligible. L'intelligence est et reste une activité dirigée vers l'extérieur, et non une activité dirigée vers soi. Néanmoins, dans l'intelligence, il y a, conformément à ce que l'on a dit précédemment, une activité dirigée vers soi.

Ainsi, les catégories de la philosophie pratique seraient aisément trouvées : ce seraient : 1) La liberté absolue, non pas seulement la liberté de la réceptivité, mais également la liberté de l'intelligence; 2) Le faire effectif, pratique. 3) L'autonomie. Cependant, il nous faut encore trouver la contradiction qui nous conduirait à la preuve de la praticité de la raison. Donc, la question est actuellement celle-ci : existe-t-il une contradiction en soi, ou une contradiction par rapport à la proposition évoquée plus haut : «*je* suis *je* »; « je suis *ce que* je suis »; « je suis parce que je suis ».

Tous les principes précédents étaient déterminés par le « pour Moi ». Le « pour Moi », est quelque chose d'absolument nécessaire. C'est pour moi que sont les limites de l'effectivité, etc. Mais cela importe peu ici, car je ne suis que pour moi. Tout est subjectif, et il n'y a absolument rien d'objectif. Mais cependant, comme intelligence, je suis dépendant; or, le Moi est indépendant. Mais que quelqu'un me le prouve !

On doit effectivement montrer, d'une part que le Moi, comme intelligence, est toujours utilisé comme *prédicat*; même si c'est lui-même qui se fait prédicat; d'autre part, qu'il doit encore y avoir un A (qui représente A=Non-A) qui prédique cette proposition. En Non-A, nous avons un *prédicat absolu*[1], qui constitue la fin de notre progression (un Non-A absolu); en revanche, nous n'avons pas encore de sujet absolu, c'est-à-dire un sujet qui ne puisse pas à nouveau devenir prédicat (un tel sujet se représente lui-même, c'est-à-dire qu'il présente, il agit). Une telle preuve pourrait bien être délivrée à partir de l'opposition. [171] Non-A est opposé

1. Qui ne peut pas être sujet. Il ne s'agit absolument pas de Dieu, mais d'une matière morte, éternelle, qui est cependant nécessaire, indépendante comme on a pu, parfois, le montrer. Le sujet absolu est Dieu, car il est égal à lui-même.

à A. Donc, si Non-A est absolu, alors A l'est également. Telle est certainement la preuve, mais elle ne devrait pas intervenir aussi rapidement ; il faut la développer. Puisqu'il y a opposition, alors il y a forcément une contradiction ; et si l'on se dirige uniquement vers l'absolument nécessaire en Non-A, cette contradiction ne tardera pas à apparaître.

A, comme intelligence, possède une loi nécessaire pour représenter un Non-A absolument nécessaire. A se donne cette loi et cependant, Non-A est absolument nécessaire. Cela ne se contredit-il pas ? Ou encore cela ne contredit-il pas la limitation de ce qui est effectif, qui a été notée dans la deuxième partie ? Tel pourrait bien être le cas.

Il y a assurément là une *contradiction* : A a produit une règle par spontanéité, il a à penser quelque chose qui n'est pas produit par la spontanéité (c'est-à-dire un Non-A absolument nécessaire). Cette contradiction est convenablement présentée.

A ne doit pas se contredire lui-même. Donc, la règle, produite par la spontanéité, est la règle de la non-contradiction. Que *son contraire* se contredise lui-même est absolument nécessaire. Dès lors, admettre un Non-A nécessaire ne se contredit pas ; par conséquent, A doit admettre un tel Non-A, mais ce faisant A se contredit lui-même.

La synthèse serait donc celle-ci :

L'acte de « se présenter soi-même » et l'intelligence (de quelque chose en dehors de nous) sont opposés. Ils ne se laissent réunir que par un x ; ce dernier serait, en quelque sorte, la représentation de la présentation ou pouvoir pratique. Mais comment un tel pouvoir pourrait-il résulter de cela ? Mais c'est évident ! A serait considéré comme indépendant de tout ce qui est intelligible, comme absolu, c'est-à-dire serait considéré comme A, comme Moi. *L'agir* est déjà dans l'intelligence ; cet agir, si on fait abstraction de ce qui est intelligible, donnerait un agir absolument indépendant. *L'intelligible* est simplement le possible, la limite absolue de toute effectivité, et le nécessaire est simplement en Non-A. En A, se trouvent liberté, législation, nécessité interne. Cela nous rapproche du pratique, et lorsque la contradiction sera trouvée, alors ce chemin sera beaucoup plus facile à emprunter.

Il y aurait, en fait, deux chemins pour arriver à notre synthèse : le premier consisterait en une étude de la nécessité absolue d'un Non-A, et le second en une preuve que l'intelligence est prédicat, et non pas sujet absolu. Ce qui me permettrait de dire : j'ai l'intelligence, et non, je *suis* l'intelligence. [172] Testons le premier point : 1) il y a un Non-A strictement nécessaire. Qu'est ce que cela *signifie* véritablement ? Ce n'est vrai qu'à partir de la présupposition qu'un Non-A est. Il résulte de tout cela qu'il n'est question que du « pour nous, comme intelligence ». Cependant s'il existait une autre possibilité, ce serait le signe qu'il nous faudrait être autre chose que pure intelligence, autre chose qui serait unité.

A pense Non-A selon une règle, qui a l'identité, sinon ce ne serait pas une règle. A puise cette règle en lui-même. Nous pensons cet acte de puiser la règle en soi-même comme déterminé par le concept de la nature (l'essence originaire) de A. La règle a une nécessité interne. Ce développement est susceptible de nous conduire à quelque chose de plus haut, c'est-à-dire à un Moi absolument nécessaire, au Moi pratique. Il en est bien ainsi. La règle est = z ; z est donné par la spontanéité et pensé comme donné par la spontanéité. Dès lors, z est la règle, c'est-à-dire quelque chose d'établi, de déterminé. Par conséquent, la spontanéité en *elle-même, et indépendamment de Non-A*, doit avoir quelque chose à établir et à déterminer[1]. Il y a quelque chose d'absolu en A. Par là, la *liberté absolue*, sous la première modalité, se signale comme l'indépendance par rapport à la réceptivité et par conséquent par rapport à Non-A, qui n'est donné que par la réceptivité. Le Moi, comme intelligence, a la liberté absolue, ce qui signifie ici qu'il peut produire quelque chose à l'extérieur de lui, non pas *realiter*, mais *idealiter* ; il peut le produire comme un intelligible pensable (Non-A), lequel n'est pas *donné ou à donner* dans une expérience quelconque, mais n'existe que comme pensable; c'est, par exemple, la pensée des limites jamais senties ou encore le substrat absolu, également non-senti, de Non-A.

Ainsi, le point le plus important serait déjà trouvé. Mais étudions encore un peu l'absolu en Non-A. A doit s'accorder avec la règle z. Il est, en tant que tel, nécessité *conditionnée*. Mais la règle z a, pour A, une nécessité *interne* (elle se fonde sur l'essence fondamentale de A, qui est absolue identité). Pour Non-A, cette nécessité n'est nullement interne; néanmoins, il s'agit bien d'une nécessité au sens strict. La nécessité au sens strict signifie que, si un b est donné, alors il doit y avoir aussi un a; a est déterminé ici par le fait que b est donné. Cette nécessité pose qu'*il doit y avoir un a*. Mais comment est-ce que j'arrive à cette conclusion? Considérons encore une fois la règle z. Si elle doit être appliquée, [173] alors a doit être. Mais dès lors, cela veut dire que z vaut absolument, qu'il *doit être appliqué*, et donc qu'un a doit être. Comment vais-je parvenir à cette proposition, à supposer qu'elle soit énoncée correctement. a) *Je* ne puis avoir d'autre règle que z. Pour A, z a une nécessité *interne*. b) Il faut, pour pouvoir penser A et Non-A comme égaux (c'est-à-dire pour penser A comme intelligence qui représente Non-A, conformément à la vérité), que cette nécessité interne soit transférée à Non-A et devienne une nécessité inconditionnée; dès lors, quelque chose en Non-A deviendrait néces-

1. Très important.

sairement inconditionné; en d'autres termes, il faut que la règlez soit strictement appliquée à Non-A. Dans la mesure où je considère A comme *pure intelligence*, alors n'en résulte-t-il pas que ces Idées de l'absolument inconditionné ont de la réalité en Non-A? C'est ainsi que tous les dogmatiques ont considéré le Moi.

Dans l'antinomie, l'empiriste qui soutient que temps, espace et causalité sont illimités, etc., ne s'élève même pas jusqu'aux Idées de l'inconditionné mais s'en tient aux catégories. Le spiritualiste s'élève jusqu'aux Idées, mais, ce faisant, il se prend de querelle avec le premier sans qu'on puisse les départager. L'empiriste dit : *toute nécessité est conditionnée* (et du point de vue de l'expérience, il n'a pas tort). L'idéaliste dit : il y a en Non-A quelque chose d'inconditionné, d'intelligible (et lui aussi a raison). La dispute entre eux cesse facilement dès que l'on observe que, du point de vue de l'expérience, le premier a raison, mais que du point de vue de l'organisation nécessaire de notre esprit, le second a raison. Néanmoins, pour clore définitivement cette querelle, ne devons-nous pas nous élever encore? Leur querelle ne nous fournit-elle pas, en quelque manière, le passage recherché? Le passage se trouve assurément dans une région plus profonde que celle où nous sommes; il nous faut parvenir à un degré supérieur; nous obtiendrions une nouvelle contradiction entre Non-A et Non-A lui-même. Reprenons donc la première proposition : Non-A=Non-A (telle est l'affirmation de l'empiriste). Mais en ce cas, A est opposé à Non-A; puis, reprenons la seconde proposition : A=Non-A (telle est l'affirmation du spiritualiste) mais en ce cas Non-A est opposé à Non-A.

Pour supprimer cette contradiction, la distinction kantienne entre phénomène et noumène* pourrait, certes, être utilisée; néanmoins, cette distinction lève moins la contradiction qu'elle ne la repousse; il nous faut donc poursuivre notre chemin et arriver à la véritable proposition. Donc, A est opposé à A; cette contradiction ne peut être supprimée que si A n'est pas uniquement intelligence, mais est aussi un pouvoir pratique; la représentation de ce pouvoir pratique dénoue le nœud.

[174] La question est uniquement de savoir comment nous arrivons à cette proposition : A est opposé à A. Non-A est nécessaire, inconditionné. A est opposé à Non-A; par conséquent, A n'est pas nécessaire, inconditionné; mais cela contredit la proposition précédente : « je suis ». Cette proposition se contredit elle-même? Puis-je fonder toute la philosophie sur cette seule proposition : « je suis »? L'intuition intellectuelle suffit-elle ici?

A est nécessairement inconditionné, il est, selon le premier principe, l'essence présentante. Selon la présente déduction, A, comme intelligence, a en lui-même une loi absolument nécessaire qu'il applique à Non-A. Est-ce contradictoire d'une quelconque façon ? Cette loi, il ne l'a que lorsqu'il est en relation avec Non-A. Avec cette loi, il détermine Non-A, mais non lui-même. Certes, en un certain sens, il se détermine lui-même, mais c'est seulement comme intelligence qui présuppose quelque chose d'autre, à savoir quelque chose d'intelligible. Cette loi, qu'il s'est donnée lui-même comme intelligence, doit être assurément référée à quelque chose de plus haut, à une autonomie absolue du Moi, qui est non-intelligence. Mais à partir de quel fondement? Cette loi doit s'appuyer sur le principe de contradiction.

A, comme intelligence, se donne à lui-même une loi. Le Moi qui légifère n'est donc pas une intelligence[1]. Le Moi n'est donc pas uniquement intelligence. C'est exact. En A, il doit encore y avoir quelque chose qui légifère absolument. Si cette loi n'était rien d'autre qu'une loi pour l'intelligence, alors en ce cas, A serait, certes, une pure intelligence inconditionnée, mais n'en resterait pas moins qu'une pure intelligence. A détermine son essence par lui-même. La loi qu'il possède comme intelligence naît de cette détermination. Ceci est exact, mais n'est pas encore déduit.

La loi de A, comme intelligence, ne se laisse ramener à rien d'autre qu'à son essence. Mais son essence est déterminée par lui-même (il s'agit de l'autonomie absolue). Il me faut encore avoir recours à ce premier principe : A est A. Il ne saurait en être autrement en raison de la nature des choses.

A est intelligence; toute intelligence, dans sa relation à un Non-A, est déterminée; (A, comme intelligence, = Non-A). Mais pourtant, selon la première thèse, A = A, et A est opposé à Non-A, ce qui se contredit. A, comme intelligence, est opposé à A. Et pourtant A doit être = A. Ceci n'est pensable que par un troisième terme = x. Qu'est ce que x ?

[175] Le Moi se détermine lui-même, comme intelligence, par une absolue nécessité. Jusque-là, nous sommes certains de ce que nous affirmons. Il serait bon de déduire la manière dont le Moi peut s'accorder, et s'accorder précisément à A, c'est-à-dire qu'il serait bon de déduire que le Moi est pratique. Mais nous ne sommes guère sur la voie d'une telle déduction.

A fournit la loi à l'intelligible, absolument, à partir de lui-même, à partir de sa nécessité interne. Mais l'intelligible, qui est Non-A, est indépendant de A. Il lui est opposé.

La question est donc de savoir comment les deux doivent s'accorder. Cette question nous conduira, très certainement, à la philosophie pratique. Mais, ne me faudrait-il pas, alors, emprunter une toute autre voie que celle que je souhaitais, et néanmoins conserver cet avant-dernier fil conducteur ?

1. C'est-à-dire que ce n'est pas en tant qu'il est intelligence qu'il se donne la loi.

Une nécessité inconditionnée et une nécessité conditionnée se contredisent. *N. B.* ce n'est pas à une explicitation plus précise du vouloir propre que je parviendrais, mais à la présentation de celui-ci en Non-A, à l'Idée de justice, d'harmonie ainsi qu'aux autres postulats ; c'est bien à cela que nous parviendrons par la suite. C'est le deuxième moment de la synthèse descendante. La philosophie de la relation est ascendante et la philosophie pratique est descendante. Donc, mon chemin est bien le bon. Seulement, il faudrait encore essayer de préciser davantage la *contradiction*, et cela sans considérer la relation : A = A. 1) La fonction de « se donner sa propre loi » n'est manifestement pas celle de l'intelligence. L'intelligence, en tant que telle, est référée à un Non-A. Celui qui se donne sa loi ne se réfère qu'à lui-même. Mais c'est immédiatement que nous parvenons à ce point, par simple conclusion, et non grâce à une contradiction. Cependant : 2) A pourrait, du point de vue de *l'intelligible*, être ce qui se donne sa loi, et détermine par lui-même la nature de sa spontanéité ; en ce cas, il ne s'agirait pas encore d'une législation pratique, mais seulement d'une législation intelligible ; mais cela dit, cette législation intelligible, ne saurait évidemment se contredire elle-même, et nous parviendrions peut-être, avec la synthèse N2, à aller de l'indépendance de Non-A au Moi pratique. Mais, pour produire cet accord (dont il n'a encore jamais été question jusqu'alors), il faudrait d'abord démontrer la liberté pratique, et non pas seulement une liberté intelligente ; aussi ne sommes-nous guère plus avancés.

A se donne sa propre loi absolument, il possède l'autonomie ; jusque-là, ceci est évident ; mais est-ce que cela concerne uniquement le A intelligent, le A spéculatif, ou bien aussi le A pratique ? [176] Si A n'est qu'intelligence, alors c'est la première solution qui est la bonne ; il semble donc qu'il faille, au préalable, prouver que A n'est pas uniquement *intelligence*. Mais arrêtons-nous ! Lorsque A se donne à lui-même une loi, même une loi uniquement spéculative, il n'est pas qu'intelligence, il est aussi *pratique* ; *il se présente lui-même*. A = A. La question est donc : est-ce qu'il se détermine lui-même, d'un autre point de vue que celui de la connaissance ? Il nous faudrait déduire une faculté de désirer, sans quoi nous n'avancerons pas. Mais une telle faculté ne se laisse déduire que de la raison pratique, on ne saurait l'admettre comme fait empirique. A est pratique, A est intelligence ; ceci n'est-il pas, d'une certaine manière, contradictoire ? Et le terme intermédiaire ne pourrait-il pas être la faculté de désirer ?

1)[1] En tant que A est pratique, il est tout simplement déterminé par lui-même, de manière totalement indépendante. 2) En tant que A est intelligence, il n'est pas indépendant, mais est également déterminé par la réceptivité. Si 2 était vrai, alors 1 et 2 se contrediraient. Dès lors, 2 est-il vrai ? L'intelligence ne peut réaliser ses lois qu'en dehors d'elle-même. Elle a besoin d'un Non-A absolu, qui n'est pas donné par la réceptivité mais est néanmoins *pensé* par cette spontanéité.

1) A est *pratique*, il se donne à lui-même une loi et dans cette mesure, il est totalement déterminé par lui-même. Il *détermine* lui-même et *se* détermine *lui-même*. Il est en même temps agent et patient. 2) A est intelligence, il détermine, mais ce n'est pas lui-même qu'il détermine mais quelque chose en dehors de lui, un Non-A. Mais cependant, A doit être = A. Or, ici, Apr est opposé à Ai. Leur réunion ne peut être pensée qu'en x. Qu'est ce que x ?

Apr et Ai sont :

égaux du fait qu'ils sont légiférants ;

opposés du fait que le premier se donne une loi et que le second donne une loi à Non-A[2].

Leur réunion ne peut se penser que parce que Apr, par la loi qu'il s'est donnée à lui-même, en donne en même temps une à Non-A; [177] leur réunion peut se penser parce que la loi que A se donne est considérée comme valable pour Non-A, parce qu'une loi est donnée à Non-A; lorsque A donne une loi à Non-A, ce n'est pas parce que A et Non-A se rencontrent[3], comme s'ils étaient, en quelque sorte, indépendants l'un de l'autre, mais c'est parce que, en Non-A, il y a une détermination conforme à la loi que Apr se donne à lui-même. Il y a donc une causalité de la loi absolue de A, à l'extérieur de A. Il s'agirait là, bien sûr, de la faculté de *désirer*, qui est la faculté par laquelle A exige quelque chose de Non-A (faculté *d'appel* de A en direction de Non-A).

De même que la philosophie de la relation travaille pour rendre Non-A égal à A, de même, la philosophie pratique travaille pour rendre A = Non-A. La philosophie de la relation fait accéder, par différentes étapes, Non-A à A, alors que la philosophie pratique descend vers Non-A. De leur rencontre, naissent, à chaque étape, des contradictions qui doivent être dépassées.

1. A, comme intelligence, est déterminé (= A), du point de vue de l'intelligible (= Non-A). Cependant, d'après la première proposition : A = A ; il n'est déterminé que par lui-même. A = Non-A contredit A = A ; il faut donc accepter un troisième terme, x. Qu'est ce que x ?

2. Passage exact vers la pratique.

3. Ce serait un accord théorique.

NOTES

* p. 21 : Les notes correspondent aux annotations de Fichte dans la marge de son cahier. Nous les avons toutes reproduites, à l'exception de celles qui, parce qu'elles répétaient des phrases figurant déjà dans le texte, n'apportaient rien à la compréhension. En ce qui concerne la position des notes, nous avons suivi l'édition de l'Académie; il faut rappeler toutefois que ces renvois ne sont pas toujours évidents puisque, dans son manuscrit, Fichte n'indique pas le mot précis auquel réfère son annotation. Les italiques dans le texte correspondent aux mots soulignés par Fichte. Sur tous ces points, nous avons donc suivi l'édition de l'Académie sans y apporter de modification, à l'exception de l'écriture gothique, que Fichte utilise parfois, quoique rarement, et que nous n'avons pu indiquer par des caractères particuliers.

** p. 21 : *Das Denken*, que nous avons traduit par la suite par « la pensée », car traduire littéralement par « le penser » aurait considérablement alourdi le texte. *Das Denken* renvoie toujours chez Fichte à un acte ou à un processus, et non à un résultat ou un fait. C'est à cette dimension d'acte qu'il faut être sensible dans les multiples occurrences de l'expression « la pensée » *(das Denken)*. L'expression *der Gedanke* qui n'intervient qu'une fois dans le texte (nous l'indiquons entre crochets) n'est pas susceptible d'engendrer des confusions.

*p. 23 : Allusion à des exposés oraux que Fichte fit, à de nombreuses reprises, devant ses amis et dont nous n'avons plus traces (sur ce point, voir X. LÉON, *Fichte et son temps*, t. I, Paris, Armand Colin, 1922, p. 211 *sq.*). Fichte est à Zurich au moment où il écrit les *Méditations*, néanmoins les exposés dont il est question ici ne sont pas ce que l'on appelle les « Leçons de Zurich » qui furent professées entre février et avril 1794, soit juste après les *Méditations*.

** p. 23 : Maïmon, à diverses reprises, reproche à Reinhold de retomber dans la métaphysique classique. À cet égard, il interprète le « principe de conscience » de Reinhold comme un *Cogito* cartésien masqué. Le texte précis auquel Fichte fait allusion ici est, sans doute, les *Streifereien im Gebiete der Philosophie*, texte paru en 1793 (*Gesammelte Werke*, t. V, Olms, Hidelsheim, 1965-1976, notamment p. 177 *sq.*). De Maïmon, Fichte avait, en outre, soigneusement étudié l'*Essai sur la philosophie transcendantale*, paru en 1790. Dans ce texte, Maïmon ne fait aucune référence à Reinhold, qu'il n'avait vraisemblablement pas encore étudié, puisque les premières allusions à Reinhold dans sa correspondance datent de la fin 1791.

*** p. 23 : Par ce propos d'une extrême généralité, Fichte peut renvoyer à bien des textes de Reinhold ; voir notamment : *Versuch einer neuen Theorie des menschlichen Vorstellungsvermögens* (1789) p. 201 *sq.* (texte qui ne figure pas dans les extraits traduits par F. X. Chenet).

**** p. 23 : Sur cette exigence d'Enésidème, voir notamment la préface à l'*Enésidème* ainsi que le chapitre intitulé : « Preuve que le scepticisme de Hume n'a pas été réfuté par la critique de la raison » (*op. cit.*, p. 130-180).

* p. 24 : Enésidème, tout comme Reinhold d'ailleurs, reproche au kantisme d'être présupposant en ce qu'il admet sans l'interroger la vérité des mathématiques. Fichte répond ici à cette objection en soulignant que Kant pense prouver ses énoncés par l'organisation systématique et non par une présupposition externe au système.

* p. 25 : *Factum*, que nous écrivons en italiques et avec une majuscule pour le distinguer du simple *Tatsache* auquel il s'oppose, puisque *Tatsache* renvoie à un fait empirique quelconque, alors que le *Factum* est l'acte premier de la conscience pure.

* p. 26 : Il n'y a pas de saut de page dans le texte de Fichte, où tout est écrit en continu. Nous nous sommes permis d'en introduire entre les deux grandes divisions du texte : « logique de la philosophie élémentaire » et « sur la philosophie élémentaire », ainsi qu'entre les trois grandes parties de « sur la philosophie élémentaire » (Non-A = C ; A = C ; A = Non-A en C), parties que Fichte thématise explicitement. Pour les autres divisions (paragraphes, numérotation 1), 2), etc.), nous suivons strictement l'édition allemande.

* p. 30 : Enésidème reproche à Reinhold de présupposer les concepts de relation et de distinction sans jamais les expliciter ; voir le chapitre consacré par Enésidème à cette question (*op. cit.*, p. 213-222).

* p. 33 : Dans le texte allemand : relation. Nous le mettons en italiques pour le distinguer de *Beziehung* (voir notre présentation).

* p. 34 : Parce que Fichte formalise son texte, il nous fallait strictement respecter, comme pour un texte en mathématiques, l'usage des symboles ; nous ne pouvions donc, comme l'exigerait ici la typographie française, transformer, en début de phrase, les minuscules (x, y, etc.) en majuscules sans introduire de graves confusions sur le sens des symboles.

* p 35 : La succession des « en tant que » n'est assurément guère élégante en français, mais il nous fallait respecter cette répétition de l'expression, car Fichte s'interroge par la suite (voir notamment p. 44 et 45) sur l'emploi et la légitimité de cette formule pour la déclarer parfaitement justifiée. Il nous était donc impossible de traduire tantôt par « en tant que », tantôt par « dans la mesure où ». Alléger le style ici aurait conduit à trahir la précision conceptuelle.

* p. 41 : Ce reproche à Kant, que Fichte exprime ici, est un des grands classiques des postkantiens. On le trouve aussi bien chez Reinhold, Enésidème, Maïmon et Beck que, plus tardivement, chez Hegel. Fichte reformulera ce reproche à de nombreuses reprises, notamment dans les *Introductions à la doctrine de la science* de 1797 (voir par exemple *OCPP*, p. 259).

** p. 41 : En français dans le texte, comme tous les « nous verrons » qui suivent ; de même pour l'expression « Voyons » et « Bravo ». Nous mettons tous ces termes en italiques.

* p. 42 : Fichte souligne ici la spécificité de sa méthode, par laquelle il s'oppose tant à Kant (comme l'indique la critique implicite de ce dernier contenue dans la phrase précédente), et à Reinhold (opposer des actes pour en chercher une synthèse, et non analyser un « fait »).

* p. 51 : la phrase en allemand est plus qu'elliptique : *« Aber woran ; da Du nichts gegeben hast als Ich, u. Nicht-Ich, willst Du diese Anschauung construiren. An ihnen mit C verbunden. »*

* p. 55 : Fichte, comme avant lui Reinhold et Maïmon, donne aux catégories un sens beaucoup plus large que Kant. Il s'agit de toute forme de pensée qui nous permet de surmonter un certain type de contradiction ; c'est pourquoi il n'hésitera pas à parler, dans ce texte, de catégorie de « spontanéité », ce qui dans un contexte kantien n'aurait aucun sens.

* p. 58 : Ce type de considérations montre à quel point Fichte est soucieux du vocabulaire qu'il emploie et cherche à le déterminer avec le plus de précision possible (voir aussi, dans le même sens, p. 129, la note où Fichte s'interroge sur le meilleur terme à choisir en allemand). C'est ce type de considération qui nous a fait prendre un certain parti pris de traduction (voir notre présentation).

* p. 80 : Sur les deux constituants essentiels de l'esprit que sont la réceptivité et la spontanéité, en lesquels, pour Reinhold, consiste la faculté de représentation, voir *Neue Darstellung der Hauptmomente der Elementarphilosophie* (p. 190 *sq.*). Sur la réceptivité proprement dite, voir *Théorie de la faculté de représentation*, notamment paragraphe 23, trad. franç., p. 75 *sq.*

* p. 91 : Fichte reprend ici la formule du *Discours de la Méthode*, « Je pense donc je suis », et non celle des *Méditations métaphysiques*. Il fera de même dans la *Grundlage* (*OCPP*, p. 23) où il cherchera à souligner la spécificité et l'originalité de son premier principe par rapport à l'énoncé cartésien.

** p. 91 : Le texte sur lequel peut s'appuyer cette critique de Kant est, dans la *Critique de la raison pure :* « Du rapport de l'entendement à des objets en général et de la possibilité de les connaître *a priori* » (*AK*, IV, 94; *Œuvres philosophiques*, t. I, notes et trad. J.-L. Delamarre et Fr. Marty, Paris, Gallimard, « Bibliothèque de la Pléiade », 1980, p. 1427).

* p. 104 : Allusion à la thèse de Newton selon laquelle la lumière blanche est un mélange hétérogène de rayons différemment réfrangibles. Pour Newton, il y a deux sortes de couleurs : les couleurs simples ou primitives qui sont le rouge, le jaune, le violet, le bleu, l'orange, l'indigo, et les couleurs qui sont des mélanges. Aux yeux de Newton, dans ces mélanges, « la composition la plus surprenante et la plus extraordinaire est celle du blanc » (lettre de 1672, publiée dans *Philosophical Transactions*, n° 80, p. 3075-3087). Le texte auquel se réfère très vraisemblablement Fichte ici est la grande synthèse de 1704 : *Opticks or A treatise of the Reflections, Refractions, Inflections and Colours of Ligth*, Londres, 1704.

* p. 113 : *Critique de la raison pure* : « en tant que l'imagination est spontanéité, je la nomme aussi parfois l'imagination productrice, et je la distingue de l'imagination reproductive » (*KA*, III, 120; trad., p. 867).

* p. 119 : *Ibid.* « Principes de la permanence de la substance » (*AK*, III, 162; trad., p. 918).

* p. 120 : *Ibid.*, III, 164, trad. p. 922.

* p. 122 : *Ibid.*, III, 112, trad. p. 857.

* p. 131 : *Gebundenheit*, concept qui deviendra central dans les *WL*. Nous avons choisi de suivre la proposition de P. Naulin dans sa traduction du *Système de l'éthique* (Paris, PUF, 1986).

* p. 132 : Dans la querelle du panthéisme, qui éclate en 1786, la référence à Spinoza signait l'appartenance au rationalisme par opposition à l'irrationalisme de Jacobi (voir les textes du débat dans *Le Crépuscules des Lumières*, présentés par P. H. Tavoillot [Paris, Éd. du Cerf, 1995]). Il n'est donc pas étonnant que Fichte pense ici sa doctrine comme un spinozisme inversé : il s'agit, contre Jacobi, de maintenir l'exigence du rationalisme, mais de le reconstruire à partir de la raison pratique.

* p. 133 : Voir notamment dans l'*Enésidème* (*op. cit.*, p. 142-144). Fichte fera la même critique dans la *Recension de l'Enésidème* (*op. cit.*, p. 164).

* p. 134 : Fichte oppose le point de vue historique *(historisch)* que nous appellerions aujourd'hui phénoménologique au point de vue déductif ou génétique. Lorsqu'il ne peut, comme ici, trouver le point de vue de la déduction, il s'autorise momentanément le point de vue historique.

* p. 137 : Précision capitale pour comprendre les développements successifs des *Méditations* : ce qui était Moi à un moment devient Non-Moi à partir du moment où il est déterminé. Le Moi absolu est ce qui ne peut plus être déterminé.

* p. 142 : *Critique de la raison pure*, *AK*, III, 110 ; trad., p. 855.

* p. 144 : *Ibid.*, III, 75 ; trad., p. 812.

* 146 : *Enésidème*, *op. cit.*, p. 428 *sq.* Dans le même sens, voir la *Recension*, trad., p. 171 *sq.*

* p. 148 : *Critique de la raison pure*, *AK*, III, 12 ; trad., p. 739.

* p 151 : *Ibid.*, III, 245 ; trad., p. 1025.

** p. 151 : *Ibid.*, III, 253 ; trad., p. 1036. La phrase précise que Fichte critique est la suivante : « Aussi l'usage objectif des concepts purs de la raison est-il toujours transcendant, tandis que celui des concepts purs de l'entendement, d'après sa nature, doit toujours être immanent, puisqu'il se borne simplement à l'expérience possible. »

* p. 154 : *Ibid.*, III, 85 ; trad., p. 825 : « Donc la connaissance de tout entendement, du moins de l'entendement humain, est une connaissance par concepts, non intuitive mais discursive. »

*p. 161 : *Ibid.*, III, 477 *sq.* ; trad., 1308 *sq.*

*p. 173 : voir le chapitre de la *Critique de la raison pure* : « Du Principe de la distinction de tous les objets en général en phénomènes et noumènes » (*AK*, III, 202 ; trad., p. 970).

LEXIQUE

ableiten : déduire.
Ableitung : déduction.
absrahieren : abstraire.
Abstraktion : abstraction.
allgemein : général.
annehmen : adopter.
Anschauung : intuition.
intellektuelle Anschauung : intuition intellectuelle.
Art : espèce, mode.
äußern : manifester.
Aufmerksamkeit : attention.
Ausdruck : expression.
ausgehen von : procéder.
ausmachen : constituer.
ausschließen : exclure.
Bedeutung : signification.
Bedingung : condition.
begreifen : comprendre.
Begrenzung : limitation.
Begriff : concept.
Beschaffenheit : maniére d'être.
Beständigkeit : stabilité.
bestimmen : déterminer.
Bestimmung : détermination.
beziehen : référer.
Beziehung : relation.
Beweis : preuve.
Bewußtsein : conscience.
bezeichnen : désigner.
darstellen : présenter.
Darstellung : présentation.
Dasein : existence.
denken : penser.
Ding : chose.
Einbildungskraft : imagination.
Eigenschaft : propriété.
Eigenmacht : pouvoir propre.
Einheit : unité.
Einwirkung : influence.
Empfindung : sensation.
empfangen : recevoir.
entsprechen : correspondre (à).
entstehen : naître.
entstehen aus : être issu de.
entwickeln : développer.
erkennen : connaître.
erörtern : analyser.
erzeugen : engendrer.
fixieren : fixer.
festsetzen : établir.
Fluß : écoulement.
Gebundenheit : assujetissement.
Gegensatz : opposition.
Gemüt : esprit.
Gleichheit : égalité.
Grenze : limite.
Grund : fondement.
Grundsatz : principe.
Handlung : action.
handeln : agir.
Handlungsweise : manière d'agir.

hervorbringen : produire.
Idee : Idée.
intellektuell : intellectuel.
Ichheit : égoïté.
Kraft : force.
Lehre : doctrine.
leidend : passif.
mannigfaltig : divers.
Mannigfaltigkeit : diversité.
Merkmal : caractère.
möglich : possible.
Möglichkeit : possibilité.
Nebeneinander (das) : contiguïté.
quellen : découler.
Reflexion : réflexion.
Reihe : série.
Rezeptivität : réceptivité.
Satz : proposition.
Selbstbewußtsein : conscience de soi.
Selbsttätigkeit : auto-activité.
Setzung : position.
Spontaneität : spontanéité.
stetig : continu.
Stoff : matière.
Subjekt : sujet.
Substanz : substance.
tätig : actif.
Tätigkeit : activité.
Tatsache : fait.
überhaupt : en général.
Übertragung : transfert.
Überzeugung : conviction.
unterscheiden : distinguer.
Unterscheidung : distinction.
Ursache : cause.
Veränderung : modification.
verbinden : relier.
vereinigen : réunir.
Vereinigung : réunion.
Verhältnis : rapport.
verhalten : rapporter (à), se comporter.
Vermögen : faculté.
Vernunft : raison.
Verschiedenheit : différence.
Verstand : entendement.
voraussetzen : présupposer.
vorhanden : présent.
Vorhandensein : présence.
vorhergehen : précéder.
vorstellen : représenter.
Vorstellend : représentant.
Vorstellung : représentation.
Vorstellungsvermögen : faculté de représentation.
wandelbar : modifiable.
Wesen : essence.
Widerspruch : contradiction.
wirken : opérer.
Wirklichkeit : effectivité.
Wirkung : effet.
Wirksamkeit : efficience.
Zirkel : cercle.
Zugleichsein (Zugleich) : simultanéité.
zusammenfassen : rassembler.
Zusammenhang : connexion.
zusammennehmen : unir.
zusammensetzen : composer.
Zustand : état.
Zweck : fin.

INDEX DES NOMS PROPRES

ARISTOTE 23

BECK 23, 188
BOURGEOIS : 38

CASSIRER 19
COURTINE 17

DELAMARRE 20, 189
DRUET 7, 9, 12

ENÉSIDÈME 7, 10, 13, 17, 18, 21, 22, 23, 24, 25, 27, 29, 30, 31, 32, 36, 38, 45, 145, 157, 188, 189, 190

FLATT 19

GUEROULT 8, 11
GUILLERMIT 20

HEGEL 8, 12, 17, 38, 39, 188
HENRICH 11, 30

JACOBI 189
JARCZYK 38

KABITZ 7
KANT 8, 10, 12, 14, 15, 17, 18, 19, 20, 21, 22, 23, 24, 25, 27, 28, 29, 30, 31, 32, 36, 38, 46, 52, 57, 60, 105, 125, 130, 131, 134, 153, 156, 159, 164, 188, 189
KLEMMT 19
KOCH 7

LABARRIÈRE 38
LAUTH 7, 11
LEBRUN 19
LEFEBVRE 38, 39
LÉON 8, 11, 13, 187
LOCKE 26
LONGUENESSE 30

MACHIAVEL 15
MAÏMON 10, 17, 18, 23, 24, 25, 27, 28, 29, 30, 31, 36, 45, 187, 188
MARTY 20, 189
MASSULO 8

NAULIN 189
NEUHOUSER 8

PAREYSON 8
PHILONENKO 8, 9, 12, 37, 39
PUECH 20, 21

RADRIZZANI 12, 15, 37
REINHARD 9, 17
REINHOLD 8, 9, 10, 17, 18, 19, 20, 22, 23, 27, 28, 30, 31, 32, 34, 36, 38, 45, 46, 47, 51, 93, 187, 188, 189
RENAUT 12, 15
RIVELAYGUE 19, 25

SCHELLING 16, 17
SCHERRER 23
SCHULZE (= Enésidème) 18, 22
SPINOZA 16, 189
STEPHANI 17
STOLZENBERG 7, 11
STRAWSON 29

TAVOILLOT 189
TILLIETTE 8

TABLE LES MATIÈRES

Présentation, par Isabelle Thomas-Fogiel 7

MÉDITATIONS PERSONNELLES

SUR LA PHILOSOPHIE ÉLÉMENTAIRE

Logique de la philosophie élémentaire 43

Sur la philosophie élémentaire elle-même (Première partie) 49

Sur la philosophie élémentaire elle-même (Deuxième partie) 95

Sur la philosophie élémentaire elle-même (Troisième partie) 141

Notes 187

Lexique 191

Index des noms propres 193

Table des matières 195

Imprimerie de la Manutention à Mayenne – Août 1999 – N° 270-99
Dépôt légal : 3e trimestre 1999